国家社科基金后期资助项目“区域发展中的制度结构及其有效性”（项目号：18FJL017）研究的最终成果

区域发展中的制度结构及其有效性

赵维良 著

南開大學出版社
天 津

图书在版编目(CIP)数据

区域发展中的制度结构及其有效性 / 赵维良著. —天津：南开大学出版社，2021.1
ISBN 978-7-310-06073-3

Ⅰ. ①区… Ⅱ. ①赵… Ⅲ. ①区域发展－制度建设－研究－中国 Ⅳ. ①F127

中国版本图书馆 CIP 数据核字(2021)第 009739 号

区域发展中的制度结构及其有效性
QUYU FAZHAN ZHONG DE ZHIDU JIEGOU JIQI YOUXIAOXING

南开大学出版社出版发行
出版人:陈 敬
地址:天津市南开区卫津路 94 号 邮政编码:300071
营销部电话:(022)23508339 营销部传真:(022)23508542
http://www.nkup.com.cn

北京明恒达印务有限公司印刷 全国各地新华书店经销
2021 年 1 月第 1 版 2021 年 1 月第 1 次印刷
238×165 毫米 16 开本 15.5 印张 2 插页 267 千字
定价:56.00 元

如遇图书印装质量问题,请与本社营销部联系调换,电话:(022)23508339

国家社科基金后期资助项目

出 版 说 明

后期资助项目是国家社科基金设立的一类重要项目，旨在鼓励广大社科研究者潜心治学，支持基础研究多出优秀成果。它是经过严格评审，从接近完成的科研成果中遴选立项的。为扩大后期资助项目的影响，更好地推动学术发展，促进成果转化，全国哲学社会科学工作办公室按照“统一设计、统一标识、统一版式、形成系列”的总体要求，组织出版国家社科基金后期资助项目成果。

全国哲学社会科学工作办公室

前　言

区域发展已经成为国家及地方一项越来越重要的活动，同时，区域发展的环境发生着剧烈变化，面临的挑战也越来越大。经济学家一直将探索经济发展的原因作为自己的主要工作，并提出一系列解释经济增长的因素，如早期对社会分工和资源禀赋的分析，20 世纪 60 年代以后，生产技术、市场机制、资本存量等因素逐渐受到重视。新古典增长理论和新增长理论均把经济增长的重点放在资源禀赋和比较优势上，因而区域经济增长表现殊异主要由其“初始条件”来解释（黄晖，2013），新经济地理学将经济增长差异归因于经济活动的空间集聚（Krugman，1991），但他们都没有充分重视制度对经济发展的作用，因而，对于资源禀赋接近的国家或地区经济发展中的差异，难以给出满意的解释。新制度经济学强调制度在有效利用资源中发挥的作用，指出经济发展实质上是制度变迁过程，并从制度视角解释经济发展差异，试图回答为什么有些国家经济增长，而有些国家经济停滞，即制度的有效性会促进或抑制经济增长，从而在制度与经济发展之间建立了内在联系。

美国经济学家奥尔森（1982）对大量发达国家和发展中国家进行研究，提出制度和经济政策的优劣是解释国家之间人均收入差距的原因。North（1990）强调制度结构对地方经济的作用，大量发展实践也表明制度对经济增长的影响越来越重要（Rodriguez-Pose，2013）。经济增长不仅取决于要素投入量，还取决于要素的配置效率，其效率依赖于制度环境、制度安排与组织行为（王丽英、刘后平，2010）。在基本因素趋同的时代，以制度为核心的社会中间变量便成为影响地区发展的关键因素，并促进不同区域发展模式的形成（Tomaney，2014）。

制度因素在区域发展理论和实践中也日益受到关注，制度转向主要探讨制度在塑造空间经济过程中的作用，空间演化过程，以及社会调节与治理机制（陈有真、段龙龙，2014）。制度决定、鼓励并制约区域活力和创新，还提供合法的行动机制和交流模式（Martin，2000）。区域发展中的制度机制和过程，即制度如何塑造区域发展已成为区域研究的重要课题。

改革开放以来，中国经济快速增长，区域发展也产生了一些新问题，对区域经济理论研究产生了巨大的需求。学术界加强了对区域经济发展中一些重大理论问题的研究，学者从不同角度提出了各种各样的观点，并展开了激烈争论。这些观点和争论对于中国区域经济学的发展发挥了重要作用。然而，区域经济往往针对要素比较优势来研究区域分工，或是通过成本、产品差异等来解释区际贸易和经济联系，在研究内容和指导实践方面还存在很多不足。

20 世纪 90 年代以来，制度取向、制度因素及制度关系被视为地方经济发展的重点，但已有研究缺少对制度差异深层次因素的分析。高效“制度结构”是各主体高度互动与制度认同下的空间结果，构建有效的制度空间，才能打破路径依赖，实现制度创新。制度结构庞大、复杂，各项制度都有其产生背景、适用范围、变迁进程以及作用机制，它们共同构成一个具有内在逻辑的多层次制度结构，并在其中发挥不同的功能和作用。

诺斯指出，新古典理论分析时间历程中的经济绩效时使用的两个假设是不合适的：一是制度不重要，二是时间不重要。诺斯提出“适应性效率”概念，来分析时间发展进程中制度与经济发展的适应状况。与经济学关于配置效率评价的标准不同，诺斯认为“适应性效率”与一个社会接受和学习新知识的能力、革新精神、冒险精神和各式各样的创造活动有关；在获得诺贝尔经济学奖的演讲中，他认为“适应性效率”是经济长期增长的关键，“灵活的制度结构”是成功的政治经济体制演化出来的，在考虑长期经济绩效时，就要涉及制度结构的适应性问题，而配置性效率考察的只是静态的、短期的经济绩效。

“适应性效率”是一个动态概念，强调灵活的制度机制对专业化分工及其组织形式选择方向的适应，将经济增长、财富增加视为制度绩效的标准，本质上是一种社会制度变迁的动态效率。因此，从演化经济学角度考察，经济的均衡是暂时的而不是长期的，一个具有合适制度结构的经济体会不断进行具有适应性效率的制度变迁。

我们遇到了一个非常独特的情况，一个学说中最重要的概念却相对地不稳定。一些新制度经济学研究者乐于接受这种情况，并没有刻意统一概念。青木昌彦（2001）认为，由于不同的分析目的，多样性的表达并不涉及对与错，依据研究范围的不同，研究者可以界定自己需要的内涵。随着全球经济一体化的推进和空间经济的不断分解和重构，仅凭现有的理论框架不足以应对区域发展中的新现象。制度、文化等非经济因素在全球生产布局中发挥着重要的空间调节作用，进一步完善制度的一系列概念及相互关系成为区域发展中制度转向的核心任务。

新制度主义研究经历了由单一学科关注，扩散到多个学科广泛借鉴，再到社会科学中新制度主义研究的交织融合三个主要阶段。这一过程中，新制度主义研究的分析视角、分析概念日趋多样，分析工具的使用及其解释力日益成熟。与此同时，不少研究者也开始回归制度分析本身，试图归纳甚至整合多学科的研究成果，建立新制度主义的理论谱系，推进理论的系统化。我们的目标是借鉴新制度主义的研究成果，更好地分析制度结构与区域发展的关系，探索区域经济发展的制度路径。

本研究的动机来自于有关区域发展差异的区域经济理论、制度理论，以及二者之间的关系。Hall 和 Taylor（1996）的三分法，是目前有关新制度主义研究引用率最高且得到广泛认可的分类方式。因此，本书基于他们的研究假设和分析逻辑，进一步对新制度主义对区域发展的理论价值进行研究，尝试发现适合分析制度结构的理论工具，更好地理解区域发展中的制度结构及其有效性的概念和基本逻辑。在研究区域发展的过程中，强调制度主义方法的价值，寻找制度结构与区域发展的内在关联，探索制度有效性的潜在价值及形成机制，为进一步深化区域发展的制度取向研究提供基础，为区域发展决策提供更好的理论支持。

现代区域经济理论强调通过资源开发和整合提高区域竞争优势，本研究以新制度主义为视角，从功能角度对制度结构的内涵、结构、过程及有效性进行研究，从动态演化的角度对制度结构变迁及路径进行分析，主要包括四个部分，即构建制度结构理论、分析制度演化过程、分析和评价制度有效性及应用实例。

第一部分，制度结构理论构建。将地方独特的制度组合作为区域发展的分析方法，成为制度取向研究的主流思潮，制度结构也成为解释区域经济发展的有效工具。第一章对区域经济理论演进进行分析，概述现代区域发展理论与发展趋势。区域发展主要是供给主导型的制度变迁，本质上是提升竞争优势。第二章分析了区域竞争优势的内涵、要素结构及生成模式。在经济增长理论和实践中，制度参数和经济绩效的关系开始被频繁地讨论。第三章在区域经济理论和新制度主义理论基础上，分析制度转向的背景、相关研究及其与区域发展的关系。制度的性质和作用研究成为经济学家和其他社会科学家关注的焦点。第四章提出制度结构分析框架，包括基本假设、定义和结构等。制度结构包括三个层面，即制度环境和制度安排之间的关联、正式制度和非正式制度之间的关联以及基础制度和次级制度之间的关联。

第二部分，制度演化过程。在现实社会中，大到人类社会的发展，小到具体制度的变迁，都可能同时存在多个路径选择，越来越多的研究认为制度能够激励和约束社会行为，从而形成良好的经济、政治和社会运行效果。第五章将制度变迁纳入到制度结构中进行考察，将单一路径依赖扩展到由制度结构中与其相关联的其他制度产生的多重路径依赖。个体动机是分析空间过程和空间动态变化的基础，区域经济研究开始重视微观行为及动态的离散选择分析。第六章分析了区域行动者运行逻辑及行动者治理绩效。经济过程也被看作是一个社会文化过程。第七章系统分析了区域文化与区域发展的关系和过程。

第三部分，制度有效性分析与评价。制度与经济绩效的关系，始终是制度理论研究的核心问题。制度有效性作为制度的一种存在状态，其实质也是制度与行为之间的关系问题。第八章分析了制度有效性的内涵、影响因素及其与经济增长的关系。制度有效性本质上是一种适应性效率。第九章建立了“建构性和认知性”的二维制度评价体系，对中国区域制度有效性进行评价。经济社会发展离不开有效的制度支持，同时提升制度效率也是转变经济发展方式的关键手段。第十章对影响中国区域制度有效性的前因组态进行了实证研究。区域发展中的制度研究，最重要的问题在于制度如何影响区域经济运行，又是如何发展变迁的。第十一章对制度存续、均衡及变迁进行分析，提出有效制度的生成路径。

第四部分，区域制度发展实例分析。区域经济发展是由多方面因素共同造成的，其内在本质和根源是制度结构中的逻辑关系。本书在理论研究与逻辑分析的基础上，对爱尔兰和贵州的制度演化与经济发展进行案例分析，检验制度结构与区域发展的关联。爱尔兰作为一个贫穷落后的农业国成功跨越了“中等收入陷阱”。第十二章介绍了爱尔兰经济增长的制度环境和制度创新，总结对中国经济发展的启示。贵州经济社会发展取得长足进步，已经进入中等收入阶段。第十三章分析了贵州经济增长的过程和经验，同时认为贵州需要不断转换“适宜制度”，保障经济持续增长。

目　　录

第一章　区域经济发展概述

区域是一个客观上存在的，又是人们观念中抽象的空间概念，往往没有严格的范畴和边界以及确定的方位（安虎森、郝寿义，2015）。经济发展是解决区域其他问题的基础，因此，区域经济发展是区域科学研究的核心内容（苗长虹，1999）。从空间资源配置的合理性出发，区域经济研究探讨了区域生产资源的优化配置与组合问题。不同的研究视角和研究对象，形成了不同的区域发展理论。

传统区位理论是以微观经济学理论为基础的。第二次世界大战后，区域经济发展不平衡加剧，暴露出一系列区域经济问题。传统的区位理论已经不能适应新形势下区域发展的需要，只能侧重于企业的微观区位选择。区域科学逐渐突破了区位理论在纯经济效益分析中的局限性，越来越多的宏观经济分析方法如经济学、地理学、政治学、社会学、人类学和城市规划等被引入到区域问题的研究中，并得到有机整合。区域问题不断变化使传统区位理论的微观分析逐渐向区域科学的宏观分析转变，这也是区域发展的必然结果。

随着全球化不断深化，信息技术快速发展，城市逐渐从封闭走向开放，从分散走向集中。这些新趋势为区域发展研究提供了新的实践，注入了新的活力，形成了新的思路，也提出了新的挑战。不同的空间不仅意味着不同的自然条件和地理位置，而且意味着社会文化传统对经济发展模式的影响和制约，也意味着不同的发展因素和发展模式。每个地区都要根据本地区的实际情况，走出一条具有地区特色的发展道路，根据空间尺度的大小，形成不同层次的经济发展模式（陈培阳、朱喜钢，2012）。

第一节　区域与空间

一个区域是地球表面有界的两个或多个三维空间。杜能提出农业区位理论后，空间研究受到更多的关注，也成为经济学研究的一个重要维度，经济的分析框架逐渐将空间因素融入其中。古典区位理论基于均质空间和完全竞争市场的假设，主要运用成本分析和局部均衡分析的方法来研究企业的区位选择，理解和探索空间经济。新古典区位理论假定产品不再处于完全竞争市场中，而是处于垄断性竞争的市场结构中，这样可以更好地解释聚集经济的成因和模式。廖什的一般区位论受到了艾萨德的支持和称赞，艾萨德认为区域研究是一门系统科学，要将所有相关学科都融为一体，仅从经济学视角研究区域是不够的，要多学科综合探索，这极大地拓展了区域研究视野，并形成了一个较为完整的研究体系。

区域是地理学研究的重要单元，是地理在空间上的一种分化，一般具有结构上的一致性或整体性，主要包括空间结构、社会结构、行政结构、文化结构以及地缘结构等。区域科学研究的区域作为一个有机整体（自然、社会和经济的综合体），重点揭示区域经济社会活动的空间分布、区域冲突和区域分异规律，分析区域经济的社会制度基础及其在不同区域和空间尺度上的差异。如何理解"区域""空间"，成为区域经济理论的核心。

20 世纪 30—50 年代，以赫特纳－哈特向为代表的区域研究者认为，"区域"是有界的、封闭的、实体的地域，其内部在一些性质上主要具有同一性。20 世纪 50—70 年代受计量与理论革命运动影响，研究方法从经验主义转向实证主义，区位论、区域科学及行为区位论等"空间科学"成为主导思潮。20 世纪 70—80 年代关注的焦点转向了由社会关系和过程所生产和建构的经济空间和社会空间，认为区域既是物质建构，又是社会建构，是社会网络的综合集中。不同类型的社会关系，以及具有复杂性、多样性和共存性的社会过程形成了不同的区域类型（Hudson，2001）。

自 20 世纪 80 年代中期以来，人们对空间的认识不断发生变化。随着新自由主义思想的复兴、新技术革命的发展和生产方式的转变，社会、制度、文化和新技术等因素开始被纳入空间理论的构建中，空间研究同时包括了正式的经济关系、非正式的经济和社会关系。学者们也从不同的视角来看待区域和空间。政治经济学认为空间是社会关系的产物，地方是具有特定历史和空间结构特征的区域主体。制度主义从制度与组织关系的角度出发，强调制度的空间性和经济空间的制度化，注重制度厚度（institutional thickness）和制度与地方的相互依存关系（Amin，1999）。法国规制学派认为市场力量的运行在多种地理尺度上嵌入到具体的情境中并相互作用，形成了多种多样的空间及其城市结构调整模式（Brenner，2002）。还有学者从文化分析的角度出发，以文化与经济的关系为空间与地方理论建构的出发点，强调空间与地方的多中心性和多元性（Thrift，1996）。基于科学社会学的行为者网络理论（actor-network theory），一些学者从信息技术对空间、地方和日常生活的影响开始，建立地理空间和电子空间之间的共同演化和技术、空间和地方联系（Graham，1998）。

可以从不同的视角来认识和理解人类活动的经济区域和空间，可以是形式化的欧氏空间，也可以是物化的社会关系空间；空间可以由经济关系支配，也可以由非经济关系支配。可以通过物质过程来建构空间，也可以通过制度、文化、技术甚至话语来建构空间。区域和空间是相互构造的，任何区域都存在于特定的空间中，任何空间都包含着区域之间的差异、变化和相关性。因此，区域受到空间的影响，多样性的空间概念也使区域具有多样性的概念。在欧氏空间中，区域是一个封闭的有界地域单元（或区域），而在实体和关系空间中，区域可以是一个封闭的有界地域单元，也可以是一个开放的、不连续的、没有明确边界的关系网络；在区域发展过程中，不仅经济和市场关系十分重要，而且社会关系如家庭、朋友、信仰、文化、信任与合作以及对区域的归属感也十分重要。

综合各项研究和学科视角，我们可以看出，区域是被某种特征所固定的空间系统，具有特定结构、功能和类型，包括经济、文化、制度、资源等内容，是经济空间、地理空间、社会文化等共同作用的系统。各类区域可分为同质区域和枢纽区域。同质区域强调地区内部的相似性和地区之间的差异性。枢纽区域着重于区域内各种事物之间的功能联系和各种流动的连续性，它的组成要素包括空间、核心和边缘地区，以及不同的梯度变化。

第二节 区域发展理论的演进

区域经济理论直到第二次世界大战后才发展成为一门相对独立的学科，其形成可以追溯到1826年杜能提出的农业区位理论。区域经济理论的产生有着深刻而复杂的经济社会背景，工业化的发展提高了生产力水平，拓展了经济联系空间，促进了区域发展理论的初步形成。区域发展道路的多元化和产业化发展模式的多样化，催生了许多具有鲜明特色的区域发展理论。区域经济理论的发展大致经历了区位理论、传统区域发展理论、现代区域发展理论和新区域经济理论四个发展阶段。相应地，发展经济学、空间经济学和经济地理学成为区域经济学发展的理论基石。区域经济理论贯穿于区位理论和区域经济发展理论两条主线。微观层面上，经济主体的区位选择是产业集聚和城市中心的形成，宏观层面上，经济主体的区位选择可能导致区域经济发展不平衡。

国内的区域间关系体现在经济要素的流动上，而跨国区域经济关系则涉及区域贸易理论。区域经济理论一直遵循这两条线索，并越来越完善。进入21世纪以来，区域发展的理念和实践逐步丰富和深化。本部分从方法论、基本假设、发展范围、发展结构、发展要素等方面对区域发展理论的形成和发展脉络进行梳理。

一　方法论：从新古典主义到结构主义

新古典主义依靠演绎逻辑和理性行为假定，忽略特定社会文化背景和经济结构，也较少分析经济活动的实际动机和行为方式。在构建经济主体行为模式的理论模型时，我们往往将经济现实等同于理论模型，甚至认为经验的行为模式不会超出理论模型假设的理想行为模式。结构学派的重要代表 Prebisch（1961）指出，要实现经济持续增长和发展，需要根据环境改变生产方式、经济和社会结构以及收入分配方式，如果不能及时推动这些变化，未能全面、局部地反映这些变化，就会导致或加剧经济失衡，因此，可以得出结构变化是影响经济增长的重要因素。结构主义本质上是一种挑战经验主义和实证主义假设的研究方法。它的主要特点是把考察对象作为一个系统来对待，也就是说，不是孤立地观察整体的各个部分，而是观察它们之间的相互联系，他们认为存在着不可能观察到的社会经济现象，但可以观察其产生的一组社会经济结构。

新古典主义经济理论认为，市场是均衡的，经济体系具有足够的灵活性来维持均衡价格，生产者和消费者之间存在长期的资源有效配置，因此所有部门的劳动力和资本都能带来相同的边际效益。即使有时候会出现资源配置不当，经济体系也能实现经济运行中的动态平衡，暂时扭曲的资源配置也不会持续演变为不平衡的刚性结构。因此，在这种状态下也不会出现结构障碍，资源的流动和配置，即仅仅是经济结构的调整，不能促进生产力发展和经济增长。以钱纳里等为代表的结构主义认为，在现实经济中不存在均衡理论的假设。作为一个现实的经济体系，它的市场并不完美，竞争是不充分的，信息传输是不完全的，价格也存在不敏感，因此，现实经济系统不是一个平衡的系统，使用的资源在不同方面获得的收入也会有所不同，系统的结构性障碍将不可避免地影响经济总量的增长。因此，结构是经济增长的重要因素，资源配置可以在结构的升级中得到优化，经济增长得以实现。也就是说，结构优化通过促进经济要素的动态均衡，降低不平衡因素，推动经济增长，结构因素主要包括资源配置、发展障碍、规模经济，以及产权结构和制度结构等。

空间经济从微观经济分析扩展到经济结构分析和宏观经济分析，区域经济发展研究在结构主义和新制度主义的影响下迅速崛起。在新制度主义和结构主义的影响下，制度和文化的重要性以及在理解区域发展决策和主导因素的基础上实施的区域规制越来越受到区域发展理论的重视。间接规制是在市场基础上，通过制定技术标准和营造良好的政策环境来实施区域规制的主要手段。区域发展新理论认为，任何生产组织的形成及其地理结构都是在特定的技术环境和制度环境中形成的。并随时间和空间而发生变化（苗长虹，1999）。

二　空间假设：从均质到异质

古典区位理论和新古典区位理论都建立在均质空间假设之下，即要素禀赋在经济空间中是均匀分布的。将要素成本，尤其是交通成本的线性变化，作为空间集聚和城市分布的主要原因，并将空间变量转化为距离变量，以此形成一种研究范式。在区域经济研究中，均质假设是一种合理抽象，可以避免引入要素密度函数等变量带来的技术障碍，对于定量分析区域经济问题、消除各种复杂因素的影响、更好地解释空间经济规律，具有一定的现实意义。在现实世界中，块状经济、集聚经济与传统区位理论的差异很大，现实经济的不连续性和非单调性不能由同质性分析充分解释，传统区域理论将经济集聚简单地归结为偶然性和累积性的因果关系，因此，区域经济发展必然选择从同质性向异质性转变。

斯密的绝对优势理论和李嘉图的比较优势理论都强调了经济分布的异质性，并将贸易与异质性假说联系起来，反映了区位条件和区域间贸易的性质。区域科学在一个逻辑框架中讨论了各种不均等因素，即在对产品供求市场中，衡量不均等因素的影响，研究集聚经济、区域经济分布和联系等不均等因素的作用。艾萨德认为异质区位条件是一种可替代的生产要素，通过生产者的行为可以影响经济集聚，他的异质因素区域分析理论和方法有助于解释要素禀赋的空间功能和作用路径。

关于空间异质性的研究，是区域经济学和空间经济学都关心的问题和领域。空间位置中的一切事物和现象都有其区别于其他位置的特点。空间异质性是空间系统的复杂性和变异性，结构异质性和功能异质性是空间异质性的两个组成部分。区域内存在核心区等发达地区，以及边缘区等落后地区，经济社会发展差异较大。Melitz（2003）作为异质企业贸易理论的代表，讨论了不同生产率的企业在生产组织方式、贸易模式及投资行为方面的特点，不仅对企业的投资和贸易模式提供了解释，还较好地解释了企业异质性所带来的选择效应和分类效应。

企业异质性导致产业内市场份额与生产资源重新配置的强度，要远超过因比较优势格局变化导致的产业间市场与资源再配置的水平。因为资源或要素主要是通过企业来实现有效配置的，只有竞争力强的异质性企业才能在竞争日益激烈的区域经济一体化进程中得以生存与发展。任何假设条件都应反映企业的实际特征，才能使得理论研究更加符合实际经济运行机制。对于空间经济的异质性现象，区域经济理论框架不能完全解释，迫切需要一个新的理论框架来进一步解析集聚经济的微观机理。未来区域经济研究将更重视“运用微观分析工具”，对微观活动和微观行为的研究，例如产业集群中的企业关联和行为、各类厂商的选址行为、居民的住宅选址行为、企业的创新行为等。

三　发展要素：从有形到无形

在新古典增长理论框架下，经济发展的实现主要是实体资本投资问题，解释经济增长差异的关键因素——投资水平和基础设施的差异。20 世纪 80 年代中期，随着经济和技术的发展，内生增长理论带来了另外两个重要的发展因素，即创新和教育。

20 世纪 80 年代以来，经济理论研究日益深入，随着新古典主义的复兴得到了新的发展：（1）新增长理论，一些经济学家结合当前国际经济增长的新问题，运用新古典主义方法，构建了一系列基于知识积累、人力资源积累和内生技术积累的内生增长模型，如罗默的收益递增经济增长模式、卢卡斯的专业化人力资本积累增长模式等；（2）新贸易论，该理论更多地关注企业异质性和规模经济，认为贸易在很大程度上是由收益递增而不是由比较优势驱动的，代表性的是建立在内生经济增长模型基础上的干中学与国际贸易动态效应模式；（3）制度理论，该理论通过对发展中国家困境成因的分析，发现制度安排的缺陷是经济发展的根源，认为建立市场经济的“制度前提”非常重要。

提高区域创新效率的关键不在于增加资源投入，而在于在结构主义和新制度主义影响下，在了解区域发展决策和主导因素的基础上，对现有资源进行合理配置和利用（李兰冰，2008）。在“结构”和“制度”的影响下，制度和文化以及区域规制的重要性越来越受到新区域发展理论的重视。Scott 和 Storper（1992）指出，为了对工业化和区域发展模式及其变化做出令人信服的解释，有必要将规制理论与制度经济学和新经济地理学这三种独立的理论工具有机地结合起来。

区域规制介于宏观和微观之间，在宏观方向上，重点关注经济核心区与周边地区的经济关系，缩小区域差距。从微观上看，垄断与公用事业的规制和劳动关系的介入是规制的重点。新制度经济学和新古典经济学在继承制度整体论和进化论传统的基础上，实现了制度的整合，重新阐释了制度在经济发展中的作用，以及制度供给、制度需求和制度变迁，进一步对生产的组织逻辑进行了探索。由于有限理性和机会主义的存在，制度可以建立一个稳定的人际互动结构，以减少不确定性。技术决定了分工和专业化的生产成本，制度确定分工和专业化的交易成本，并通过交易成本决定经济发展的表现。新经济地理学将报酬递增和空间因素引入一般均衡分析，解决了经济学中报酬递增与竞争性一般均衡之间的不相容问题。

新区域发展理论认为，任何形式的生产组织和其地理构造植根于特定的技术系统环境，并随着时间和空间而变化，20 世纪 80 年代中期，区域研究创新理论的形成与发展和新产业区理论的出现，极大地促进了区域发展的研究视角的转变。产业集群并不必然降低企业成本、促进技术创新、带来区域经济发展，应当更加强调创业、创新和创造力（王缉慈，2010）。

四　空间结构：从中心到外围

区域空间结构是一定区域内经济要素的相对区位关系和分布形式，是区域经济长期发展过程中人类经济活动和区位选择的累积结果。空间结构对经济增长的影响也越来越大，合理的空间结构对区域经济增长具有显著的促进作用，反之，将制约经济增长。

1826 年，在《孤立国》一书中，德国经济学家杜能提出农业区位论，即农业布局从中心向外围呈圈层式分布。1925 年，美国社会学教授伯吉斯提出城市从中心到边缘形成五个城市功能圈的土地利用结构。20 世纪 50 年代后期，狄更斯和木内信藏认为，大城市圈通常由中心区域、周边区域和外围腹地三部分组成，这些区域从中心到外围有序排列。受杜能和韦伯区位论的影响，德国城市地理学家克里斯塔勒和经济学家廖什分别于 1933 年、1940 年提出中心地理论。根据该理论，城市是其腹地的服务中心，这是城市的基本功能，并根据城市所提供的商品和服务的水平将其划分为几个层次，这些不同层次的中心构成了一个规则的等级关系。高水平的中心提供大量的高水平的商品和服务，而低水平的中心只能提供少量的低水平的商品和服务。

法国经济学家佩鲁提出“增长极”理论，认为区域发展在不同时间、不同地方，不是均匀发生的，而是以不同强度在一些区位优先发展，这些增长极通过聚集效益，吸引周边地区的要素和资源不断促进经济增长，形成区域中心并快速发展，最后通过扩散作用来推动和促进整个地区的发展。中国著名地理学家陆大道提出的点轴发展模式是增长极理论的延伸。从区域经济发展的角度来看，经济中心往往集中在条件较好的几个地点，呈点状分布。经济中心逐渐增加，点与点之间的联结增强，形成轴线，再形成点轴系统，进而联成一个有机的空间结构体系。

1949 年，劳尔·普雷维什提出“中心—外围”理论，分析了发达国家与不发达国家间的“中心—外围”不平等体系。20 世纪 60 年代，弗里德曼将“中心—外围”思想引入区域经济学，认为区域系统由中心和外围两个子系统组成，资源、市场、技术、环境的区域分布差异客观存在。当部分区域的空间集聚形成一种累积发展趋势时，其经济竞争优势将远远强于边缘地区，进而形成区域经济体系的中心。与中心（发达地区）相比，外围（落后地区）处于从属地位，缺乏经济独立性，随着时间的推移，空间二元结构不断出现和加强。但是政府的作用和人口的迁移会影响要素的流动，随着市场的扩大、交通条件的改善和城市化进程的加快，外围经济增长加速，中心与外围的边界会逐渐减弱，随着经济持续增长，中心与外围发展形态将向经济一体化发展。

在区域经济增长及解决区域发展问题过程中，需要政府与市场共同发挥作用。政府提供有效的制度环境，加强市场在资源配置中的决定性作用，使资源配置得到优化。同时，也要充分发挥政府在弥补市场不足、提供公共服务、改善基础设施、完善城市化进程等方面的作用，促进区域经济协调发展。

五　发展范围：均衡与不均衡

在新古典经济学假设下，区域均衡发展理论强调经济发展的均衡性。不仅强调部门或产业之间的均衡、同步发展，即时间上的均衡，而且强调区域之间或区域内部的均衡、同步发展，即空间均衡。新古典经济学认为随着生产要素的跨区域流动，各区域的经济发展水平将趋同。因此，新古典主义经济学提倡区域内所有行业均衡分配生产力、均衡投资，各产业实现均衡发展，以至区域内经济均衡发展。

自20世纪50年代以来，全球经济增长速度日益加快。然而，无论在发达国家还是发展中国家，国家间、区域间经济发展差异逐渐显现，不平衡性越来越明显，引起了社会各界的关注，许多学者也对非均衡发展进行研究，提出一些理论和模型试图解释这种经济现象。艾萨德认为经济作为一个系统始终处于不稳定状态，因为区域经济发展存在很多干扰因素。传统的区位理论无法估计外部冲击的影响和效应，区域均衡发展理论存在诸多缺陷：（1）忽视了一般地区特别是欠发达地区，没有资本和其他资源来促进所有产业和地区的平衡发展；（2）根据区域均衡发展理论，区域均衡发展需要一个完全的市场竞争，而现实中，主要是不完全的市场和制度瓶颈阻碍了要素的流动，从而影响产业和区域的均衡发展，导致区域之间存在差异；（3）均衡发展理论忽略了规模效应和技术进步因素，以及市场力量不仅能减少区域差异，在很多时候往往会增加区域差异。

区域均衡发展理论采用理性主义假设，主要使用静态分析方法，不能有效解释复杂的发展实际和经济增长过程，不能为区域发展找到合适的模式。在现实中，由于存在资源短缺、技术落后、管理不善以及资金不足等大量实际问题，缺乏实践来指导经济发展，这一理论并没有被广泛使用。

Richardson（1973）提出了整合空间维度的区域增长理论模型，认为区域非均衡增长主要由集聚经济、区位偏好和不同形式的集聚变量构成；区域均衡增长主要是在要素自由流动的条件下，由工资水平、资本存量和资本收益等存在一定差异的因素充分流动，相互作用形成，在这种要素流动中产生的集中和分散的作用进一步促进了经济增长。

许多发展理论，如增长极理论、极化涓滴效应理论、循环因果累积原理等都强调，由于规模经济和集聚经济的“极化效应”“反吸收效应”和“规模递增”等发展规律的存在，在市场作用下，会使资本和劳动力等要素，以及经济产出在一定区域内循环积累，因此，区域发展差距不但不会缩小，反而可能会扩大。而经济发展中“扩散效应”和“涓滴效应”，以及政府提供一定的转移支付只能在一定范围内缩小区域之间的差异，或者让这种区域差异保持在一定范围内，但是不能够实现各区域经济发展趋同。因此，充分发挥政府的政策优势以及经济职能，对不同区域经济发展进行一定的干预，才能促进落后地区的经济发展，并最终缩小区域间的经济差异（陈秀山、张可云，2003）。

不同于区域平衡发展理论，不平衡发展理论强调有限资源的集中使用，认为应该集中资源推动重点区域或重点部门的优先发展，进而带动整个产业和区域的发展。其理论的深度也是渐进的：佩鲁认为，增长极是促进经济增长的关键，一些发展较好的产业部门或者具有创新优势的企业和产业集中在一些地区或大城市，形成增长极，进而向周边地区辐射，实现经济增长；布代维尔认为增长极的概念较为抽象，因此，他将增长极的概念和方法扩展到区域研究和实践中；缪尔达尔深化了增长极理论，认为经济发展从一些条件较好的地区出发，积累有利因素，加剧地区间的不平衡。赫希曼提出产业关联效应的概念，他认为，不同产业发展相互关联，并且有先后顺序，主导产业优先发展，带动其他产业和部门，一个行业取得发展后，带动其他行业增长，最终实现区域的经济增长。威廉姆逊认为欠发达地区和国家在发展过程中，随着经济发展水平提高，区域间差异会扩大，达到较高的水平后，区域间的不平衡程度会趋于稳定。随着经济不断增长，区域间的差异开始缩小，区域经济增长逐渐呈现均衡特点，因此，他提出区域经济增长的倒 U 型模型。罗斯托提出经济发展的六个阶段，即传统社会阶段、起飞准备阶段、起飞阶段、成熟阶段、高消费阶段和追求生活质量阶段。弗里德曼认为区域经济一般经历四个发展阶段：均衡分布阶段、核心—边缘结构阶段、多核心结构阶段、等级体系结构阶段。也有一些经济学者基于马克思的政治经济学视角，分析和探讨区域经济增长，如哈维（Harvey）等人认为，区域经济增长尤其是长期增长，是一个空间结构调整的周期过程，因此，区域经济增长过程不存在普遍的收敛和发散趋势。

第三节　现代区域发展理论

20 世纪 80 年代以来，经济全球化和信息技术迅速发展，产业和经济发展方式也不断变化，工业经济快速向知识经济转型。知识资产和知识资源对区域发展的作用越来越重要，创新已成为区域发展最重要的动力，技术资源和智力资本已成为区域发展的重要因素。区域经济发展格局不断演变，以产业集聚为代表的理论和实践日益明显，受到学术界、企业界和政界越来越多的关注，理论和实证研究不断涌现，产生了不同观点和学派。虽然这些观点和理论流派可能使用了不同的分析视角和分析方法，但区域内的柔性要素是这些分析关注的主要内容，以往区域经济理论研究和政策实践重视物质要素投入，以分析产出效率为核心，二者之间有着根本的不同。

一 新产业区理论

20 世纪 80 年代，当观察到洛杉矶地区吸引了大批生产女装的公司时，艾伦·斯科特（Allen Scott）对这一现象进行研究，发现这些企业之所以集聚到一起，主要希望通过经济分工降低交易成本，进而得出该行业的地理集聚与劳动分工具有较强的相关性。劳动分工可以使市场和技术的不确定性最小化，促进劳动生产效率的提高，但又可能在不同企业之间增加了新的交易成本。通常这些交易的频率较高、性质复杂，难以完全通过企业内部化来实现（Williamson，1985）。当企业之间的相互信任和理解对一笔交易至关重要时，地理距离和彼此间的不信任、不理解可能会影响交易的发生。因此，为了减小地理距离、增加相互间的信任，空间集聚成为这些企业降低交易成本的一种有效途径。因此，好莱坞的媒体产业以及法国和意大利的产业集群发展良好，由于有效降低了交易成本，这些集聚不仅存在于技术先进的部门，也可以存在于传统部门，以及劳动密集型产业。

在具有一定创新氛围的环境中，聚集了一定数量具有较大潜力的小企业，形成的产业区被学者们称为新产业区（New Industrial District），新产业区是生产系统的地理集聚区，是中小企业竞争与合作的综合体。这一产业集聚现象引起了社会各界的关注，包括经济学、地理学、管理学以及社会学等学科都对新产业区现象展开了研究。一些前沿理论对产业空间集聚行为进行了较好的解释，如制度分析、技术创新和组织演化理论等，也为进一步分析产业空间集聚提供了理论基础。能够形成产业集聚的区位通常具有一些共性特征，一是需要完善的基础设施，尤其是技术基础设施；二是具有较好的创新环境，形成良性的创新互动。这些特征可以使产业和企业由于集聚获得的收益大于成本，所以空间相邻的集群学习和知识积累可以促使企业享受知识溢出效应，积累积极的互动氛围。

新产业区的主要内容和特征是：（1）柔性生产系统，这一生产模式强调小规模定制生产与灵活专业分工企业的动态集成，与大企业生产的大批量标准化产品不同，主要是小规模、灵活生产企业之间的分工与协作；（2）形成本地合作网络，在本地结网是新产业区的关键与核心内容，在一定区域内，各类行动主体（包括企业、政府、科研院所、中介机构等）可以长期合作，形成稳定的正式或非正式关系，降低不确定性、空间成本、生产成本和交易成本，增强灵活性；（3）企业适应本地化环境，任何经济活动都在一定自然和人文环境中进行，充分了解和适应本地经济社会环境可以使企业更好地构建生产网络，同时，将企业文化充分融入地方文化，才能更好地提高企业和生产网络的竞争力；（4）传统的等级制度已被基于契约的网络所取代，大小企业并存，都是独立、平等的关系，国际和地区关系并存，贸易与生产等其他关系并存；（5）企业作为新产业区的核心，可以了解新产业区的产业网络状态和新产业区之间的联系，通过外部世界的生产、服务和信息流了解企业在新产业区的网络状况，并分析新产业区的开发理论和过程。

新产业区理论的核心是依靠内生力量发展区域经济。区域内各行为主体发挥自身优势，通过合作网络建立长期稳定的协作关系，鼓励企业及各行为主体不断创新，创造独特的区域创新环境，实现区域经济、社会和技术的协调可持续发展。

二 区域创新、知识和学习

创新、知识和学习已经成为当代区域发展的主流思潮。这种理论跳出新古典主义关注静态成本优势和技术进步，把创新理论以及知识和学习运用于区域发展。知识的兴起催生了知识经济发展，而且知识生产和消费的地域性越来越强。随着知识在经济增长中的作用日益凸显，各区域更加重视知识，集聚知识，知识不断推动技术创新和创造，进而提升产业竞争力和区域竞争力，同时也更加重视区位在学习和知识生产过程中发挥的作用。产业活动的地理集聚不仅有利于当地投入产出关系，而且旨在追求一个特殊的地方环境，以提高企业的学习能力，这不仅是一个包括基础设施、产业类型和结构以及企业等的经济因素，更需要社会文化等制度因素，在这个过程中，最重要的不是显性知识，而是学习和信任等隐性知识。隐性知识主要聚集在特定的创新环境中，存在于各种组织和个体中，地理上的邻近性通过降低交易成本促进知识积累，学习的便捷性促进了知识交融创新，共同实现了技术创新及扩散。

随着经济发展、技术进步，以及需求环境的变化，大规模标准化的福特主义生产模式逐渐遇到问题和挑战。20 世纪 80 年代以来，福特主义生产模式逐渐向后福特主义转变，大规模生产向灵活的、小规模的、由中小企业组成的产业集群发展，这些企业和产业通过互动逐步形成跨越全球和地方的生产网络。对于这些创新活动以及空间集聚等现象和问题的解释，也经历了一个理论不断发展和演化的过程，并形成多个理论视角和学派。产业区理论认为，中小企业要提高竞争力，实现发展，必须嵌入社会文化环境并发挥集聚效应；新产业空间学派重点分析了大型企业存在的垂直分异现象，认为大企业利用空间集聚实现垂直分异，可以加大国际贸易发展，更好地在全球销售产品；创新环境学派主张要更好地实现区域创新，需要注重学习过程，加强学习网络建设；波特基于钻石模型分析产业集群，该理论强调竞争者、生产者和消费者之间的相互联系和作用；区域创新系统学派认为，空间集聚通过信任和减小地理空间，可以更好实现供给者和需求者的沟通和联系，并通过制度规范形成创新网络系统。

北美一些学者观察了硅谷、波士顿128号高速公路等高科技中心，探索其形成的原因和发展过程，特别是研究型大学等科研机构进行的科学技术研究和产业孵化活动。虽然这种产业和大学之间的合作取得了显著的成效，很好地证明了科研和产业发展之间的关系，但还不能证明和阐释二者之间的内在租用机制。其他地方也存在政策支持，但为什么是硅谷呢？相关研究未能从理论上解释这些高新技术产业发展的内在机制和空间规律。

欧洲的一些区域经济学家和研究机构关注的核心主要是推动创新发展的社会环境，主要探讨创新环境如何形成和演变。主要包括构成创新环境的法律、制度、文化、实践等，还包括不同行为主体（如政府、企业、消费者、研究人员和社会中介等）建立的创新网络。在研究方法上和新制度学派趋于一致，对当地社会和文化背景的关注也与新制度学派达成共识，不同的地域文化对人类行为和关系进行不同的激励和约束，经济增长是各行为主体选择的结果，因此，区域经济研究超出了经济理性分析框架。在创新取向方面，区域经济学加强了对创新环境的研究，同样突破了新古典经济学静态均衡研究范式。但是，相关研究还未能明确创新环境的运行机制和具体内容，未能从理论上将区域作为创新环境研究的空间维度。

三 新制度学派

交易成本学派主要关注区域交易成本的变化，以及这种交易成本变化对产业空间集聚的影响。企业为了寻求更低的交易成本，形成了空间集聚。但是，如果过度强调交易成本的价值，容易忽视其他条件和因素在促进区域经济发展中的作用，如制度和创新。实际上，交易成本的降低不是引致空间集聚的最重要因素，更不是唯一原因，交易成本的降低也不一定是集聚的必然结果。产业集聚是实现创新的重要手段，企业聚集并不完全是为了降低交易成本，有时候可能不是为了降低交易成本，而是为了实现知识共享和技术创新。企业和产业的空间集聚最终是否能降低交易成本、推动创新，还取决于一系列市场以外的制度安排，如人才流动、金融支持、研发活动等，以及区域治理结构和地方文化能否形成企业之间、政府与企业之间的合理关系。在这样的背景下，为了推动进一步创新，营造更好的创新环境，区域经济研究的新制度学派出现了。

区域经济中较早的新制度研究，主要出现在20世纪70年代中期，在经济整体低迷的环境中，一系列中小企业集群在意大利东北中部崛起。这些中小企业普遍具有灵活性和专业化的特点，并在此基础上形成企业之间的竞争与合作关系，这种产业模式的崛起和社会关系的建立，与当地以信任与合作为特点的历史文化传统密切相关。这种分析区域经济结构与特定“软制度”之间嵌入性的方法逐渐成为区域经济研究的重要趋势（Harrison，1992），并在此基础上形成新制度学派，探讨区域经济增长与制度之间的关系。这些制度既有法律、法规等正式制度，通过强制力直接约束经济活动，也有习俗、文化等非正式制度，通过非正式方式对行为主体进行规范。新制度学派认为社会实践过程的重复形成了制度，并通过社会关系及行为规范等形式进行表征，这是新制度学派关注的核心问题，并以此为基础研究社会经济问题。

新制度学派强调经济发展中的制度因素，认为区域发展不是线性的。要素禀赋不同、制度环境不同，因此，区域经济发展没有唯一的发展模式，虽然发展的最终目标都是实现经济持续增长，但因为具体内外部环境不同，发展路径也是因地制宜的。在一些地区，小型企业和灵活的专业生产方式取得了成功，不能表明大企业和规模化生产方式的消失。企业无论规模大小，不管是基于一体化的整合，还是基于劳动分工的分散，或者处于一体与分工之间的混合形态，都可以在不同的发展环境中，通过适应环境取得成功。企业之间的分工与整合关系没有最优模式，在抽象的空间意义上，网络拓扑结构也并不完美，但却可能在政治和文化上取得较好的效果。在一定程度上，以文化为代表的制度因素，对经济发展的影响和推动可能超过技术因素。新制度学派在区域社会文化基础上，根据内生性来选择区域发展的路径，对区域发展研究和政策实践产生了深刻的影响。

四　跨国公司与区域发展

经济全球化的基本特征是经济、社会交流和竞争的普遍化和多样化。随着经济全球化进程的加快，跨国公司的生产经营活动日益活跃，已成为各国综合国力和竞争力的重要组成部分。为了在国际竞争中迅速获取区位资源组合，增强经济实力，跨国公司采取了投资、并购、贸易等多种手段，千方百计地从其他国家获取和分割所需要的资源。与此同时，它加快了全球资源在各国之间的流动，推动世界经济进入了一个更加紧密联系和相互依存的时代。

Melitz 等在 2003 年提出的新贸易理论从企业异质性的角度解释了贸易动力和收益，提出经济落后国家和地区应积极参与国际和国内分工，这样可以更快地提高生产率。新贸易理论的贸易观主要基于异质企业的角度，在研究视角和研究方法上有了新突破，从企业的微观层面探讨国际贸易的基本问题，也使国际贸易理论有了新的微观基础和新的视角。

随着生产经营活动范围不断拓展，生产网络逐步在全球布局，跨国公司将经济全球化发展和地理空间上的分散活动充分结合起来，推动了区域经济发展，也加深了经济全球化程度，但也为区域发展研究和实践带来了新问题、新挑战，也就是说，连接区域经济本地网络和跨国公司的全球网络之间产生了冲突。一方面，因为地方政府和跨国公司的投资目标不完全相同，不同区域可能具有较大的文化和制度差异，如果跨国公司与政府目标不同，区域文化差异大，那么全球网络与地方网络难以建立有机联系，并可能发生冲突，对当地的生产网络造成冲击，甚至破坏、影响政府对经济的调控能力；另一方面，随着全球化和跨国公司的发展，全球竞争越来越激烈，有效地利用外资、技术和跨国公司的全球网络，可以加强与全球网络的联系，促进地方经济融入全球产业分工，增强地区竞争力。因此，如何协调全球化与本地化以及全球网络的局部网络之间的关系，是提高区域竞争优势的一个新的和关键的问题。

五 演化中的集体意识与行为

Nelson 和 Winter（1982）等提出演化经济学分析框架，从技术创新角度解释区域经济发展。他们认为技术不是偶然出现的，而是沿着某种轨迹逐步发展起来的。创新也不是一个人或者一次偶然的创造和发现，而是创新主体在长期互动中不断学习和积累的结果。换句话说，创新是创新主体在劳动力、市场、公共部门的影响下，以及法律法规、风俗习惯、传统价值观等非移植因素的作用下，做出一系列相互影响的选择的结果，经济活动主体之间形成的相互依存和集体行为是创新的必要基础和必要过程。

演化经济学主要探讨以创新为核心驱动力的区域经济发展，尤其是发展过程中主体的相互依存和集体行为的重要性。许多显性因素和潜在变量都会对创新活动产生影响，经济主体为了降低风险、增加竞争优势，可能会加强创新。经济增长和创新之间的相互作用和依存大大增加，但是只有在少数区域，才存在这种创新条件和环境。新增长理论强调创新，以内生技术为核心对经济增长进行分析。如果一个区域具备较好的创新条件和环境，在一定时期有可能出现大量的技术创新（Lundvall，1992）。这种区域创新环境和空间集聚具有一定的不可移植性，二者的结合可以促进经济活动主体产生协作行为和创新轨迹，这样就可以通过专业化和差异化，获得更强的竞争优势。经济活动主体不断学习和创新，增加了越来越多的相互作用和相互依存，经济的区域化趋势更明显，创新能力越强。

这些集体意识和集体行为在区域空间维度上孕育，对促进创新活动和经济发展具有重要意义，随着时间的推移，这种“相互依赖”不断进行动态演变，对区域经济发展给予了很好的解释。在技术创新的初期，市场上缺少技术人才和相关技术，需要培育技术创新所需要的人才和产业链条。随着技术进一步演化，创新所需的专业人才和配套技术、资产，从一般性生产要素转变为专用性资产，与创新主体密切相关。随着这些以创新为基础的技术、知识和行为准则不断传播，这逐渐成为一定领域内的行业共识，各个创新主体间的共识和关系由弱变强，相互协调也逐渐默契，创新行业在技术、人才、供应链等方面建立起具有一定影响的空间范围，推动着区域经济发展。然而，当技术逐渐成熟，便容易被市场模仿，行业的人才、资产专业化程度降低，经济主体间的相互依存关系也变弱，合作行为将减少。因此，在空间上的生产活动逐渐扩散，技术创新优势也逐渐被比较优势取代，区域增长速度也将逐渐放缓。

随着区域经济发展实践的深入和多样化，更多的学科和理论视角参与到区域经济研究，也促进了区域发展研究不断深入。由于区域发展问题的综合性和复杂性，需要多维度、多视角协同进行研究，增强区域经济研究的准确性和区域政策的有效性。区域分析方法逐渐呈现多样化，不同方法采用不同的视角也发挥了不同的作用，这些新方法的使用和综合更深入和严谨地分析了区域发展过程及区域发展问题。

第二章　区域竞争优势

经济全球化深化了区域分工，技术进步加速了要素流动，但二者并没有使经济活动的空间分布趋于均衡（Krugman，1991）。相反，不同的资源、文化及环境等差异，不但形成了相对独立的区域格局，而且使区域独特性和多元化更加突出。企业的空间集聚不只基于资源禀赋，更关注价值链的紧密一体化。区域间的竞争日益激烈，既比拼“爆发力”也要比拼“耐力”（Storper，1997）。

在生产要素不能完全流动且流动成本较大的情况下，传统区域经济理论强调比较优势，认为地区经济发展主要与资源禀赋有关。要素流动速度随着技术进步不断提高，流动成本也逐步降低。在经济发展中，传统生产要素的作用正在减弱，一些创新要素，如人才、技术、管理和观念等发挥的作用正在增强，而且，这些要素的流动性也在不断增强。因此，传统区域经济中，区域竞争力主要由比较优势构成，在新形势下，这种优势正在被削弱。现代区域经济理论更加强调竞争优势，重点关注专门资源、创新、人才等要素，通过资源开发和整合提高区域竞争优势。

一般情况下，优势产业都具有明显的区域特征。许多学者通过对区域比较优势、竞争优势及创新系统等进行分析（林平凡，2016），发现区域竞争优势越来越源于本土发展潜力。许多理论和实践经验可以为区域非均衡发展中的区域发展路径的选择提供依据，在新的发展形势下，竞争优势理论已成为区域发展战略的重要基础。

比较优势是潜在的机会，竞争优势是决定一个地区发展的充分条件。只有将资源禀赋与创新相结合，促进竞争优势的转化，才能增强区域竞争力，实现可持续发展。

第一节 区域发展中的比较优势

比较优势理论和竞争优势理论属于国际贸易理论，对它们进行自然延伸，也构成了重要的经济发展理论。

亚当·斯密首先提出不同国家生产商品的绝对优势和交换的合理性。李嘉图将国际贸易理论向前推进，提出用比较优势来替代绝对优势，认为国际贸易的主要原因是劳动生产率的差异，从而形成了比较优势理论。

赫克歇尔、俄林从要素禀赋的结构差异对国际贸易的原因进行探究，提出要素禀赋理论，指出自由贸易可以使生产要素得到有效配置，并决定区域专业化发展方向。要素禀赋理论以生产要素禀赋代替劳动价值论，将技术纳入生产要素，使比较优势理论向前迈进了一大步。

要素禀赋理论认为国际贸易应在要素禀赋结构差异较大的国家之间进行。美国经济学家里昂惕夫在20世纪50年代发现，美国进口更多的资本密集型商品，而出口劳动密集型商品，与美国的要素禀赋结构不一致。克鲁格曼用规模经济和外部性来对产业内贸易进行了解释。20世纪中期以来，发达国家间的贸易一直占国际贸易的主要份额，因此，一些学者通过放弃要素禀赋理论的一些假设，构建了新贸易理论。一是放弃规模收益不变的假设，研究规模收益递增对国际贸易的影响；二是摒弃生产技术具有相同可能性的假设，研究不同国家技术获得对国际贸易的影响。

随着区域发展实践和理论研究的进一步深入，比较优势理论的内涵和研究领域都发生了很大的变化。从发展早期作为一般的贸易理论，到如今已转变为制定区域和国家发展战略的产业分析的方法和工具，尤其是发展中国家制定快速发展战略的重要依据。随着经济、技术和文化的发展，比较优势理论不断受到来自各个方面的挑战。技术进步减少了时间和空间距离，生产资源和要素以较低的成本在地区间流动；自然资源可以通过技术进步来改善和替代，人力资源可以通过提高“质量”来弥补“数量”。静态的比较优势不一定具有竞争优势，有些时候可能还阻碍了区域竞争力的形成，这也为竞争优势理论的发展提供了契机和要求。

比较优势理论已经从静态转向动态。传统理论基于静态目标进行的产业和政策选择，已经不能适应形势发展的需要。基于动态分析的比较优势有两个方面需要考虑：第一，后发国家的劣势或优势，可能会因形势的变化而发生转化；第二，一些发达国家的资源和优势产业正在发生变化，它们的相对优劣势也会随之改变。比较优势理论发展初期只考虑了劳动力成本，随着理论不断完善，逐渐开始增加对资本、技术、原材料等更多因素的综合考虑。然而，在信息浪潮和知识经济的推动下，各种要素在生产力中的作用发生了根本性的变化，技术进步使人力资本和知识信息成为主要的生产要素，也成为比较优势和主导产业选择的主要因素。

比较优势理论从强调供给分析转向同时重视供求分析。传统比较优势理论关注供给方面，看一个国家的劳动力成本和改变资源比较优势的基础但只考虑供应方面会产生偏差，容易导致错误的决策，需求方面的比较优势研究也是一个很重要的问题。在信息经济条件下，知识、信息和人力资本是最重要的比较优势，这些比较优势的形成并发挥影响和作用需要更多的投资，以及更多的时间和精力，但知识可以充分发挥影响力，知识溢出是适应世界经济发展主流的比较优势，充分发挥这些比较优势，可以彻底改变落后的局面，提高区域经济竞争力。所以，应该从绝对优势向比较优势转变，相对比较优势也是一种比较优势，一个国家可能没有绝对竞争优势，技术可能在世界上也没有比较优势，更不用说竞争优势，但它可能是国家的工业技术中最先进的技术。比较优势理论告诉我们，应该优先发展这种技术和产业。

区域竞争优势涉及物质和人力资本、创新、制度、竞争组织、产业集群等，用一个合理的框架进行分析，不但可以为区域发展提供理论基础，也能作为一个有价值的政策工具。

第二节 区域竞争优势的内涵

区域经济的崛起已不再是古典区位论的制造商为了降低运输成本的结果，也不再是古典经济发展理论，如增长极理论等经济政策的结果。但当代全球化、后福特制生产模式的垂直解体，以及内生的社会和经济生活过程，这些过程的基本特征都是基于创新活动主体之间的相互依存关系。因此，区域经济发展模式要由资源禀赋、基础设施、投资等政策驱动，逐渐转向这种由经济活动之间的信任与合作产生的集体合作行为。区域经济研究的主要对象也发生转变，从线性的投入产出转变为相互依存的技术创新、制度创新和思想创新。也就是说，不只是有形的物质投入，本地区具有的无形社会关系也成为区域增长的主要影响因素，成为区域经济研究关注的焦点，逐步成为区域经济发展的关键。

对区域的比较优势进行充分利用，逐步积累竞争优势，最终以竞争优势的发展为主导，有效提高区域创新能力，是区域发展战略和路径的正确选择。

一　区域竞争优势的概念

许多学者将竞争优势理论作为区域竞争力的理论基础。竞争优势理论认为即使在资源禀赋有限的条件下，仍可通过技术创新、企业效率、有效政府等获得竞争优势。

张伯伦在1939年提出竞争优势概念，Hofer和Schendel（1978）将其引入战略管理中，认为竞争优势是企业通过优化资源配置获得的市场地位。20世纪80年代，迈克尔·波特（M. Porter）对竞争优势进行系统分析。

迈克尔·波特（1990）系统研究了企业竞争优势，在分析企业竞争优势的基础上，研究了产业和国家竞争优势，并认为市场上的竞争优势是一个国家或地区经济发展的根源，竞争优势和比较优势是对立关系，竞争优势理论更适应当前的发展环境，将会取代比较优势理论。Warr（1994）等也认为竞争优势具有更好的解释力，将会取代比较优势，成为贸易理论的基础。也有些学者认为比较优势与竞争优势是对立统一的，只有在比较优势的基础上才能形成竞争优势（林毅夫、李永军，2008）。

魏后凯（2004）认为区域竞争力是区域生存和发展的基础，区域的比较优势和竞争优势共同决定了区域竞争力。区域资源禀赋是比较优势的来源，而资源利用效率决定了竞争优势。Brooksbank和Pickernell（1999）认为，区域竞争力主要体现在区域间生活水平的比较，取决于生产要素的相互影响和作用。Turok（2004）认为区域竞争力主要来自区域资源的最优配置以及利用效率。

从方法论来看，比较优势理论主要基于简单性世界观，而竞争优势理论是基于复杂性世界观。因此，比较优势理论主要采取的方法是逻辑演绎，而竞争优势理论主要采取关系性思维方式。

波特的竞争优势研究主要集中在微观企业和中观产业两个方面，他所进行的国家竞争优势研究主要是企业和产业竞争优势的拓展和延伸，即企业、产业组成的经济系统总和就构成了国家竞争优势。但是，这种简单的向上加总在方法论上存在着明显的谬误，对某个企业或产业适用的竞争优势理论，并不能简单向上加总或向上扩展而成为指导某个国家制定产业政策的依据。

综上所述，区域竞争优势是在持续创新基础上形成区域经济价值链，获得相对于竞争对手的优势地位。区域竞争优势的根本目的是提高全要素生产率进而区域竞争力，促进区域经济增长，提高居民生活水平。具体来说，就是在比较优势基础上，通过要素资源的合理利用和创新体现出来的优势，表现为不同地区的要素差异和配置所造成的生产效率差异，进而形成的分工和贸易方面的相对优势。

二 区域竞争优势的资源结构和范围

1. 竞争优势的资源结构

区域经济发展理论非常重视资源禀赋的作用，比较优势理论强调相对丰富的生产要素可以降低成本，提高生产率和竞争力。而竞争优势理论强调资源的利用效率，即区域竞争优势依赖于独特的资源利用结构，既包括传统的生产要素，更需要技术、人才、管理、制度等提高要素利用效率，还需要知识的配合。因此，区域竞争优势的资源结构主要由基础要素、发展能力和知识资本等构成。

（1）基础要素

要素是区域经济发展的基础，主要由自然禀赋所赋予，如独特的区位、丰富的自然资源、充裕的劳动力等，区域发展的差异性主要来自于区域要素禀赋，以及历史形成的异质性资源。基于要素的竞争优势假设资源流动是不完全的、有限的，由于要素市场的不完善和资源流动的有限性，使得这种竞争优势具有一定的持久性。区域是特殊的资源集合，能够与外部环境相匹配，比竞争对手具有资源特性和优势的区域具有竞争优势。

新古典经济学认为，超额利润主要来自于垄断的市场结构。以要素为基础的竞争优势将战略资源视为竞争优势的源泉，但对资源转换不够重视，而转换过程是区域发展的重要条件。

（2）发展能力

区域竞争力就是区域在一定范围内优化配置资源的能力。具有相似资源的区域可能具有不同的发展路径和发展速度，其根本原因在于资源使用效率的差异导致竞争优势差异，这种差异的核心就是发展能力。这种基于发展能力的竞争优势难以被模仿，并能为区域带来持续利益。区域发展能力的识别和确定、培育和建立、积累和应用、保护和评价等动态过程，使区域具有持久竞争优势。

发展能力理论认为竞争优势来源于区域内部运行的高效惯例，其演进的方向可能受路径依赖的影响制约区域进一步发展。

(3) 知识资本

知识和技术一直是解释经济增长的主要因素。马歇尔曾提出，知识是我们最有力的生产动力。因此，很多学者认为，一定存在一系列因素导致全要素生产率差异，关键的就在于不同的社会经济区域具有不同的由知识所构建的制度规则。相关研究认为，知识是经济发展的核心，区域知识体系对资源配置发挥着决定性的作用。由于知识的存量、结构以及认知能力不同，导致区域积累的知识和能力具有差异，并最终决定了区域异质性。知识形成是区域独特资源、学习和技术的积累和整合过程。

熊彼特认为，创新是“建立一种新的生产函数”，区域竞争优势就是基础要素、发展能力和知识资本的有效组合。基础要素是区域发展的基本条件、物质基础，发展能力提高资源的利用效率，而知识体系决定和提高发展能力。不同的物质基础、发展能力和知识资本及其组合方式，决定了区域的异质性和竞争优势。

2. 竞争优势的范围

区域竞争优势的空间范围具有过程、演化、动态和社会政治竞争等多维属性（李小建，2004）。区域竞争所涉及的区域既包括介于国家和城市之间的空间范畴，也包括县、区等地方区域。即使具有较大竞争优势的地区，也不可能在所有领域都具有竞争力。不同的空间范围和竞争优势有不同的范畴。我们可以将竞争优势分为三个层面：区域内部竞争优势、邻近区域竞争优势和全球竞争优势。

(1) 区域内部竞争优势

竞争主要发生在区域内部，满足本区域对产品和服务的需求，竞争者主要是进入本区域市场的外部供给者。

(2) 邻近区域竞争优势

部分产品和服务参与邻近区域竞争，与最先进的产品和服务相比没有竞争优势，但在邻近区域可能有一定优势，这种产业仍然可以优先发展。

(3) 全球竞争优势

即参与全球竞争，需要充分开发区域潜在要素、能力及发展环境。同时，还需要发达的交通、通信和信息网络等依托和支撑，减少区域间空间联系成本。

从区域内竞争优势到邻近区域竞争优势，再到全球竞争优势，各个层面的竞争优势都具有相似的本质特征，即资源配置效率决定了产业竞争优势，产业竞争优势是区域竞争优势的根源，同时，产业竞争优势又依赖于区域发展环境，因为发展环境和地理空间是企业选址的关键因素。

第三节 区域竞争优势的要素与结构

一 关于竞争要素的相关研究

竞争力是区域生存和发展的基础，竞争力来自于竞争优势，区域发展需要持久的竞争优势。因此，哪些因素给区域带来了竞争优势，竞争优势的“内在逻辑”是什么，怎样获得持久性的竞争优势，是区域竞争优势研究需要关注的主要问题。

波特认为区域竞争优势主要取决于要素状况，需求状况，相关产业和辅助产业，企业战略、结构与竞争等要素，还包括机遇和政府作用。

目前，竞争优势要素研究主要采用波特的钻石模型，城市和区域竞争力涉及竞争优势要素的研究可以给我们一些参考。20 世纪 80 年代，世界经济论坛（WEF）和瑞士洛桑国际管理学院（IMD）将区域竞争力分解为八个方面，2002 年后，更加突出经济系统运行效率，将指标体系调整为经济绩效、政府效率、商务效率和基础条件。Cho（2004）将机会视为竞争力的外在因素，将人力资源和物质要素视为内在因素，并认为不同发展阶段，各要素的重要性是不同的。Webster（2000）将城市竞争力概括为四个方面，即经济结构、资源禀赋、人力资源和制度环境。经济结构属于“活动”要素，其余属于“地点”要素，“地点”要素能决定“活动”要素发挥作用的空间和方式。

区域经济学中的相关理论，如区位论、集聚理论、核心边缘理论、空间结构理论等对区域竞争研究具有直接贡献。但是，从生产布局和空间结构视角对区域经济问题关注较多，对制度环境和资源配置的研究和阐释较少。

20 世纪 80 年代出现的新增长理论对区域竞争优势的研究也具有重要意义。其主要代表内生增长理论，引入外部效应、不完全竞争及边际收益递增假定，指出经济增长不依赖资源及外力推动，主要取决于技术进步，而技术进步是知识、人力资本、研发投入等的结果。

二 竞争优势四个维度

1. 要素条件

区域经济发展要素包括一般要素和专业化要素。一般要素是指对不同地区发展具有普遍意义的要素，广泛分布在自然资源、气候环境、地理位置、劳动力、资本等各个领域。要素禀赋对区域发展会产生重要影响，但对于区域竞争优势来讲，专业化要素具有更高的效率。专业化要素是对某一行业或某一领域的发展具有独特价值的要素，如独特的资源、区位、人才、科技等。

2. 需求条件

输出基础理论认为，输出产业可以提高区域收入和区域竞争力，输出产业的发展不仅决定了区域的收入水平，也决定了产业的规模和数量，促进区域经济增长。如果一个区域临近消费能力强的区域，或者能够以较低的交易成本把本地区优势产品输出到消费能力强的区域，它将促进区域经济增长，进而决定区域产业发展的规模和方向。

3. 技术创新

创新是区域竞争力的关键因素，创新理论可以更好地理解区域竞争的深层次意义。以技术优势为主要内容的区域分工正逐步取代以要素禀赋为主的区域分工，技术作为独立的要素在区域竞争中发挥着关键性作用。在熊彼特之后，创新理论发展为两个分支：技术创新和制度创新。区域竞争优势越来越源于本土创新潜力，因此，要通过持续的制度创新激发技术创新，通过制度创新和技术创新可以为竞争优势提供更大的空间。

4. 产业集聚

经济活动的聚集可以带来规模效益，因此，聚集经济是区域发展的重要动力，也是区域竞争力的主要来源。聚集经济对区位选择和经济增长的作用也日益受到重视，克鲁格曼建立了规模报酬递增模型，认为应以经济地理和集聚经济为基础建立贸易理论。波特也认为产业集群是构成区域竞争优势的基本因素。基于产业集聚的竞争优势是区域由于集聚、创新、竞合等动态因素产生的，其作用更为有效和持久。

三 两种驱动力

合理的制度安排可以促进经济主体的运作和创新，诺斯（2008）认为，合理的制度安排是保持经济效益的基本前提，制度的基本功能是创造秩序，减少市场交易的不确定性，为一个社会或经济秩序提供合作与竞争关系。

在上述四个维度之外，还存在两种驱动力影响竞争优势。这两种驱动力就是政府和企业家精神。政府可以通过外部政策（正式制度）来影响四个维度中的任何方面，企业家精神从内在心理和行为（非正式制度）影响四个维度，从而影响区域竞争优势。

1. 政府作用

制度经济学从区域市场化程度、治理结构、法律环境和行政管理等方面研究竞争优势的形成和强化机制。对于政府来说，过度的产业支持和放任都是不可取的，适当的作用应该是“鼓励改变、促进市场竞争与刺激创新”。在成为发达国家之前，欧洲、美国、日本和韩国都经历了一段培育自身竞争优势的时期。自然禀赋相差较大时，后发区域有意培养竞争优势是必要的。政府可以通过调控管理手段和经济政策影响竞争优势的四个维度中的任何一个，从而影响竞争优势。政府主要是为企业和产业（集群）发展提供和营造制度性环境。

2. 区域企业家精神

钱德勒（1999）研究了美、英、德等国发展之后认为，各国企业在规模经济和范围经济上的差异，是一种组织能力或管理模式上的差异。Prhaalda 和 Hmael（1993）指出企业竞争力是一种独特的、难以模仿的、有价值的核心技术和能力。近年来，社会各界越来越关注企业家精神，并将其引入市场和经济分析，区域经济社会发展也将其作为重要变量（Toma，2014），许多研究验证了企业家精神与经济增长的关系（Audretsch，2004）。在区域经济分析中，企业家精神被越来越多的理论视角关注，许多研究将企业家精神作为经济增长的内生因素。因此，区域经济发展从重视物质资源等先行因素，到关注作为隐性因素的企业家精神，逐渐从个人延伸到企业（组织和公司），并逐步发展到社会层面，这无疑对社会经济发展具有重要意义。企业家精神成为促进产业升级、完善区域治理和城市发展的重要途径。

归纳上述分析，我们可以梳理得到：一个区域的竞争优势来自于丰裕的要素、充足的市场需求、持续的科技创新、高效的产业集聚等维度，以及合理的产业政策、优良的市场环境和人们内在的心理与行为的驱动。

第四节　区域竞争优势生成与发展模式

经济发展的目标是居民提高收入水平，而收入水平取决于生产力水平。传统的区域发展重视资源禀赋的功能，并形成相应的经济特征。现代区域经济发展中，更加强调技术创新、人力资源开发、产业集群、发展环境优化等区域竞争优势的培育。

经济发展始终处于开放的环境下，区域竞争优势培育和生成是动态的，处于不同发展状态的区域应该采取不同的发展思路和对策。如图 2－1 所示，根据区域竞争优势的资源结构和范围，把不同区域分成四种状态，并依此确定区域竞争优势的生成模式。

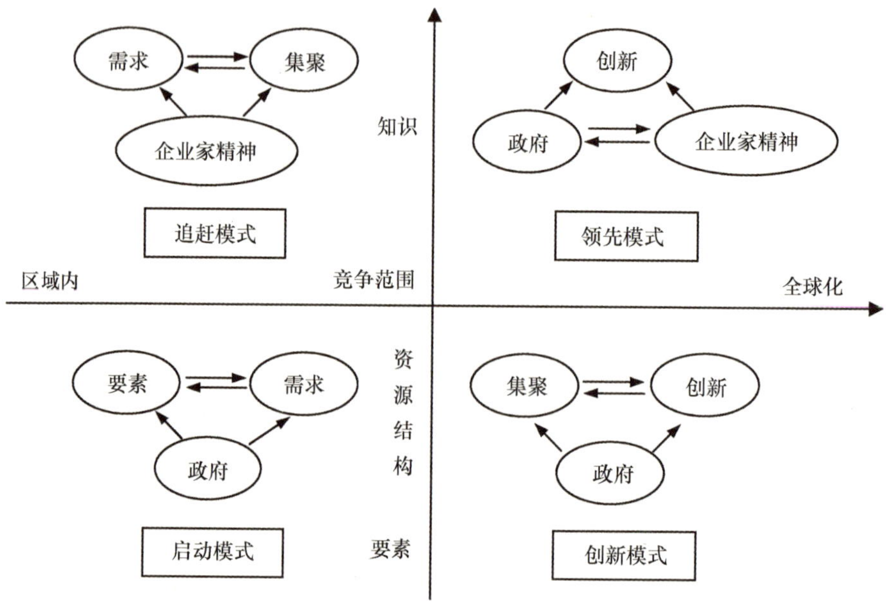

图 2－1　区域竞争优势生成模式

一　启动模式（资源结构较低、竞争范围较小）

经济落后区域面临的主要问题是要素投入不足。因此，要利用相对丰裕的要素形成比较优势，依靠外部市场建立规模经济。充分发挥要素禀赋优势，为具有长期竞争优势的产业积累资本和技术，为进一步的技术创新和产业升级奠定基础。

发挥好政府和市场协同作用，地方政府要继续完善制度，营造良好营商环境，完善市场机制。同时，将宏观经济决策与当地实际结合，创新适合当地特点的经济政策。优化产业结构，充分利用本地区的资源禀赋和外部条件，形成特色的专业市场，取得比较效益。

二　追赶模式（资源结构较高、竞争范围较小）

该模式资源结构较高、竞争范围较小。运用和发挥竞争优势是一个动态过程，随着全球经济一体化发展，以资源禀赋为基础的比较优势发挥的作用逐步减弱。具有比较优势的行业可以通过经济贸易引进先进管理和技术，并“溢出”到其他行业。现代经济结构的演进过程比较缓慢，发挥比较优势，是落后地区缩小与发达地区差距的有效路径。

要通过要素与生产环节的整合，建立基于专业化分工网络的产业集群可以提升经济增长的核心能力。同时，进一步提高区域文化教育水平、科技发展水平、培育区域企业家精神，更好地使区域在复杂的社会环境中获取竞争优势，协调社会经济关系和道德关系。

三 领先模式（资源结构较高、竞争范围较大）

这个阶段竞争的优势主要来自全要素生产率的提高，既包括科技创新、技术进步，以及运用这些创新和技术生产高科技产品和提供服务的能力，又包括各个价值链生产率的提高。创新不是以简单的线性方式发生的，而是不同主体和机构之间复杂互动的结果。

形成创新要素，需要一定的资源、环境和制度基础。优势区域资源结构较高、竞争范围较大，竞争力强，优势区域在充分发挥其竞争优势的同时，继续优化其软环境，探索和培育有利于增强主体之间相互依存的制度、文化和社会关系，同时，在产业组织形式方面不断创新，以实现集体创新。分析知识的整体运行机制，寻找对区域的价值创造起关键作用的知识，寻找对知识本身的创造、融合和内部交流起重要作用的知识，这是区域竞争优势的内在基础。

四 创新模式（资源结构较低、竞争范围较大）

产品输出规模较大，但要素水平不高，要积极推动创新。不断建设和完善创新环境，培育创新主体，提高科技进步，通过合理的政策支持鼓励创新创业活动，以区域创新环境激发各主体创新能力，进而促进区域竞争优势不断增长。区域创新系统与产业集群具有区域、结构、功能和目标等多重关系，不断优化区域创新环境，制定促进产业集群与区域创新体系融合的发展政策。

促进创新主体和要素的互动和合作，完善跨区域创新合作网络建设，促进地区之间科技合作，集成科技资源，不断完善微观主体活动，推进科技力量关联协作，形成区域创新体系，提升区域竞争优势。

竞争优势理论以区域生产效率为核心，以比较优势为基础，以竞争优势为主导因素。不论在区域发展哪个阶段，竞争优势四个维度和两种驱动力都发挥作用，区别在于在不同阶段和不同层面发挥不同作用。这种有机的体系有一种新的性质，不仅是各部分的总和，这是它的各个环节所不具有的，系统中各要素的相互作用和影响构成一个整体。

比较优势是竞争优势的基础，区域经济发展要利用好自己的比较优势和竞争优势。在比较优势的基础上，优化要素禀赋结构，实现竞争优势，企业和产业创造更大的经济价值，区域国家和地区才能更好地实现经济增长。充分利用要素禀赋为核心的比较优势，为战略产业和新兴产业积累资本和技术，发挥软环境的功能，培养企业家和创业人才，全面支持产业升级和技术创新。

在发挥比较优势基础上，不断进行制度创新，进一步增强区域竞争优势。随着科技进步，及其在各行业的普遍应用，知识在促进生产力发展中发挥着日益重要的作用。随着科技进步和全球化发展，不同国家和地区之间的联系进一步增强，同时，产业和区域间的竞争也日益加剧，对技术的需求越来越强烈。国际贸易、研发和创新越来越重要，资源和地缘优势的作用不断被削弱，知识、人才、信息等要素的作用日益突出。研发和创新需要一定的制度和环境基础，因此，区域发展需要充分发挥比较优势，并通过不断的制度创新、产业组织创新、生产要素创新，提高竞争优势，加快区域经济发展。

总之，区域战略的正确选择要以区域要素禀赋和特色资源为基础，形成区域比较优势，同时，不断积累发展条件，完善区域制度环境，实现区域竞争优势，进而提升区域创新能力，促进区域经济发展。区域竞争优势和竞争力既是区域理论前沿研究，也是区域发展的现实需要。因此，区域竞争研究急需注重与发展现实相结合，不断加强理论创新，以科学、有效的理论成果解释和指导实践。

第三章 区域发展的制度转向

区域增长研究早期主要关注供给问题，只是简单地将经济增长理论用到区域层面。20 世纪 60 年代以后，一些区域经济学家开始将需求、报酬递增、经济聚集、机床创新和公共投资等因素引入区域增长模型，区域经济研究逐步走向完善。20 世纪 70 年代以来，在全球化和信息技术革命的推动下，发达国家的经济发展模式向后福特主义转变，“新区域主义”（new regionalism）成为这一转向的重要特征，而核心是制度和文化转向。在经济绩效分析中，新古典经济理论注重技术发展和人力资本投资，忽视了制度和制度激励的作用，而制度激励结构对各种生产要素的投资效率和经济绩效具有很大的影响。

从制度和文化的角度看，如果不关注经济活动运行和变化的各种社会制度，就不可能充分理解现代经济的形成和演变。Martin（2000）认为，“制度转向”主要有四方面来源：法国规制学派（French regulation theory）对“社会性规制模式”的强调；经济地理学对社会、文化因素的关注；“制度主义”研究日益成熟；发达国家 20 世纪 70 年代以来所发生的经济社会变革。

第一节 制度对区域发展是否重要

尽管社会科学家对制度作用的分析已经超过了一个世纪，但是制度与经济发展之间的联系被主流经济学理论所忽视，直到 20 世纪 90 年代，制度分析才进入政策制定者的脑海。促进经济发展以及改善福利水平的方法似乎很直接，在基础设施、教育和培训以及促进创新和工业活动方面的投资，在理论上足以产生经济增长，并最终促进发展。正如 Amin（1999）所强调的那样，经济成功就是要一个以企业为中心、以激励为基础的有说服力的标准化区域政策。

20世纪90年代以来，越来越多研究认为制度能够决定激励和约束社会的行为，从而形成良好的经济、政治和社会运行效果，对制度的性质和功能的研究已经成为经济学等社会科学家关注的焦点。在促进经济增长中，无论在发达国家还是发展中国家，制度参数和经济绩效差异的关系开始被频繁地讨论（Acemoglu and Robinson，2008），不仅包括制度经济学的支持者，而且包括主流新古典经济学的追随者，尽管这一观点有着悠久的历史，它正经历一个在经济学文献上的重大复兴。在这些争论的同时，提高制度质量已成为一种流行和主导决策范式。但是，一些关于哪些制度重要的问题，以及如何改善这些制度以促进经济的进一步发展，仍然没有完全和具体的答案。

尽管在经济结果方面，制度的重要性是存在的，但经济制度并非独立于政治进程。政治进程是受益于不同经济制度的不同群体和个人做出社会决定的结果。因此，在这些决定上，他们的结论是支持拥有更大政治权力的群体，这就是为什么改革这些制度不是一个容易的目标。因为政治制度的性质和资源的配置决定了政治权力，反过来，它也影响经济制度的绩效。简而言之，政治制度、社会制度和经济制度都是有效制度结构的重要组成部分（North，1991）。政治制度在创建经济制度的过程中所扮演的角色，意味着经济制度并不总是以旨在最大化经济增长的方式来设计。然而，随着政治和经济环境的变化，政治权力的分配会随着时间的推移而发生变化，并产生对经济制度效率提高的渴望。因此，这种双向互动仍然让政治制度和经济制度的利益交汇在一个平衡点上。此外，政治经济制度与经济增长之间的非正式联系还不完全清楚（Garside，2007）。

制度是建立和接受在社会中完成目标的方式，包括规范社会实践和影响互动的规范、规则和程序（Garside，2007）。在众多符合一般定义的制度中，制度学派经常强调产权、法律制度和法治、土地保有权、政治稳定以及其他正式和非正式的社会制度的重要性。制度主义者在强调经济制度的同时，认为社会制度同样重要，其基本功能是为日常生活提供一个稳定的结构来减少不确定性，因此他们都接受制度作为人类互动的指导。这些制度对经济绩效的影响主要反映在技术转换和生产成本上，这些成本与使用的技术一起决定了交易成本和转换成本，它们共同构成了总成本。在此，制度的作用是“减少交易和生产成本，从而使交易的潜在收益可实现”，然而，新古典经济学理论定义了一个无摩擦的环境，忽视了这些成本，从而影响了制度的作用。制度影响企业经营的环境中，如宪法和法治的保护私人产权和防止腐败，可以被视为“市场创造”，因为它们需要安全的潜在投资回报，减少寻租空间。因此，一段时间后，新古典经济增长理论已经接受制度的重要性，并承认经济发展的解释不能仅仅依赖于生产过程的投入。这意味着，随着时间推移和经济社会发展，制度和新古典主义经济增长理论正在加速融合。

许多关于经济增长的理论和实证研究都遵循了“生产函数”的方法，来解释经济效率的增长与不同国家的发展水平跨时间的变化。这种方法与一国的总产出和投入生产的工艺水平有关，这些生产要素仅仅是物质资本、劳动力、人力资本和技术，产量的增加是由于投入生产过程的物质数量的增加。然而，这些并不能完全解释真正的、潜在的增长来源，它只是告诉我们，富裕国家有更高的物质资本投资率和更高的教育程度的劳动力，并使这些投入的效率更高。但它没有回答的问题是为什么有的国家积累了更高水平的物质资本和人力资本，或者为什么富裕国家投入使用效率比不发达国家高。

为了检验经济增长和发展的“基础”或“更深层次”的决定因素，越来越多的解释变量已经被纳入到模型中。直到 20 世纪末，这种对投资、技术和效率的深层决定因素的探索逐渐集中在相对缓慢的、变化持久的特征上，这些特征对一个国家和区域经济发展产生了广泛的影响。包括一个国家的地理位置、制度质量、融入国际贸易体系的程度，以及一个社会的文化反映在态度、信仰和价值观上（Owen and Weatherston，2007）。关于他们对经济增长贡献的重要性有许多争论，但人们普遍认为，良好的制度与经济增长是密切相关的。

在人们都相信“制度是决定长期的经济绩效的根本因素”之后，这些思想被深深地印在经济学家的脑海中，这些制度因素经常被包括在新古典主义和内生增长理论和实证研究中。然后，实证证据表明，特别是通过制度的质量对投资水平和企业经营的监管、经济和金融环境的影响，影响了人均 GDP 的水平和增长，以及增长的波动性（Acemoglu et al.，2001）。尽管有证据表明，制度质量通过影响投资间接影响经济增长，但探索制度和增长之间的关系，仍存在一些严重的数据缺乏问题。制度是否真的对区域经济增长和发展产生影响？如果是的话，如何将制度纳入区域增长和发展政策中？

区域经济政策非常依赖于国家发展政策。一个传统的根深蒂固的观念，就是忽略地方制度的实际状况而一味地复制自上而下的基础设施、教育和工业化政策，认为这样就能够实现经济增长和一体化发展。主流经济理论从根本上忽视了制度对区域发展模式的影响，而倾向于假定满足个人偏好的效用最大化并产生高效和社会最佳的结果。这种方法似乎是足够的并合乎逻辑的，一方面，制度经济学仍处于起步阶段，制度与经济发展之间的联系远未明确，另一方面，新古典和内生增长理论的发展已经过尝试和检验，并且产生了很好的效果。然而，这个情况已经改变，一方面，研究者在区域发展干预这一问题上尚未达成一致意见；另一方面，自 20 世纪 90 年代初以来，大部分发展中国家和部分发达国家的国内区域差距不断扩大。

在广泛的社会科学学科，研究者越来越多地诉诸制度分析，以便更好地解释经济发展。在增长回归中，固有的高增长的残差促使许多学者寻找影响经济发展和超越传统增长理论的增长的其他因素（Rodriguez-Pose，2006）。主流经济学家越来越多地得出结论，制度对于经济发展而言，比传统的资源禀赋，如物质和人力资源禀赋、贸易或技术转移等更有效（Acemoglu and Johnson，2006）。现在的研究试图了解哪种类型的制度重要。某些社会规则和正式制度与经济增长之间的关系已得到彻底的分析，产权和法治已被确定为在创造可持续增长方面发挥着非常重要的作用。在非正式制度中，信任和社会资本也引起了学者们的关注。

制度与经济的联系日益紧密，对经济增长发挥着越来越重要的作用，而很多区域发展战略还没有充分重视制度的作用，因此，制度应成为任何区域发展努力的一个基本组成部分，并不断提高其有效性。那么制度如何被纳入区域发展战略？虽然了解地方制度对于设计和实施有效的发展战略至关重要，然而，在决策过程中引入制度层面并不像最初设想的那么简单。要明确“制度结构”“制度环境”和“制度安排”的基本内涵，及总体区别和联系，以使发展政策更可行。

第二节　制度转向的背景

区域发展的制度转向不是偶然的，而是随着经济社会发展、区域相关研究不断深化等多种因素共同作用引起的。经济社会发展提供了实践基础，社会科学研究提供了学科基础，区域发展理论的反思提供了动力。

一　实践基础：生产模式向后福特主义转型

20 世纪 20 年代，福特主义生产方式开始流行，生产形式主要表现为专业化分工、标准化生产的流水线模式，利用规模提高生产率，实现利润最大化，这种生产模式一直持续到20世纪70年代。为了能实现规模生产，需要降低劳动力的技能要求和标准化生产，福特主义生产主要通过工作分解来实现，并控制生产工作的节奏，将工人限制在生产岗位上，将劳动生产过程塑造成一个刚性系统。与寡头垄断的市场结构相对应，为了节约企业的交易成本，主要采用纵向一体化的组织形式。劳动关系主要以白领、蓝领进行划分，国家的法律和福利政策体系也按这种方式进行划分。区域核心区由于具有较大生产和消费能力，福特主义的生产组织形式不断出现，形成核心—边缘的区域结构，城市化也得到快速推进，可以解释这种区域发展的理论工具有运输成本、集聚经济、规模经济和范围经济等。

20世纪70年代末，发达国家福特主义的经济发展模式开始向后福特主义转型，从标准化生产向柔性生产转变，从大众消费向个性化消费转变，生产模式、经济结构和制度展示出更多的灵活性。为了能够降低成本，提高竞争力，应对日益激烈的全球竞争，企业开始利用新技术、新资源、新渠道和新的生产方式，使生产经营更加灵活。

自20世纪80年代以来，为了进一步提高生产组织的灵活性和竞争力，许多国家放松管制，进行经济社会领域改革，完善市场机制，为人才、资本、技术等生产要素流动提供更多的空间。

特别是，随着新自由主义在英国和美国的兴起，市场的作用更加凸显，企业的灵活性进一步增强，并通过全球扩张在新的市场环境中保持竞争力。这种经济结构调整和后福特主义经济模式共同构成了一个兼容的制度框架，政府、市场经济组织和社会都在努力适应后福特主义经济模式的新制度框架。同时，全球化对旧的经济体制带来巨大的影响，对传统的制度空间尺度不断提出挑战，国家等级制度对经济的控制和影响力进一步被削弱。全球化对地方权力的影响加剧了地区经济的不稳定性，削弱了现有的社会结构和制度，逐步走向制度重建的新阶段。20世纪末，世界各地出现了大量的都市圈、产业带和工业园区。福特生产体系解体后，在这些地区出现了大量的柔性工业区和产业集群，在聚集经济和生产外部性的影响下，形成的产业综合体保持了强劲的增长势头。

在后福特主义生产组织中，由于技术的快速变化和市场的不确定性，生产的横向和纵向分化带来了巨大的风险。为了降低交易成本，不同规模企业之间的网络连接成为一种应对风险的有效制度形式。以学习和创新为基础的竞争和以竞争优势为导向的法律政策体系是这种组织形式的核心。随着核心—边缘结构的瓦解和新产业区的出现，这种生产组织的价值逐渐显现，解释区域发展的主要工具也发生了变化，主要包括空间交易成本、创新学习、社会资本和路径依赖等。在一定的地理集聚区内，灵活的组织形式、专业化的分工，使企业在信息共享、风险分担、集体行动等方面享受规模经济和范围经济的利益。同时，网络化的生产布局和紧密的外部市场联系，强化了资本扩张和再生产的权力机制。

二 学科基础：社会科学制度学派的崛起

由于经济学理性主义的解释力和影响力逐渐下降，在实践中，经济学、社会学、政治学、管理学等社会科学正在寻找新的理论逻辑，对“制度主义”的关注不断增长。随着政治学制度主义、社会学制度主义以及制度经济学研究逐渐兴起，制度因素在经济发展中的作用日益受到关注，经济行为也打破理性主义，同时关注行动者的社会特点。制度经济学的理性选择制度主义强调制度环境如何影响制度安排，制度如何影响交易成本的降低和经济效率的提高。社会学强调经济生活中的社会制度，经济社会学强调制度结构的方式，分析社会文化在经济系统的嵌入性，进而影响制度变迁的范围。演化制度学派分析制度作为经济增长的动力，强调随着时间的推移，制度结构如何演变，进一步影响区域经济发展。历史制度主义强调经济社会发展中的路径依赖。

社会科学关于制度的研究成果广泛融入区域经济研究，运用合理选择的思想和方法来降低交易成本，可以更好地解释区域信息获取途径，更好地指导编制各种交易规范，进而建立合理的制度结构，降低区域经济发展的交易成本，进一步提高区域竞争力。在借鉴和吸收社会制度主义思想和方法的基础上，区域发展研究引入并拓展了“嵌入性”概念，使经济活动与以家庭、技术、文化等为基础的社会关系和网络密切相连，更好地利用区域制度来解释和增强区域竞争力，如何使区域经济网络与社会网络精确结合是“嵌入性”研究的核心。经济与制度需要一定的适切性，不同区域需要不同的经济发展制度，一些基本的制度特征在区域经济中发挥着重要作用，如社会文化、互惠性、合作性等。演化制度主义强调制度对经济的塑造和制约，以及制度变迁是否或如何影响区域经济。

制度主义经济思想可分为两个传统，即“旧”制度经济学和“新”制度经济学。“旧”的制度经济是美国的制度传统，尽管“它并不代表一种明确定义的或统一的思想、方法或研究计划，但都强调经济过程是在一个社会框架下运作的，而这个社会框架是由一组文化和历史力量所塑造的。“新”制度经济学也在不断发展。它可以被看作一种制度主义元素的复兴和扩张，长期以来在古典和新古典主义经济体中都被忽视了，它包含了各种不同的分支。遵循“主流”经济学，接受个人理性选择模型，提供更广泛的制度观，更符合社会学和人类学研究的制度方法。把制度放在经济行为的中心，增加了“文化”和“社会”。制度主要被视为政治和经济规则，是对个人选择和活动的约束。制度的主要职能是通过减少不确定性来创造可预测的条件。

这两种制度经济学都为区域发展的制度安排提供了微观基础，并把发展中国家的发展理解为一种制度上的失败。两者都强调了均衡的多重性，考虑到作为平衡结果的制度之间的战略互动，允许历史初始条件和文化信仰（协调代理的期望）影响特定均衡的选择。但相关研究触及落后国家和地区发展的深层次制度问题较少，尤其缺乏的是对这些国家和地区的制度变化的理论和实证分析。

三　现实推动：区域发展理论对“制度”的响应

区域发展研究的主要视角和方法经历了多次转向。20 世纪 50 年代，计算机技术的应用激发了定量研究的热情，出现了“定量革命”，区域研究寻求建立一门基于区域综合与区域差异的规范科学。由于区位分析假设不现实，数据获取困难，社会经济现象过于复杂，计量的发展受到挑战。同时，第二次世界大战后出现的区域和城市问题以及经济增长停滞，引发了一系列新的研究问题和领域。20 世纪 70 年代初以来，以大卫·哈维（David Harvey）为代表的马克思政治经济学派，把空间看作围绕经济活动的社会关系和空间社会化建构的产物。而新马克思主义学派在推理经济空间结构时，主要使用理性经济和阶级关系，往往难以解释复杂的微观经济现象。20 世纪 80 年代以来，发达国家生产模式开始由福特主义向后福特主义转变，随着区域发展模式的变化，成为更新区域经济理论和方法的重要动力。同时，法国规制学派的理论和方法也应运而生，区域经济理论逐渐由理性经济模式向“规制模式”转变，区域发展研究日益转向制度与文化，逐步补充和代替计量地理学和逻辑实证主义。规制理论强调经济过程与社会规范之间的相互作用，这种规制模式的主要特征是强调文化因素和社会因素。随着社会文化的价值日益凸显，人们逐渐认识到经济过程也是一个社会文化过程，制度是经济文化建设的中心，这种共识也促进了“制度转向”。

古典区位理论在解释企业区位选择和生产布局时，面临着很多现实问题和理论难题，从而推动了新经济地理学派的产生。新经济地理学通过研究战后跨国公司的空间迁移、产业集中和产业内贸易，提出了一种适合柔性生产的新理论，在企业市场空间迁移模型的条件下，建立了垄断性竞争、外部经济和规模递增收益的企业市场空间迁移模型，较好地解释了产业集聚、差异化生产以及产业内贸易。虽然新经济地理学获得了巨大的成就，但新经济地理学也因为过度抽象，并且只关注了经济因素而受到一些学者的批评。20 世纪 90 年代以后，受社会学制度主义、制度经济学等影响和启发，区域经济学长期关注的非经济因素取得了较大的突破。通过分析制度对生产组织和企业行为的影响，以及非经济因素来解释后福特主义生产模式的形成，取得了一定的成功。

第三节　制度转向相关研究

制度主义思想来源多样，其内部也存在着多种理论流派和观点，各流派之间也存在着激烈的争论。在对制度的概念界定中，新制度主义（North，1990；Williamson，1995）认为制度是约束个人行为的博弈规则；而“旧”制度主义认为制度是人们共同的行为模式或思维习惯，是人们在集体中相互作用的产物（Hodgson，1993）。在制度分析的角度中，较有共识的是三种视角，即理性选择制度主义、社会学制度主义和历史制度主义。理性选择制度主义主要从新古典经济学角度，侧重于理解制度如何产生特定的生产组织；社会学制度主义将经济理解为社会系统的一个嵌入系统；历史制度主义强调制度演化在经济史中的作用。20 世纪 80 年代以来，区域发展制度转型的理论视角主要有：（1）产业区学派；（2）新产业空间学派；（3）区域学习学派；（4）创新环境学派；（5）区域创新系统学派；（6）规制与治理理论。这些学派对制度的认识存在一定的差别，如产业区学派、创新环境学派和区域学习学派强调“软”制度，而新产业空间学派和区域创新系统学派强调“硬”制度。制度主义的共同特点是强调经济生活是制度化过程，也是嵌入其中的社会活动，其演变既受环境影响，又具有路径依赖性。与完全理性为核心的经济学假设相比，制度主义更关注不平衡、不完全竞争和非工具理性的制度化过程（苗长虹等，2002）。

一　制度转向的实证研究

关于国家和地区经济绩效差异的原因，社会各界进行了广泛的讨论，在经济学中，很难想出任何一个问题具有更大的学术意义，与世界上绝大多数人口有更大的关联。最近的许多研究都强调制度的经济绩效作用，认为教育、资本积累、创新和规模经济等不是增长的原因，而是增长本身，造成经济发展差异的根本原因是政治制度和经济制度。

近年来，一些经济学文献中颇具影响力的实证研究试图找出支撑长期经济增长和发展的“根本”因素，并解释了各国平均生活水平的巨大差异。拥有关键的竞争优势是一个国家的地理特征，包括竞争其制度的质量、其与世界市场的融合程度，以及文化差异等。现有的实证研究试图评估不同国家的人均实际收入水平的整体变化有多少可以用这些因素来解释，以及这些因素的相对重要性，因为每个因素对政策有不同的影响（Owen and Weatherston，2007）。

在实证研究中，政治和制度包括范围广泛的指标，如制度质量（产权的执行），政治不稳定（骚乱、政变、内战），政治体制的特点（选举、宪法、行政权力），社会资本（公民活动的程度和组织）和社会特征（文化、收入和种族的差异、宗教和历史背景）等。这些研究运用有影响力的制度质量方法或工具变量来解决制度变量的内生性问题，将衡量国家增长表现作为结果变量，将制度质量作为解释变量。

许多发展中国家由于宏观经济和制度数据的缺失和不准确，使得各国对政策的解释都不可靠（Srinivasan，1995）。Aron（2000）以非洲为例进行研究，对一些国家的经济增长研究发现，传统的增长因素（劳动力、身体和人力资本积累等）并没有完全解释非洲的经验，从而转向了制度上的解释。

制度质量比地理和贸易更重要。Acemoglu 等（2002）认为，制度（而非地理）解释了在殖民统治之前相对富裕但现在相对贫穷的殖民地逆转的原因。地理因素是通过制度发挥作用的。通过对城市化和人口密度的定量数据分析，对当前制度质量、经济表现和地理位置的衡量，证实了他们的假设。Rodnik 等（2004）通过对 140 个国家的样本分析，发现制度质量能解释收入差异的大部分。而制度质量较低的国家成为“资源诅咒”的受害者。North（1993）发现，1970 年，交易成本占美国 GNP 的 40%，主要包括计量成本、维权成本和执行协议成本等。因此，高效的经济制度需要通过降低信息成本和风险来降低交易成本，例如降低市场上产品质量的不确定性，降低风险，增加合同执行等。Djakov 等（2003）认为制度可能性边界的位置是由公民资本（civil capital）决定的。公民资本是比社会资本（社区合作）更广泛的概念，它受到文化、民族同质性、要素禀赋和物质环境的影响。制度可能性边界的斜率决定了企业社会控制形式的有效选择，如果国家拥有“更有效的政府、更大的透明度和更大的新闻自由”，国家干预将导致更少的社会损失，而发展中国家需要更少的监管，因为存在公共滥用商业的重大风险。此外，“在市场纪律更有效、参与者之间资源不平等程度更低、垄断倾向更弱的行业”，国家干预在减少混乱方面的效率将更低。他们在分析通过战争和殖民来移植制度，以及最近出现的通过自愿的方式移植制度的基础上，提出制度移植而不是当地的产业状况和利益集团的权力影响了国家对企业的社会控制模式。这可能是制度效率低的原因，因为国家干预的效率取决于国家的具体特点。

政治制度中最重要的问题是政府的形式和对政治家的约束。它们与经济机构密切互动。Acemoglu 等（2005）认为，政治制度和资源分配是因果关系中的两个主要静态变量。政治和经济制度与实际政治权力一起决定经济绩效和资源分配。因此，选择经济机构是为了它们的分配结果。哪些经济制度会出现，取决于谁掌握政治权力。政治制度的差异和政治权力的分配决定了经济制度的差异。正如诺斯在他的诺贝尔奖演讲中所指出的，制度不一定，甚至通常不是为了提高社会效率而设立的；相反，它们，或者至少是正式的规则，是为了服务于那些有议价能力创造新规则的人的利益。

对法治、腐败等制度因素的研究中，Mauro（1995）通过使用一种语言分离指数作为工具，设计了包括腐败、官僚机构数量、司法系统效率等指标，以及各个国家的不同类别的政治稳定。对内生性行为进行了有效控制，研究发现减少反腐败投资，经济增长速度下降。Knack 和 Keefer（1995）通过国家风险评估者向外国投资者提供的指标测量制度、投资和增长之间的关系。对合同的执行能力、法治和征收风险进行评估，发现制度保护产权投资和经济增长至关重要。他们认为，这些结果表明，经济政策包含制度因素是很有必要的。

在对制度的有效性进行评价中，La Porta 等人（1999）研究了各国政府质量的决定因素。他们通过政府干预、公共部门效率、公共利益、政府规模和政治自由来评估政府的表现。他们发现那些赤道附近，贫穷的、种族主义的国家，或者天主教徒、穆斯林比例较高的国家，政府的表现比较差。还发现，更大的政府往往是表现更好的政府。最后，他们认为，合理的外生历史因素在解释各国政府绩效差异方面的重要性，揭示了制度的经济、政治和文化价值。Acemoglu 等（2001）研究表明，如果欧洲人主要集中在资源采掘、掠夺制度，建立那些保护产权的制度，早期欧洲殖民者在殖民地之间的死亡率（显然与其地理和相关疾病模式）将降低。

在制度的微观价值方面，Hall 和 Jones（1999）探讨了为什么有些国家的人均产出比其他国家高得多，研究发现，社会基础设施是影响人均产出水平的重要因素。他们将社会基础设施定义为“决定个人积累技能和企业积累资本并产生产出的经济环境的制度和政府政策”。为了实现人均产出的高水平，社会基础设施应提供一个支持生产活动、鼓励资本积累、技能获得、发明和技术转让的环境。对 127 个国家数据的分析发现，物质资本和教育的差异只能部分解释人均产出的变化，不同国家的索洛剩余水平有很大的差异。社会基础设施的差异在很大程度上造成了人均产出的差异，因为拥有良好社会基础设施的国家拥有高物质和人力资本，以及高生产率。社会基础设施是内生性的，历史上由地理位置所决定的，并且其他因素在一定程度上受到语言使用的影响。

与制度相关的实证研究发现，经济制度的衡量标准存在着巨大的差异，但这些措施与经济表现的各种指标之间存在着显著的相关性。然而，这种相关性并不能证明制度较差的国家是贫穷的。也就是说，仅仅基于制度与经济的相关性证据还不能确定制度是否决定了经济绩效和结果。

二 制度转向的内容与特征

1. 制度转向的主要内容

区域发展中的制度转向，主要关注各种制度在空间经济塑造过程中的作用，路径依赖机制下制度的空间演化，以及区域和地方发展的社会治理机制。重点关注非经济因素的作用，特别是文化因素在经济空间格局形成和演变中的作用。经济活动嵌入当地社会文化和权力关系网络中，可以降低不确定性和风险，降低交易成本，促进经济发展。然而，这种嵌入性也有负面影响，容易形成路径依赖。

制度转向的内容较广，还没有达成普遍的共识，不同学科和视角，对制度转向有不同的解释。新古典经济学的制度转向以产权结构和交易成本作为经济制度，来解释企业经济活动。区域发展的制度转向突破计量与行为地理学，强调制度在研究中的作用。20 世纪 90 年代以来，随着全球化和后福特主义的发展，以及制度主义的兴起，区域研究得到了复兴，很多学者总结区域发展实践，提出许多制度转向的观点。区域结构成为全球化进程的一部分，通过制度的整合，区域相关主体成为影响经济演进过程的重要因素。制度的整合实际上是指制度基础设施的建立，如知识创新网络的相互信任和互惠性的形成。制度基础设施源于传统和社区资源，是物质基础设施的补充，但不像公共基础设施那么容易实施，具有很强的路径依赖性和特殊的背景。演化经济学提出的合作经济，通过贸易合作网络、业务组织、研究机构进行治理，经济主体之间的信任和合作的形成、预测，以及培训、技术转让等服务的集体化，建立各种类型的经济组织，推动经济成功。Storper（1997）发现如果一个地区存在传统、技术溢出、创新学习等的循环关系，表明该区域存在着规则、习惯和激励等正式组织和非正式传统，可以成功地促进经济增长。Martin（2000）认为制度转向主要包括以下五个方面。

第一，制度对空间经济的影响。不同制度对经济的影响是不一样的，制度转向研究最关注的是制度对经济增长的影响。主要分析制度如何激励和约束各行为主体的经济活动，以及演化和变迁。

第二，强调经济格局研究。制度受到历史来源的影响和决定，制度的历史形成路径依赖，也决定着经济格局演变。每个区域都有独特的制度环境和路径依赖特点，因此，形成了不同的区域经济格局，这也是制度转向研究的一个重要内容。

第三，制度对技术创新的影响。制度影响产业和技术的发展，不同地区的制度环境和制度安排对产业和技术具有不同的影响，这些制度构成了产业和技术发展的“制度空间”，是现代经济地理研究的内容之一。

第四，空间经济的文化基础过程。区域经济发展既受到资源禀赋的制约，也受到区域历史文化、生活和消费方式等的影响，制度路径依赖主要由历史文化过程影响和决定，各区域的历史文化形成了独特的社会制度空间。

第五，区域经济规制研究。制度转向不仅要关注法律、契约、经济组织等正式制度，揭示这些制度安排对区域发展的影响。同时，也要关注区域历史、习俗习惯和文化传统等非正式制度对区域发展的影响。

2. 制度转向的基本特征

制度分析超越了传统的微观和宏观分析的范畴，制度转向更加关注文化传统、多元主体、关系、制度等因素在经济空间中的作用，具有如下几个明显的特征。

第一，重新认识制度环境的作用。20 世纪末，经济思想又回到了对制度环境的分析。除非治理机构（无论是公共机构还是私人机构）形成一种环境，促进生产性行动，否则市场将无法有效运作。文化、信仰、习俗习惯以及历史事件在现代经济学中扮演着重要的角色。因此，不可能有适合每个国家的通用制度设计，制度植入往往会失败，在发达国家有效运作的制度很可能在较不发达国家不起作用。经济政策制定者的角色从参与经济发展逐渐转向培育和优化制度环境。

第二，强调区域历史、文化等非正式制度。传统区域经济对社会、文化等制度环境考虑较少。在区位分析和区域经济理论中，假设区域的地理空间同质，外部的政治、社会等环境不变，主要分析以利益最大化为目标的理性经济主体的经济行为。区域经济的制度转型强调，要在一定的制度环境中（经济、社会、政治、传统等）去理解个人动机和经济过程，因此，经济行为也是一种社会行为，这些制度和规则可以是正式的，也可以是非正式的，都对经济行为产生影响。

第三，强调多元主体的共同作用。一个地区的行为主体有很多，既有经济组织，也有社会组织和政治组织，如企业、社会团体、家庭和政府等。各国的经济发展实践和政策表明，无论是自由市场经济时期，还是政府干预时期，企业和市场作为经济发展核心具有普遍共识。凯恩斯主义强调政府干预经济发挥的作用，市场经济自由竞争带来的效率。制度学派强调所有区域主体的集体行动，注重这种“集体”形态的过程和结果。

第四，关注重点从经济结果转到制度过程。传统区域发展主要关注经济效果，制度转向研究关注区域发展中的制度过程，重要的不仅是一个制度的存在，而是在制度过程中如何将分散的观念、知识、资源和权力形成关系网络，重点关注政治、经济和文化等关系网络的共同演化，对区域发展的动力和过程进行更好的理解。

三 制度转向对区域研究的影响

制度转向是社会科学“制度主义”复兴的产物。区域发展的制度转向主要受制度经济学、经济社会学、演化经济学等理论学派的影响。区位理论主要建立在新古典经济学基础上，把经济活动中经济主体行为看作理性和原子式，忽略了制度环境的影响。结构主义地理学以马克思主义为基础，认为社会、政治和文化结构是由经济过程决定的。制度主义主要关注各种正式和非正式制度的功能，认为经济活动是制度情境的产物。

区域经济发展中，制度转向发挥着越来越大的作用。第一，拓展了区域经济学研究的范围和视角，区域经济学的基本假设由理性抽象逐渐关注制度环境和社会文化生活；第二，从认识论和本体论走向实用主义的分析哲学，即实在论和批判实在论；第三，为当代区域经济的社会文化转型、关系转型奠定了理论基础；第四，区域经济研究从以“物”为核心转向以“观念”为核心，引发了前所未有的区域经济理论建构运动，更加关注经济活动之外的文化、制度、习俗、不平等、女性、健康、环境等区域问题。

随着经济全球化的发展，劳动力、资本、技术和信息等要素可以在更大范围内流动，国家之间、区域之间的竞争，尤其是经济竞争更多地体现在制度层面。有形的要素流动性大大增强，而文化等制度因素具有较强的稳定性和不可移植性，在区域发展中发挥的作用越来越突出。经济发展的竞争逐渐从人才、技术竞争，转变到深层次的制度竞争。

第四节　中国经济增长的制度变迁

良好的制度结构，可以充分发挥经济主体的活力，优化资源配置，更好促进经济增长。当内外部环境发生变化时，制度结构能够有效地应对新环境，适应不确定性。因此，探索具有较高效率又有一定适应能力的制度结构，成为经济增长研究的一个长期课题。

后发国家在发展过程中可以利用发达国家的技术、资金以及市场，结合自身的资源、劳动等比较优势，探索合适的发展道路。发达国家以及新兴工业国在经济发展进程中积累了丰富的经验，发展中国家可以总结借鉴这些经验。同时，由于发达国家产业结构不断升级，发展中国家可以充分利用发达国家产业转移的机会，也可以寻找机会，利用本国优势，融入新的产业分工体系中，实现本国经济快速增长。然而，只有少数发展中国家设法缩小了这一差距。这些实现经济快速增长的国家，不仅引进发达国家有形的产业、技术等，更重要的是结合自身特色，探索出适合本国的发展道路，在这一过程中，制度创新发挥了关键作用。

尽管起步较晚，但中国经济取得了令人瞩目的成就，这既得益于有利的外部条件，更重要的是立足国情，不断展现出制度创新能力。中国在制度创新和变迁取得成功的同时，也可能会面临一些困境和难题，需要制度变迁目标、过程、方式方法，以及变迁主体行为方式等随制度环境的变化不断进行适应性调整。

科斯在《变革中国》中指出，中国改革开放后的经济增长是改革开放前制度建设的延续。他观察和分析了中国市场转型中，人们对新观念和制度认识和接受的过程，并认为有效政府、产权、市场制度、渐进式开放等是中国经济增长和制度变迁取得成功的主要原因。李艳（2016）从产权制度、政府行为和意识形态三方面对中国体制转型的适应性调整进行研究，并用“相机抉择性”来概括中国制度变迁的灵活性。巫威威（2008）认为中国的制度结构具有较强的适应性，当环境发生变化，这种适应性可以引导个体行为，促进观念、知识的更新和协调，较好地应对环境的不确定性，促进区域长期增长。

一　意识形态的适应性调整

与其他后发国家的发展和制度变迁相比，中国的改革既有共性也有自身的特性。改革开放前，经济在波动中较慢增长，但改革开放后，通过适应性的制度变迁实现了经济飞跃。新中国成立初，国民经济处在恢复阶段，百废待兴，急需调整制度结构，推动经济增长。从制度耦合来看，新制度与原有制度环境存在差异，主要表现为新建立的法律法规、正式规范，执行过程当中可能受到传统思想和意识的影响，遇到一些抵触和挫折，降低了实施效率。在这一时期，中国的制度建设是由政府推动的自上而下的改革，具有很强的强制力，迅速整合了当时分立的利益和局面。但随着制度僵化，经济发展陷入停滞。

改革开放以来，经过不断的动态调整，制度结构的有效性较高，经济持续快速增长。从制度之间的耦合性来看，正式制度与非正式制度仍有差异，但在意识形态领域首先对新环境和变革达成共识，在此基础上进行的制度变革具有较强的社会整合能力，提高了制度变迁的有效性，降低了当时的非正式制度对正式制度变迁的影响。改革开放后的制度变迁主要是在政府统一领导下，但也考虑基层实际的渐进式改革，政府强制力和基层的意愿共同影响制度变迁，取得了较好的效果。随着经济的增长，制度变迁得到更多的认可，同时，人们对制度变迁也具有更高的期望，从正式制度和非正式制度两个层面共同推进制度变迁。然而随着经济下行的压力增大，政府强制力可能会随之减弱，削弱制度的约束力。在推动制度变迁的过程中，中国结合自身国情，探索出了一条效率较高，并具有较强适应性的改革之路。

制度变迁主要在理性选择和观念引导两种路径的综合作用下逐渐展开。除了利益动机外，人的精神动机对制度变迁也具有重要影响。观念与意识形态对信任、交易成本、搭便车等方面都发挥着较大的作用。

意识形态与正式制度密切相关。一方面，意识形态也属于制度环境范畴。非正式制度影响正式制度的实施，同时，随着正式制度的转变和累积，非正式制度也在进行不断调整，因此，意识形态具有“适应”与“被适应”的双重性。中国的改革发展实践非常明显地体现了这一特性。经济体制改革目标从有计划的商品经济到市场调节为辅，再到建立社会主义市场经济体制，这一过程既是资源配置方式的改变，也体现了主流意识形态和人们思想观念的调整。国有企业改革也一直伴随着意识形态争论。但是，随着连续的思想解放，每一阶段改革不断得到推进。对民营经济的认识和其合法化过程也经历了意识形态的调整。

意识形态的变化与实践发展密切相连，滞后的意识形态需要通过不断学习，并在实践中去创新，通过学习和示范效应，使人们认识到先进的观念形态，通过利益导向和利益分配，使人们转变思想观念。具有一定前瞻性的意识形态，可以为制度变迁和人们的行为模式提供指导，中国改革是局部改革实践先行，整体推广意识形态与观念先行。主流意识形态与正式制度变迁整合到一起，可以提高制度的有效性和实施效率。中国改革过程中，意识形态常常融入党的纲领、法律规范以及国家政策中，虽然是制度环境的重要组成部分，但在制度改革和变迁中，以及行为主体的行为选择中发挥着刚性的约束作用，也是制度变迁方向的指南，在改革中发挥着重要作用。

中国的改革得益于意识形态调整，同时，意识形态刚性和认知的路径依赖也决定了中国需要选择渐进改革路径。意识形态是一个国家制度环境中最重要的因素，如果意识形态能够随着环境变化进行调整，具有较高的适应性，就能对制度创新和变迁发挥积极的作用。反之，就会阻碍和制约制度创新和变迁，甚至进入路径锁定状态。

二 制度变迁主体的适时转换

中国的经济奇迹充分发挥了人口、资本、技术和制度等后发优势的作用。中国通过学习、借鉴发达国家的先进制度和经验，并结合自身发展情况，探索适合国情的发展模式。改革开放后，在市场机制、金融制度、企业制度等方面学习和借鉴发达国家经验，探索具有中国特色的制度设计。同时，通过适应性制度变迁，积极参与国际竞争与合作，进一步提高国际贸易地位。

政府、团体或个人都可能是制度变迁的主体，各主体基于自身利益，判断从制度变迁中可能获取的利益，进而采取行动推动或者阻碍制度变迁。诺斯把制度变迁的主体分为第一行动团体和第二行动团体，第一行动团体基于自身利益选择创新方案，第二行动团体协助他们在制度创新过程中共同完成制度创新和变迁。制度变迁是一个多主体参与的复杂过程，因此在实际的制度创新和变迁过程中，不仅只有这两个行动团体发挥作用，还有很多支持和反对的主体共同参与、不断互动，这些主体的共同作用决定了制度变迁的效果。随着环境和观念、利益的变化，这些参与制度变迁的主体及其态度和行为也会发生变化。

地方政府作为区域制度变迁的关键主体，在中央许可的范围内有选择地进行制度创新。地方政府的行动选择主要分为两个层面，一是作为中央制度的执行者。在面临中央政府的制度实施和制度创新中，地方政府扮演两个角色，既是中央政府在地方的代理人，也是本地民众的代理人，这种双重身份，在一定程度上会影响其利益和偏好。当其利益和偏好与中央政府的制度一致时，就会积极配合，推动政策实施，在制度创新中发挥第二行动团体的作用。但是当中央推行的整体制度对地方利益造成影响时，作为地方利益的代理人，地方政府可能不积极执行制度，甚至在一定程度上阻碍制度的推进，影响了制度在全国推行的进度和整体性效率；二是作为地方制度创新的主要推动者。在中央允许的范围之内，地方政府积极推动制度创新，以更好地实现地方经济增长。随着经济和技术的发展，改革和市场化程度不断加深，影响区域经济发展的因素越来越多，而且逐渐呈现复杂性特点。地方政府需要充分调动各经济主体的活力，提高资源配置效率，才能实现经济增长。地方政府首先要进行制度创新，发挥第一行动团体的作用，提供合适的制度，提高以企业为核心的市场主体积极性，营造良好的市场氛围和竞争环境，提高区域竞争力。在一些涉及区域整体利益的重大项目中，地方政府要充分发挥其优势，在项目建设过程中，发挥主体作用。

三 变迁方式的诱致性与强制性

在经济快速发展的同时，中国的制度结构也随着环境而变迁。在制度变迁过程中，既有以强制力快速整体推进的强制性制度变迁，也有经济主体自发演进形成，并由政府制度化推进的诱致性制度变迁。改革开放后，在经济各个领域，学习和借鉴发达国家经验，结合中国自身发展情况进行合适的制度设计，如市场机制、金融制度、企业制度等，这些制度提高了经济运转的效率，推动经济快速发展。

随着经济快速增长以及内外部环境的变化，需要与之相匹配的制度结构，推动经济持续增长。一方面需要根据环境的变化设计新的制度，不断进行制度创新；另一方面，在制度实施过程当中，要妥善处理新制度实施的受损者，以及新制度的阻碍者，消除制度变迁阻力的影响，尽量降低制度变迁成本。

中国的制度变迁过程中，不是完全的强制性制度变迁，也不是诱致性制度变迁，更多地体现为“相机抉择性”特点，根据具体的制度环境和经济社会发展问题采取不同的制度变迁方式。涉及整体性制度和利益的问题主要采取强制性制度变迁；经济活动中，通过观念和利益导向可以自发演进形成的制度，主要采取诱致性制度变迁。随着改革的深入，一些深层次问题对制度变迁带来了挑战，需要强制性制度变迁与诱致性制度变迁共同发挥作用，协同解决。

农村生产经营方式的改革主要是自发演进的诱致制度变迁路径。政府和农民在家庭联产承包经营制度推动过程中都发挥了重要作用。在制度创新过程中，农民作为第一行动团体，为了获得更好的生存空间，在制度变迁中起着重要的作用。这种制度变迁展示了较高的效率，在逐渐被社会认可以后，政府将其制度化，并向全国推广。在向全国推广过程中，政府利用其优势地位，通过连续出台政策、文件等形式，在全国迅速展开，推动农村生产方式改革不断深入发展，这一阶段主要采用强制性制度变迁方式。

国有企业改革也经历了类似的过程，但是利益相关者和变迁主体更多。在发展早期国有企业承担了主要的经济职能、国家战略功能，也是意识形态的载体。随着市场体制改革的推进，国有企业的经济属性日益凸显，随着企业经营制度不断完善，国有企业成为重要的市场经济主体，相应的改革也逐渐遵循市场规律。既有经济主体观念和利益驱动的自发演进变革，也有基于国有企业特殊地位，由政府推进的强制性制度变迁。

国有企业制度变迁的主体主要包括中央政府、地方政府和国有企业，在制度变迁的不同阶段这三个主体发挥着不同的作用，但总体上是强制性制度变迁，因为中央政府在资源配置中处于支配地位，其制度供给能力决定了具体的制度安排。

四 变迁路径的渐进性与适应性

与经济社会环境相契合的制度，可以促进经济增长。在取得了经济发展成绩以后，内外部环境可能会发生变化，制度结构也要提高适应性，才能推动经济持续增长。中国快速的经济增长改变了人们的观念、利益以及要素的相对价格，一些发展中的问题也日益显现，如环境污染问题、腐败问题，以及不同区域、不同群体的经济差距加大，人们的价值和需求多元化，对政府和发展的期望越来越高。同时，国际政治、经济环境也发生了复杂的变化。要想实现经济持续增长，需要不断提高制度的适应性，进一步推动制度创新和制度变迁。在环境和利益如此复杂的格局中，制度变迁主体众多，形式多样，渐进式的制度变迁是符合中国国情的改革道路。

制度环境制约着制度的演变，法律法规等正式制度是在一定的制度环境下形成和演变的，尽管法律也可以改变，但不能脱离制度环境。习惯、习俗、文化等非正式制度，是在长期的历史和制度环境下，不断累积形成的，非政治制度的变迁需要较长的时间。具体的制度安排除了受到制度环境的影响和约束，还受到具体的权力结构和利益格局影响。

从基础性制度和具体的制度安排来看，中国的制度变迁，在具体制度方面，主要由各经济主体自发演化形成，形成示范效应后，作为基础性制度，由政府通过强制性变迁在全国推广，如农村生产经营模式的改革。

中国的“渐进式”改革主要指基础性制度变迁，很多次级制度改革可以快速推进，如国有企业承包经营制改革。改革计划经济向市场经济转变，主要计划经济主体转变为适应市场机制的经济主体。

为了更好地提高制度结构的适应性，使制度变迁更好地契合环境的变化，中国的许多渐进式改革都有一个过渡环节。这些过渡环节可以在小规模试验中发现制度变迁与环境存在的不适用问题，并不断进行调整。也可以通过这种过渡环节取得成功的示范效应，在更大范围内取得共识。这样整体性制度的设计、推广和实施遇到的阻力会更小，效率会更高，如价格改革、外汇改革、国企改革等。

另外，中国总体改革采取一些过渡性的制度安排，这是因为在复杂的内外部环境下，不容易在短期内确定明确的目标，而通过一些过渡性安排，一方面决策者可以找到更明确的目标，另一方面，通过示范效应容易在社会达成共识，为后面的制度变迁，尤其是强制性的基础制度变迁奠定基础。

中国的经济改革将自下而上的诱致性制度变迁与自上而下的强制性制度变迁较好地结合起来。政府将不完善的市场与制度创新联系起来，进一步推动市场转型，因此，在渐进式改革中，政府的主导作用是不可或缺的。随着中国经济增长进入到中高收入阶段，中国面临着新的国内外政治经济环境，产业发展进入新的竞争领域，产业结构逐渐转型调整，需要一种新的路径和模式，来适应新的发展环境。随着改革不断深入，一些深层次的问题阻碍改革的推进，政府在制度变迁中的作用开始减弱，要不断完善健全市场机制，培育多元经济主体，提高产业竞争力。要对制度有效性问题进行进一步分析，找到影响制度有效性的关键因素和根源，探索出提高制度有效性的可能途径。

第四章　制度结构与区域发展

制度塑造人们的互动和交往行为，构建政治、经济、社会等各个领域的约束和激励结构。制度结构决定了人类社会演进的方式，反映了区域历史传统以及各个领域和组织间的关系。区域制度结构与其他社会和经济指标都具有很强的相关性，这种将地方独特的制度组合作为区域发展的分析方法，成为解释区域经济发展的有效工具。制度可以表现为各种形式，既有正式制度，也有非正式制度；既有经济制度，也有社会制度、政治制度。制度的有效性不仅是制度多少的问题，更是制度的组合问题，将制度视为多种要素构成的复合体成为最新的发展取向。制度结构的价值就是在高效治理框架下产生创新，一些最新研究为制度的作用提供了支持。

20 世纪 90 年代以后，除了经济学和政治学以外，社会学、组织学等诸多领域开始引入这种以制度作为核心分析要素的研究范式，制度主义成为社会科学研究的重要分析路径。同时，随着各个学科对新制度主义理论和方法的关注，在制度分析中，不同学科和研究视角开始走向交叉与对话，学科之间在制度研究的基本假设、概念、分析工具等方面展开了激烈的讨论。1996 年，Hall 和 Taylor 在《政治科学和三个新制度主义》一文中指出，“新制度主义”已经成为学术界经常使用的概念，他们将新制度主义分为三个流派，即历史制度主义、理性选择制度主义和社会学制度主义，并解释了每种制度主义的起源和研究视角。

新制度主义兴起以来，主要经历了三个研究阶段，单一学科关注、多学科借鉴、在社会科学交织融合。随着新制度主义研究范围和深度日益增加，分析视角和概念越来越多样化，分析工具的解释力也越来越成熟。在这一背景下，许多研究者开始回归到制度分析本身，试图总结甚至整合多学科研究成果，建立新制度主义的理论谱系，促进理论的系统化。

第一节　基本假设

一　人性假定

制度与行为主体关系研究需要对人性及约束条件进行假定。旧制度主义认为，与经济学理性最大化假设不同，人们的行为更多受到习惯、规则等的影响。但理性并没有被完全消除，他们已经清楚地表明，理性本身代表着对社会规则的服从。社会学从社会人的假设出发，并且社会规范已经内在化，强调无论环境如何变化，人都是“规则的追随者”。人们遵守规则可能是他们个性的一部分，而不只是外部带来约束，因此，社会学中的人的行为是“文化适应”之后的一种正常取向的行为，不是行为主体理性计算的结果，行动者的行为偏好和约束主要依赖于他的“文化适应”。

新古典主义经济学假定人们具有工具理性，精于算计，寻求满足偏好。新制度经济学将服从归因于理性选择，但无法解释为什么人们在对自己不利的情况下仍然遵守规则。诺斯等经济学家试图通过修改理性人假定来解决这个问题，将心理学的内容纳入行为人选择和行为中，因为行为人的理性受到其背景的限制，所以只能是有限的理性。哈耶克认为，人类行为研究可以从有限理性和制度演进出发，人类在不熟悉或不能完全理解其所处环境的时候，其本能反应就是遵守规则。

对新制度主义进行解释，主要有两种方式：一种是“计算路径”，假设个体的行动目标追求利益最大化，可以选择一些策略手段来实现这个目标，这种追求利益最大化的目标是可以通过策略手段实现的；一种是“文化路径”，假设社会文化影响和塑造个人的行动偏好，行动者的行为选择受到文化和价值观的影响，而不是简单地理性计算，最终结果是遵循满意原则而不是最优原则。

制度分析强调人类行为不是完全理性的，人类行为还受到社会文化、习俗习惯的影响，人们需要认识到自身理性的有限性，了解人类认知模式与客观世界的差距，才能根据人类行为特点制定合适的制度安排。人类的有限理性和行为有限性，如知识、技能、时间等都是有限的，才需要组织和制度完成个人不能实现的目标。因为人的理性是有限的，所以签订完全合同是不可能的。合同中不能穷尽所有的事项，因此，合同的执行和事后争端解决机制显得更加重要。因为个体行为的有限理性和合同的不完全性，需要设计各种形式的组织和制度，以及合理的治理结构，来帮助组织执行合同，并解决合同交易过程中出现的问题。

人是追求目的的动物，也是遵循规则的动物。人类面临的政治、经济、社会等环境是不确定的，在不确定的环境中，行动者需要一个有效的框架，来指导和约束其行动，制度为行为和决策提供了可依赖的框架，同时限制了行动者选择的范围。不能以“原子化个体”的工具性行动解释所有社会现象，而是强调正式和非正式制度对个体行为产生的影响，在解释政治、经济、社会现象时强调情境的重要性，以情境为核心解释个体行为和个体之间的互动。而这里的情境指的就是制度。制度作为一种结构性的制约因素，影响着个体行为的选择。在一定制度的影响和约束下，行动者的行为具有一定的规律性和稳定性。因此，在一定程度上，行动者的行为是可预期的，也有利于提高组织效率。

二 适当性逻辑

与个体相比较，制度具有持续性特征，且不直接反映个体偏好。社会关系中的个人不是原子化的，而是受到社会文化的深刻影响，因此，个体的行为不能简单地用理性选择来解释。人类行为不仅在制度情境中形成，而且深深地嵌入对个体意志和利益计算产生重要影响的规则、规范、期待、传统等制度结构中。个体期望谋求效用最大化，但行为结果不是个体所能计算和控制的，而是要受结构和制度性因素的影响。

制度主义强调有限理性，克服理性选择理论的不足，同时也吸收了理性选择理论的合理内核，如新制度主义认为，利益相关者行动的目标是实现自身效用最大化。制度相关人对制度的遵守动机很大程度上是算计的结果，而不是仅仅基于道德或者规范上的理由。所谓理性人是指“这样一种人，他们在自己知识和选择的限度内，运用最少资源的投入来实现自己的目的”。这就是说，追求自身效用最大化是驱动制度相关人行为的主要动力，因而，制度相关人在面临着一连串复杂的选择时，他会选择他认为最好的方式来最大化他的效用。

制度塑造了个体的行为，但个体并不是被动地接受制度的约束，而是对制度所建立的约束和激励机制做出理性的回应，也即制度相关人在选择过程中总是根据自身效用这一行为逻辑来做出反应。制度是行为规则的正式和非正式程序。这些制度对个体能够在具体情境中采取适当行为产生约束，个体的行为不是取决于谋求个体利益最大化的计算，而是取决于一套定义行为适当性的规则和程序。

与结果性逻辑相对应，马奇和奥尔森（2011）将此称为适当性逻辑。如果依据结果性逻辑采取行动，行动者会针对问题选择能够带来最佳结果的对策。适当性逻辑主要是从制度角度对人的理性假设进行修正，认为人的行为很多时候遵循社会的惯例、习惯、价值等社会通行的制度。制度影响和决定人类行为，为人类行为提供了约束和激励机制，限定了人类行为选择的范围，并对相关行为提供激励。在适当性逻辑主导的场景中，个体行为由规范驱动，在做决定或采取行动时，个人并不追求利益最大化，而是根据自己的地位和责任，寻求最合适的对策。适合情境的行为取决于共同体内部存在的规范和价值体系，而这些行为规范是通过社会化传递的。

现实社会中，人们追求效用最大化，既包括理性计算，也受到社会文化的影响，因此，个体行为是结果逻辑和合适逻辑的结合。人们既考虑成本和收益，也要遵循社会规范。社会中，正式制度和非正式制度影响个体行为，个体行为既受不理性计算的影响，也受到具体情境的影响，同时行动也对制度产生影响。人们在不同的场所，在遵循结果逻辑和合适逻辑的程度上有所不同。

三 多层次均衡

现代经济增长理论大致可以分为新古典增长理论、新增长理论（内生经济增长理论）、结构主义发展理论及制度变迁理论四种类型。根据制度变量所扮演角色的不同，经济增长研究可分为三种：第一种通过抽象将制度省略或剔除到新古典经济增长模型，如哈罗德—多马模型、索洛—斯旺模型、拉姆赛及其扩展模型、技术进步模型等；第二种方法认为，制度被视为外生变量，虽然制度创新很重要，但在研究中假设这些制度创新与经济增长没有关系；第三种方法认为制度是经济研究中的一个变量，能够促进经济增长。

有效的制度是经济增长的关键。制度通过一系列规则，界定交易主体之间的关系，降低了交易成本和不确定性，使社会运行成本下降，激励个人参与生产活动并提高生产效率。功能主义认为结构是为履行特定功能而存在的，因此只要制度环境发生变化，制度也随之变化。历史发展的过程是复杂的、低效的。在特定时期为实现特定目的形成的制度，即使环境发生变化，它本身还具有持续性特征，它不但不能适应新环境的变化要求，而且还会导致意外结果的产生。现在的制度结构是取决于历史而非现实因素，并且已做出的历史选择将以特定路径约束未来的选择。

制度变迁改变了资源配置方式和社会交往结构，能够给不同主体带来收益或者成本，获得收益的主体愿意推动制度变迁，这就是推动制度变迁的基本动力。制度之所以能够经受时间和环境的考验而得以存续，其原因是制度为相关人提供了良好的交往互动的规则，以至于出现了某种类似于纳什均衡的平衡。这就是说，对制度相关人来说，任何偏离这种制度的行为都会使相关人的境况变得更坏，因而他们更愿意遵守现有的制度。理性选择制度主义者认为，制度对解决集体行动困境的贡献越大，或者相关人员的收益越大，损失越少，制度就越稳定、持久、有活力。

诺斯等人（1994）认为制度变迁是一个系统的“均衡—非均衡—均衡”过程。制度均衡是指制度结构满足人们行为选择的需要，处于相对稳定的状态。制度结构的均衡是一种多重层次的均衡，既有纵向“基础—派生”关系的制度之间的均衡，也有横向制度之间的均衡。制度结构的均衡是一种综合的均衡状态，包括制度之间的耦合关系、独立关系以及排斥关系的存在。这种均衡状态并不意味着制度结构达到了最优状态，也可能由于变迁动力的存在，只是整体结构在某一时间点的稳定状态。

第二节　制度的定义和测量

对“制度”一词的理解来自不同的理论视角，因此其定义、测量具有多样性特点。但多数研究认同制度与经济增长和发展的关系。

一　制度的定义

诺斯将制度定义为人类在政治、经济和社会交往中设计的约束。制度为人类的相互作用提供了一种结构，强调其在经济表现方面的重要性，制度是由人类设计的，目的是创造秩序，减少交换的不确定性。这就意味着，该制度提供了经济的激励结构。随着这种结构的发展，它将推动经济走向增长、停滞或衰退。

对制度的普遍定义还未达成共识。随着多制度的存在，定义问题变得越来越复杂。在对旧制度经济学、新制度经济学和组织理论的研究中，有许多不同的制度定义。

在旧制度经济学中，凡勃伦认为制度是个人或社会在某些关系或功能方面的一般思维习惯，生活方式是由在社会发展的某个时期或阶段普遍存在的制度的总和。经济制度是社会在与物质环境接触的过程中保持前进的一种习惯性方式。康芒斯将制度解释为控制个人行为的集体行为。集体行动的范围包括从无组织的习俗到有组织的经营机构，如家庭、企业和政府。集体行动在无组织的习惯中比在有组织的团体中更常见。康芒斯用交易范畴把人与人之间的互动关系概括为三种基本类型：买卖的交易、管理的交易和配额的交易，分别对应三种不同的制度安排，即市场、企业和政府，并提出制度的交易活动遵循同样的规则的集合。霍奇逊（Hodgson）认为，制度是社会组织，通过传统、习俗或法律约束的力量，创造持久和标准化的行为类型。布罗姆利（Bromley）认为制度是对人类活动产生影响的权利义务的集体制度，可以用社会学或人类学中的法律来表达，也可以用经济学来描述。尼尔（Neale）认为，制度是一种可观察到的、可遵守的人类事务安排，在这种安排中，一种制度可以通过以下三个特征来识别：有大量的人类活动是可见和可识别的；有许多规则使人类活动可重复和稳定，并提供可预测的秩序；有一些流行的习俗用来解释和评价人类的活动和规则。

新制度经济学家对制度有不同的理解。舒尔茨将制度定义为一组处理社会、政治和经济行为的行为规则。由此舒尔茨列举了如下制度：（1）用于降低交易费用的制度；（2）生产要素所有者之间的风险分配制度；（3）职能组织与个人收入之间的联系制度；（4）公共产品和服务生产与分配的制度。拉坦则认为，一个制度通常被定义为一套行为规则，用来控制某些行为模式和关系，这些行为模式和关系通过在与他人的交互中形成合理的期望来协调人际关系。它们反映了不同社会中个人和集体行为相对于个人和他人行为的行为规范的演变。基于个体之间的交易行为，诺斯认为系统是一种社会游戏规则，是人们为了限制人与人之间的互动而创造的框架。他将制度博弈规则分为正式规则（宪法、产权、契约）和非正式规则（规范和惯例）及其实施特征（主要通过激励实现）三大类。青木昌彦认为，制度是一个自我维持的系统，它分享了重复博弈的共有信念。

组织社会学中，斯科特（2010）提出，制度在本质上有三大支柱：规制的支柱——主要是正式规则体系及其实施机制；规范的支柱——定义追求根本价值目标的正当途径；认知的支柱——指那些被社会活动者内部化，或者加诸于社会活动者的信仰和价值观（DiMaggio，Powell，1983）。埃格森特（1996）认为，一个制度可以被定义为一种重复的人类交往的法律、行政和习惯性安排。美国著名哲学家罗尔斯把制度理解为一种公开的规范体系。美国著名政治学家亨廷顿认为，这种制度是一种稳定的、有价值的、周期性的行为模式。吉登斯（2000）认为社会的全面再生产所包含的最根深蒂固的结构特征被称为结构原则，而在这些人群中时间和空间延伸最大的实践可以被称为制度，它是社会中的互动系统。它们能长时间延续并能在空间上进行人员配置。

马克思认为，对这一制度的研究首先要分析生产力及其与生产的对应关系，然后对道德和法律上层建筑的性质做出合理的解释。解释制度的起源时，马克思从生产力的发展分析第一级系统的起源，即社会生产关系的形成过程，它不同于组织社会生产关系和阶级矛盾和冲突各方的利益，第二层次是来源于制度起源的社会生产关系，包括政治上层建筑，法律道德等。关于如何形成制度，马克思认为制度是社会分工合作中不同群体和阶级之间的利益关系。

林毅夫（1989）认为，从最一般的意义上讲，制度可以理解为一个社会中个体所遵循的一套行为规则。汪丁丁（1992）认为，制度是指人与人之间某种形式的契约或契约关系。张曙光（1992）认为，制度是人们进行交流和联系的行为准则，主要由生活在其中的人们所选择和决定。

在多数研究中，制度的定义是广义的，各种不同的制度质量和发展成果从不同的角度和学科被联系起来。研究目的不同、使用的方法不同，对制度的理解也不同。不同学派和视角对制度有不同的理解，但都认为制度具有公共物品的功能和属性。有些研究将制度定义为行为规则的框架，也有一些把制度理解为文化体系和习俗习惯。人们都关注制度的规律性和科学内核，制度指导人的行为、约束人的行为，是集体行动的结果。作为一种行动框架和社会规范，制度不是针对某一个人的。作为一种公共行为规则，不同的场所适用不同的制度，不同的制度适用范围也是不一样的。

二 制度的测量

有关制度和经济增长研究的复苏，显然与两个因素有关。一是比较多数国家的制度质量，二是利用工具变量来处理制度的内生问题。然而，“制度”的概念是多方面的，包括市场的运作、合同的可执行性、官僚效率、征收风险、基础设施质量以及政府不执行合同等。如此宽泛的概念很难被经验所证实。因此，尽管这是一个丰富而活跃的研究领域，但关于不同论文所采用的实证策略是否适宜、它们的识别假设的有效性以及不同制度对增长结果的影响的相对大小，仍存在许多争论。

对制度进行测量方面，实证研究采用了多种不同的方法。最常见的是在二十世纪八九十年代对制度质量以及政府有效性的调查和评估。这些研究主要来自于政治风险服务（PRS）集团的国家风险指南（ICRG）、商业环境风险情报（BERI）或经济学人智库，由专家对制度环境的不同方面进行主观评估，比如腐败、法律和秩序、保护产权。例如，在社会基础设施的评估中，Hall 和 Jones（1999）采用了一项政府的反移民政策。Acemoglu 等人（2002）采取了对私人财产的法律保护，并将这些法律作为制度的代理，他们使用 ICRG 的保护措施来规避政府征收私人外国投资的风险。

制度质量是另一个被广泛应用的概念，Kaufmann（2002、2004、2005）构建了六个不同维度的制度质量综合指数，一些学者使用了该指数。政治科学家 Jaggers 和 Marshall（2000）通过衡量政治领导人的行政权力的限制来表征制度。还有一些侧重于宪法或选举规则，如 Beck 等人（2002）所构建的“多元”和比例代表制变量。

Glaeser 等人（2004）批评了这些制度的测量方法。第一，这些数据集衡量的是结果，而不是永久特征。他们认为所有这些指标，如人均收入增加是高度不稳定的。第二，有些指标把独裁和民主政府两种制度进行同样的评估。独裁者们能够自由地选择这些政策，但其他国家却受到了限制。它们显示的是政治结果，而不是持久的特征。第三，作为限制措施所使用的制度结果与宪法约束几乎没有关系，这引起人们对改变政治规则有效性的质疑。

制度具有多方面的内涵和外延，将制度作为变量引入经济分析模型时，不同的学者基于各自的理解和角度，提出了不同的制度测量指标。

Gwartney 等（2003）认为，经济自由可以在很大程度上反映制度，市场越成熟、政府干预越少、经济越自由，制度越好。他们选择如下指标进行测量：政府的规模、经济结构和对市场的利用程度、货币政策和价格稳定、使用他国货币的自由、法律和产权状况、国际交易自由度、资本市场开放和自由程度。Kaumfann（2002）等人也设计了衡量制度的指标组合，包括民众的参与政府责任、政治稳定程度、政府的行政效率、对经济的规制质量、社会的法制状况、对腐败的控制程度。

金玉国（2001）从市场化程度、产权制度变迁、对外开放和分配格局变化四个方面对中国的制度进行了测度。樊纲、王小鲁（2003）从非国有经济发展、政府与市场的关系、要素市场发育、产品市场以及市场中介组织的发育与法律环境五个方面构建指标体系。刘文革等（2008）使用产权多元化、对外开放程度以及国家资金对制度变迁进行描述和分析。

制度是一个抽象而复杂的概念，难以准确量化，这些衡量正式和非正式制度质量的措施表明了现有的制度规则或规范如何得到有效实施。例如，对产权的有效性和官僚主义（即经商的便利程度）的主观排名，往往是由上述风险制度进行的跨国调查得出的，衡量的是正式和非正式制度的质量。这些措施实际上是生产交易和转换成本的代理，这些成本可能会影响投资的数量和效率，进而影响增长。但是，衡量非正式的约束并不容易。Putnam（1993）为社会资本研究提供了一些参考，试图测量公民活动和组织的质量。另一个是公民自由指数，该指数包括新闻自由和集会自由，并试图测量非正式约束对经济增长的间接影响。

对制度变量的选择方面，不同的研究都重视制度对促进经济增长的作用，以及市场化对经济增长的贡献，如常选用的经济自由和市场化程度指标，由于学者从不同视角和方法对制度变量的选择是不一样的，所以得出的结论也可能会有所不同。总之，制度测量指标的选取要综合考虑指标合理性、数据可靠性、模型计算可行性等多方面因素。

三　区域发展中的制度

区域发展的制度研究，从早期对制度形式和结构的关注，到逐渐分析制度的过程和演变动力，强调制度与经济、文化和政治的共同演化。Martin（2000）提出了区域发展制度主义的三个主要范畴：（1）理性选择制度主义，制度被看成在一定的价格和交易成本下，行为主体进行“竞争选择”的结果，这些理性行为决定了制度的演化；（2）社会学制度主义，把经济看作社会制度的嵌入式系统，强调制度运行的认知和合法性逻辑，制度变迁是合法性逻辑变化以后，在一定社会认知下进行的社会建构过程；（3）历史制度主义（演化制度主义），主要关注区域制度随时间演化的过程，以及这种演化对经济发展轨迹的影响。

在新制度主义基础上，区域经济学者们更关注地方制度对区域发展的影响。“新区域主义”将制度看作“社会资本”，包括信任、互惠等核心价值和行为，社会资本不仅促进经济主体合作，提高区域学习能力，而且能降低不确定性风险，预测和抵御市场风险。社会资本与其他资本形式相比，更为稀缺。Amin 和 Thrift（1994）提出“制度厚度”（institutional thickness）概念，强调社会和文化因素在区域经济发展中的作用。制度厚度可以定义成，区域内存在制度性组织之间相互作用与协同、有着强烈的社区意识、达成共识观念与集体动员以及分享文化规范与价值等因素的有机结合。但制度厚度如何发动，又如何操作还没有解决。重要的是找到影响发展的制度因素，尤其是关键因素和制度瓶颈，并采取一定的措施，提高关键制度的作用，突破制度瓶颈，形成有效的区域制度空间。

在一定的要素禀赋条件下，制度在区域经济增长中的基础性作用主要体现在，将资本、劳动和技术等要素以特定的结构组织起来，充分发挥各要素的活力和效率，促进区域经济增长。

制度框架是一个统一体，其中包括对禁忌习俗和行为守则的不成文制裁的正式规则和非正式限制，以及宪法法律和财产权。在一个缺乏正式规则的环境中，密集的社会网络形成非正式制度框架的习俗、法律、信任和规范规则的发展。这些非正式制度在现代经济中很常见，也发挥着重要的作用。

第三节　区域制度结构

经过各个学科视角的研究和积累，新制度主义理论在基本概念、研究逻辑和方法等方面，都取得了较大的进展。然而，关于制度结构的讨论在一些重要的研究中比较零散，更多地停留在理论判断层面。在理论体系还不完善的情况下，借助零散的理论判断对制度结构进行系统性解释是需要突破的难点。因此，有必要基于制度主义中的概念和理论模型，构建一个解释区域制度结构的分析框架。

一　制度结构的内涵

制度结构是一个被广泛应用的概念，诺斯在《经济史中的结构与变迁》中认为“结构”是指绩效要素的社会特征，包括一个社会的政治和经济制度、技术、人口、意识形态等。“结构”也指制度框架，林毅夫（1990）认为制度结构是一个社会中正式的和非正式的制度安排的总和。

制度作为一个涉及面很广的概念，具有降低交易成本、创造合作条件、提供行动信息、激励和约束主体机会主义行为以减少外部性等功能。

由于不同的制度在制度结构中的地位和作用大小不同，新制度主义又将制度结构分为制度环境和制度安排。制度安排是最接近通常使用的“制度”一词的含义。制度安排是在特定领域内约束人们行为的一组规则，它支配经济单位之间可能采取的合作或竞争的方式。制度安排可能是正式的，也可能是非正式的；可能是暂时的，也可能是永久的。制度环境则是一系列用来建立生产、交换与分配基础的基本的政治、社会和法律基础规则。它为可供人们选择的制度安排的范围设置了一个基本的界限。新制度主义的制度环境作为外生变量通常是制度变迁的模型常数，并将一个特定的制度安排作为经济发展和经济表现的内生变量，只关注具体制度安排的起源、制度变迁和创新的供给和需求等，但忽视产生这种制度的特殊的社会结构、社会系统和环境，或者只是把这些作为既定背景。

嵌入性理论认为任何社会行为主体的行为选择都受制于特定的约束条件。主体行为总是根植于其所处的社会结构中，无法脱离社会经济制度环境而独立存在。卡尔波兰尼指出，人类行为在经济和非经济制度的形成过程中是相互交织的，纳入非经济制度对分析经济结构和运行非常重要。信仰的力量和强制力在降低劳动强度方面可能与经济制度具有同等重要的价值。格兰诺威特认为，经济行为只是社会行为的一种形式，经济行为受其所在的社会环境和社会结构的影响，主要表现在内容和方式上，具体经济制度也是社会结构的重要组成部分。

制度安排不论是从原有制度调整而成还是自上而下强制而成，都始终嵌入在特定的制度环境和社会结构中。制度不仅具有一定程度的规定性，同时还是其环境的衍生物。特别是在分析制度变迁的过程中，任何制度安排都不能仅仅作为一种独立的制度设计而发挥作用，单纯的制度分析是不够的。

因此，制度结构是一定制度环境下经济社会中所有制度关系的总和。制度变迁包括特定的制度安排、制度关系或整个制度结构的变迁。

制度结构主要包括三个相互关联的层次，即制度环境与制度安排的关联、正式制度与非正式制度的关联以及基础制度与次级制度的关联。

第一层次，制度环境与制度安排的关联。制度环境是制度实施的载体。制度环境影响甚至在一定程度上决定制度安排，制度变迁是制度环境改变的结果；同时，制度安排也在不同程度影响着制度环境，制度变迁也可能先于制度环境而改变。制度安排和制度环境不是割裂的，两者之间的差异不是本质的，只是形式上的。

第二层次，正式制度与非正式制度的关联。正式制度与非正式制度相互影响和制约，他们在功能上相互补充，在变迁上相互影响，二者是辩证统一的。当双方协调一致时，可以更好地发挥各自的作用。在制度变迁方面，正式制度与非正式制度相互影响，同时又有各自的演化逻辑。

第三层次，基础制度与次级制度的关联。在制度结构中，基础制度占据主导地位，决定着制度结构的基本特质。判断一个国家和地区的制度结构状态，主要在于其基础制度。次级制度具有辅助功能，具有很强的可操作性和调节性，基础制度与次级制度相互依存、不可分割、互相促进，共同构成具体制度结构的内涵和特征。

在实践中有大量的制度，它们相互连接，共同作用，形成一个完整的系统结构。每项制度都有其自身的起源、范围、作用过程和效果，共同构成一个具有内在逻辑的多层次制度结构。

社会环境为制度变迁提供条件，并发挥一定的调节作用，制度资源为制度变迁提供基础，制度变迁是创新系统嵌入制度环境和社会结构的过程。因此，无论是企业组织形式和产权制度变迁，还是政府行为变化或者职能转变，都必须从制度环境和社会结构中揭示变迁的实质，并对其效果做出较为客观的评价。

二　制度结构的层次与关系

制度结构是由若干制度按照某种秩序组合在一起的。根据制度划分角度的不同，制度结构的组合方式也存在差异，无论按照何种秩序组合在一起，最终都构建出一个制度框架结构。

从制度的作用范围上，诺斯（1994）将制度结构分为两个层次：制度环境和制度安排。制度环境构成了人类的行为框架，制度安排是支配经济主体间可能的合作与竞争的具体制度。制度安排是制度环境的具体化，规范个体、组织等具体制度属于制度安排范畴。在这种结构中，制度环境决定了制度安排的产生和作用范围，而制度安排又促进了制度环境在实践中的变迁。

从制度的存在形态上，林毅夫（1994）认为制度结构是一个社会中正式制度安排和非正式制度安排的总和。正式制度是为保证制度的实施和约束人们的行为而有意识地建立和实施的制度安排。非正式制度对人们的行为产生非正式约束和无形约束。正式制度与非正式制度从存在形式上构成了制度的特殊结构，它们在实践中是密不可分的，互为补充，甚至相互转化。

在制度形成的方式上，柯武刚、史漫飞（2000）将制度分为内生制度和外生制度。内生制度是一个群体内演化过程中产生的规则，通常由内部条件或力量产生；外生制度通常由外部条件或外力驱动，是强加于社会的外部规则，具有隐含的自上而下的层次结构。

1. 制度结构的层次性

在制度经济学范畴中，交易成本经济学、产权经济学、契约经济学和新经济史都以制度为分析中心，但它们在分析制度的层次上是不同的。丹尼尔·迪厄梅尔等（2004）指出，在构建制度理论时避免混淆的关键是区分不同的制度层次和制度序列。虽然一些制度理论，如历史制度主义，试图找到不同制度层次之间的联系，但大多数制度理论仍然选择特定层次的制度作为分析对象，并将更高层次的制度作为给定的外生变量。由于不同层次的制度在范围和效果上存在明显的差异，所以制度结构也是一种不同类型和层次的复合结构。对制度结构进行层次分析，可以明确制度之间的地位和关系，有助于提高制度运行的协调性和一致性。

随着专业化和分工的不断扩大，社会变得更加复杂，制度化在政治和经济交流中发挥了重要作用。这些规则也有内部层次结构，从宪法到具体的法律，再到个人契约。在这个等级阶梯中，更高的层次上的制度改变的代价要高得多。关于制度的相关理论的研究都是基于不同层面，每一层次的制度也都涉及不同的理论研究领域。

（1）第一层次，非正式制度，嵌入社会和文化的基础

这一层次的制度是社会制度的基础，也是制度的最高层次，包括习俗、道德、传统和社会规范等非正式制度，以及语言和认知的某些方面。非正式制度来源于社会流传的信息和文化的世代相传。或者通过教育和模仿知识、价值等因素形成行为规范和习俗，人们行为选择的空间大多受到非正式制度的制约。非正式制度变化非常缓慢，大多是自发的，需要 100 年到 1000 年才能形成。在制度结构分析中，非正式制度通常被认为是已经建立的，因此处于制度结构的第一级。

（2）第二层次，制度环境，基本政治、经济和文化制度

基本的制度环境，具体包括：宪法和政治体制，产权制度，经济制度，法律体系，贸易、金融制度，推动制度变迁的具体政治、社会和经济机制等。一个社会的制度环境是对其基本社会文化基础的回应，在一个社会动态平衡中，给定的一组基本制度将在特定的时间点与社会内嵌的制度相兼容。制度环境的演变仍然相对缓慢，适应周期约为 10—100 年。

（3）第三层次，治理机制，具体的制度安排

在一定的制度环境中，人们根据制度安排来进行选择，经济关系根据制度环境进行治理。这个层次的制度主要包括：商品交易、服务和劳动的制度、合约及交易关系结构、公司治理以及投资和信用制度等。任何时候，一个国家或地区的制度安排选择都受到制度环境和基本经济条件的影响，如自然资源禀赋等，其变化速度快于制度环境，时间跨度为 1—10 年。

（4）第四层次，经济社会的日常运行制度

与上述三个层次的制度相比较，这一层次的制度最常见、变迁周期最短，主要指影响经济和社会的日常运行，即配置具体资源的制度。这类制度的规则容易被改变，如具体交易制度、行动规则，对资源分配、就业、

社会保障体系的影响等。

根据作用形式的不同，可以将制度结构分为宏观层次、中等层次和微观层次三个层次（卢现祥、朱巧玲，2007）。

（1）第一层次，宏观层次制度

重点分析制度与国家理论。制度分析将国家纳入分析框架，作为内生变量分析其对经济绩效和制度变迁的影响。用经济学理论研究国家的起源、功能和演变。国家职能的履行，国家的法律法规、经济体制、经济利益分配方式、对外开放政策等都属于宏观制度的范畴。

（2）第二层次，中观层次制度

主要是指社会机构、组织、群体的系统规范体系，重点探讨集体行动与制度选择的关系问题，主要是指社会组织和群体的制度和规范体系，侧重于分析集体行动与制度选择之间的关系。可以表示为某个区域的制度，或者某一领域或制度体系的制度总和，微观个体共同表现出不同群体的相互作用。中观层次的制度以集体行为作为研究对象，认为适当的制度安排会影响集体行动。

（3）第三层次，微观层次的制度

主要指经济社会生活中的具体制度，以及基本行为规则和行为模式，用来约束具体的交易交往活动和基本行为规范。包括正式制度和非正式制度，主要与微观的行动个体相联系，分析个体行为与具体制度的关系，以及个体之间的经济和社会关系。研究领域主要包括行为选择理论、交易成本理论、契约理论和企业理论等。

2. 制度逻辑多样性

经济和社会中具有各种各样的逻辑，不同的组织和制度中具有不同的逻辑，所以制度逻辑具有多样性。每种逻辑都为组织和领域提供了基本规则，同一组织或领域，逻辑也可能是重叠的，所以，不仅组织间具有逻辑多样性，组织内部也存在逻辑多样性。同时，逻辑呈现在多个层面，但逻辑在场域、组织和个体中的具体呈现却是来自并嵌套在社会层面的逻辑中。同一逻辑在不同的情境或者组织中，可能会产生不同的结果。同一组织或者领域内的逻辑，可能存在冲突，而在其他环境或者组织中这些逻辑可能和谐相处。总之，制度逻辑存在多样性现象，不仅要研究不同组织的逻辑多样性，还要研究同一组织内部的逻辑多样性，这样才能够有效地预测组织在多样性逻辑作用下的结果。

3. 制度结构的类型

根据分析领域的不同，经济、政治、法律和社会制度是研究中最常见的四类。在经济体制下，通常会制定规则，定义商品和服务的生产、分配过程的规则；政治制度的研究通常会使用一些变量来提供选举规则，政治体系的类型，政党组成，制衡和政治稳定的措施；与法律、制度相关的研究涉及法律制度的类型、产权的定义和实施以及法律起源；关于社会制度的研究通常涉及与健康、教育和社会保障安排有关的规定，对性别平衡有影响的规定及经济社会参与者之间的关系等。

制度主要表现为一系列规则和规则体系，根据不同的标准，可以划分为不同的层次和类型，如根据实施机制，可以分为正式制度与非正式制度；根据人们的价值评判，可分为合理制度与非合理制度；根据效力，可分为有效制度与无效制度（见表4－1）。

表4－1 **制度结构的类型**

划分角度	基本类型	主要内容
实施机制	正式制度 非正式制度	正式制度以权利和产权为核心要素，非正式制度注重风俗、道德的约束作用。正式制度是人们自觉建立并以正式方式实施的制度安排，如各种成文法律、政策、契约等。非正式制度是人们在长期的社会交往过程中逐渐形成并被社会认可的行为准则，包括价值观、信仰、习俗、文化传统等
作用层面	宏观制度 微观制度	宏观制度包括改善制度环境，加强制度安排，降低交易成本和不确定性；微观层面包括建立企业组织、管理等制度来解决激励和约束两大问题。同时，法律、政策等限制了人们的经济活动和个人行为特征；风俗、习惯、道德等文化对人们价值取向和制度生成产生影响并间接影响着经济发展
有效程度	有效制度 无效制度	有效的制度可以促进经济发展，而低效的制度可以抑制甚至阻碍经济发展。存在无效率制度主要包括如下原因：一是符合统治阶级利益，该制度也会成为社会选择；二是信息是有成本的，且难以完整获取，就存在制定无效制度的可能性；三是社会发展和相对价格随着时间而变化，有效率的制度也可能随着社会条件的变化而逐渐变为无效率的制度
主要来源	内生制度 外生制度	内生制度是随着群体的经验而演变的规则，而外生制度则是由外部设计并通过政治行动强加于社会的规则。有效性取决于二者的契合度
结构层次	核心制度 配套制度	核心制度主要是指制度环境中的基本制度安排，如决定、影响其他制度安排的宪法、产权制度；配套制度在很大程度上受核心制度的约束。核心制度与不同的配套制度耦合而成的制度结构，其效率是不同的，有一组配套制度能使制度结构发挥最佳效率

续表

划分角度	基本类型	主要内容
演变过程	制度变迁 制度创新	制度变迁是一个激励水平和交易成本动态变化的过程。制度创新是指以更高的效率对社会现有制度框架进行完善和变革，不仅包括制度框架构成原则的改变，而且包括制度本身在制度结构中的更新和制度之间关系的调整
制度相关层次	制度环境 制度安排	制度环境是一系列基本的政治、社会和法律规则，用来建立生产交换和分配的基础；制度安排可以是正式的，也可能是非正式的，支配经济单位之间可能合作与竞争的方式

4. 制度间的关系

制度结构是由众多制度耦合而成的复杂系统，制度之间总是存在各种各样的相互依赖和相关性，这意味着制度结构的效率不能简单地用单个制度安排的效率相加来解释，与个体制度安排效率决定不同，制度结构的效率也受制度配置的影响。任何发挥作用的制度安排必须与其他制度安排相协调。

制度结构作为一个复杂系统，由各种类型的制度通过错综复杂的关系共同构成。每一项制度都不是孤立的发挥作用，都与其他制度发生关联，产生各种类型的关系。制度之间的关系主要有三种类型，即协作关系、互斥关系和虚无关系。

（1）协作关系

制度之间的协作关系主要指制度之间相互协调、相互配合，发挥更好的规范作用。一旦这些制度被分离，它们发挥的功能可能会较小。制度之间的协作程度越强，制度的结构就越稳定，制度功能发挥得越充分。

（2）互斥关系

制度之间的互斥是指两个或两个以上的制度以相反的方向约束同一行为，实施一项制度，阻碍另外一项制度的运行。在制度变迁的过程中，具有互斥关系的制度能够并存的时间可能不会太长，从长期来看，具有互斥关系的制度逐渐向独立与协作关系发展。

（3）虚无关系

制度结构中，除了协作关系和互斥关系的制度，制度之间的关联主要发生在局部，更多的制度之间没有关联，即这些制度具有虚无关系。更多的制度与各自领域的制度相互关联，而与领域之外的制度没有关系，独立地发挥作用。

这种分析方法有助于系统地分析制度，更好地分析制度结构的内涵、层次及制度关系，将制度紧密地融合在一起，以促进制度结构的良性运行和发展，并为提高制度结构功能提供新的途径。

三 区域发展中的制度结构

制度表现为社会或者组织对个体行为的影响、激励和约束。通过制度分析可以从本质上解释经济现象、经济行为和经济关系，更好地阐明经济社会的演进过程和趋势。有效的制度安排可以降低经济行为的风险、不确定性和信息成本。制度通过界定个体行动来影响组织行为，这些行动既包括组织内的也包括组织间的，但要被社会接受和支持，这样才能使行动有效。为了获得社会支持，获得合法性，组织必须适应其生存的制度环境，组织根据制度提供的机会和限制来调整其活动。

一个地区选择什么样的制度安排，制度安排能否顺利进行，与该地区人们的文化、观念等非正式制度因素密切相关。只有正式制度与非正式制度相互契合，才能更好地发挥作用，否则，人们的抵制会使正式的制度失去效力。非正式制度差异是导致制度实施差异进而影响区域发展差异的深层次因素。

诺斯（1990）认为制度结构包括正式制度、非正式制度及其实施特征。正式制度包括政治规则、经济规则，政治规则决定经济规则，但经济利益结构也会对政治结构产生影响。Acemoglu 等（2006）将影响经济增长的制度分为政治制度、政治力量及经济制度。结合相关研究，这里主要介绍政治制度、经济制度、非正式制度及其与正式制度的相互作用。

1. 政治制度

在确定经济制度的过程中，有诸多因素在发挥作用，包括历史传统、机遇甚至地理因素，但就本质而言，经济制度是社会的集体选择。其行为必须由个体行为构成，个人是个体行为与群体行为的最终选择。这就引发了在不同组织和个人之间有关经济制度选择的利益冲突，此时不同集团之间的政治力量将成为决定性因素。一个社会的政治力量分配决定了对主要行为者所施加的限制和产生的激励。尽管政治制度并没有分配给一些个人权利，没有出现法律上的政治权力，但特定的个体仍然可能拥有事实上的政治权力，这种事实上的政治权力不再由政治制度分配，而是来自这些集团解决集体行动问题的能力，以及这些群体可获得的经济资源。

政治制度决定了政治博弈的规则，调节了政治权力的大小，决定了政治权力的变动方式。政治制度包括宪法、选举法，它规定了如何分配行政权力和如何限制行政权力，规定了否决权是否有效。因为，与经济体制一样，政治体制也是集体选择的结果，政治权力在社会中的分配是政治体制变迁的主要决定因素，从而产生了一种持续性的中央机制，即政治制度分配法律上的政治权力，而其他享有政治权力的人或组织则影响政治制度的变革（他们倾向于维持能够带来政治权力的制度）。此外，这种持续性机制的第二个原因在于资源的分配：当一个特定的群体比其他群体更富有时，它就增加了他们事实上的政治权力，并寻求更有利于自己利益的政治和经济制度，而这将延续集团和集团之间的内部不平等。由政治制度和经济制度分配带来的循环往复的发展路径，使任何改革（无论是政治制度还是经济制度的改革）都伴随着一种天然缺陷，因为即使其他因素改变，事实上和法律上的政治权力却倾向于始终持续。

政治权力的持续性特征或循环往复的发展路径并不意味着无法出现实质性改革，比如重大技术变革和国际环境改变，往往可以撼动事实上政治权力的均衡的情况，因此，有可能引发政治制度的重大变化，进而影响经济制度和经济增长。

2. 经济制度

在制度结构中，与区域经济发展关系最密切的是经济制度。经济制度是生产关系的总和，是经济活动的基本规则。经济制度规定了资源配置方式，交易和交换关系的基本原则，生产分配的基本准则等，也规定了生产关系的性质，是一个社会的基本制度。经济制度决定了经济交往的规则、合同执行机制以及利益分配。经济制度为参与经济活动的主体提供了行为激励，它不仅决定了一个经济体或一个区域的经济发展潜能，而且也决定了特定区域的社会资源分配。

经济制度为社会中的关键经济因素提供了一种激励机制，直接影响生产活动的组织，以及物质资本、人力资本和技术的投资行为。虽然其他正式制度、非正式制度以及地理等因素也会对经济绩效产生影响，但是，国家和地区间经济增长和繁荣的差异主要取决于经济制度的差异。经济制度决定了经济增长速度，发掘经济增长潜力，而且决定着经济成果如何分配。制度不仅影响社会总体福利，也影响在社会不同团体和个人间的分配。

经济制度主要包括资源配置制度、产权制度、信用制度、分配制度和企业制度。资源配置制度是最基本的经济制度，市场决定了资源配置，同时交易成本会影响资源配置效率，影响经济增长；产权制度主要规定剩余索取权，是人们从事经济活动的物质激励的重要组成部分。产权主要包括物质激励和非物质激励制度，决定了人们从事经济活动的激励水平，产权越清晰人们从事经济活动的主观能动性就越大，从而工作更加努力，产出也会增加；信用制度可以降低由于信息不对称引起的交易风险和交易成本，提高经济效率。在信息不对称的市场交易中，为了降低风险、形成信用制度，如金融制度及金融体系，分配制度界定了经济活动成果的所有权。分配制度决定了人们从事经济活动的激励程度，分配制度越公平，激励水平越高，经济效率越高。企业制度的核心是企业控制权。企业控制权主要涉及剩余索取权和分配权。因此，企业制度的不断进步既有激励作用，又存在交易成本，企业制度不断完善将带来经济效益的提高。

3. 非正式制度

经济制度及政治制度构成了制度框架中的正式制度，为市场运行、个体行动制定了规则并形成秩序。然而，在我们与他人的日常交往中，大多数由非正式制度支配的正式规则都是非正式约束的基础，但它们很少是明确和直接的选择来源。非正式制度是不成文的、独立于强制机制之外的自我实施机制，非正式制度主要包括习俗、习惯、信任和关系等。

“社会资本”的概念往往和非正式制度联系在一起，成为了经济学、社会学研究的一项热点内容。Putnam 等（1993）认为社会资本是通过协调行动提高经济效率的网络、信任和规范，它构成了人与人之间的一种横向联系；Coleman（1988）则认为社会资本包括纵向科层组织和横向的关系网络。因此，社会资本与非正式制度密切相关，二者在内容上高度重叠，但从范围上看，社会资本的概念比非正式制度的概念更为广泛。

非正式制度虽然不是明确的社会规范，但与正式制度一样是影响经济增长的重要因素。Stiglitz（2000）等认为，社会资本的密集程度与经济发展的水平呈倒 U 型关系。即在经济水平相对较低的情况下，以非正式制度为主的社会资本能够决定各生产要素的投入及发挥作用，但随着经济发展提高到一定的程度，市场机制得以完善和成熟，非正式制度（如关系网络）的不稳定性和消极影响开始显现，此时需要更多的正式制度来进行规范。在我国的经济增长和制度变迁中，非正式制度也发挥了重要的作用。但在不同的发展阶段，非正式制度的积极作用和消极作用也同时存在。如传统文化、信任、关系等非正式制度促进了正式制度的实施，提高了经济发展效率，但这些非正式制度也导致不遵守契约、腐败等现象的存在。因此，要发挥正式制度的作用，对非正式制度进行规范和引导，使二者协同发展，发挥更大的作用。

4. 正式制度与非正式制度的互动

制度的构建或供给在一个存在交易成本、信息不完全的现实世界中发挥作用。但是不同的制度具有不同的功能，发挥不同的作用。不同类型的制度之间，也具有不同的关系。正式制度与非正式制度互相影响，互相促进。正确认识正式制度和非正式制度之间的关系，对于完善制度结构，充分发挥二者的作用，有效推动区域经济发展具有重要的意义。在 Helmke 和 Levitsky（2004）的分析框架下，正式制度和非正式制度之间的互动主要体现在四个关键词上，补充、包容、竞争与替代。可以将其概括为冲突和融合两种关系。

首先，正式制度与非正式制度的冲突。正式制度和非正式制度，都可以在一定的时间和空间下独自发挥作用。但多数情况下，二者协调配合，才能更好地发挥作用。正式制度变迁时间较短，非正式制度由于受到历史文化等因素的影响，变迁时间长，因而具有相当的持续性。当市场发育到适当的水平时，这种持续性将阻碍正式制度的制定；在制度结构当中，正式制度与非正式制度共同发挥作用，如果正式制度与非正式制度不匹配，或者非正式制度没有跟随正式制度变迁，都会影响到制度结构作用的发挥。例如一个地区如果形成了封闭、特权、垄断的经济关系，市场经济秩序就难以通过正式的经济制度来实现。

其次，正式制度与非正式制度的融合。在一个国家或者地区的规范体系中，法律、法规、政策等正式制度只是其中很小的一部分。在日常的生产和生活中，引导和约束行为主体的更多的是传统、习惯、文化等非正式制度。因此，需要正式制度与非正式制度融合、互补，才能更好地发挥二者的作用，实现制度结构的有效性。在正式制度实施过程中，非正式制度为其提供“软”环境，降低信息不对称、不确定性和交易成本，提高正式制度的实施效率；正式制度可以对非正式制度进行引导，通过合理的制度设计，可以在一定程度上减少非正式制度的负面影响和作用。

结合历史、文化以及气候条件等经济外生要素，正式制度与非正式制度共同构成了制度要素，与人力资本和物质资本等要素一同影响经济发展绩效。

第四节　制度结构对生产模式的影响

随着宏观经济环境和市场需求结构的变化，传统福特主义的大规模、标准化生产模式逐渐向柔性生产的后福特主义转变，企业通过灵活组织生产，强化了专业化的制度安排，制度因素对产业布局和生产模式重构的影响日益增大。

权力分立体现了制度结构的特征及其对社会经济的影响，因为制度结构对经济绩效的重要性来自有限政府的权力分立以及现代化社会建设（Glaeser，2004）。相关研究表明在权力分离之下的政府的有限规制导致了经济表现的改善（Rodrik，2004）。换句话说，制度之间的相互作用揭示了制度的质量和结构。

一　制度结构与交易成本

制度结构通过制度互动向经济体的代理人发送关于国家制度的主要信号。许多研究都将投资和经济增长的影响因素归于制度因素，如可靠的承诺和交易成本。一个国家的政治机构之间的相互作用揭示交易成本和制度结构中的可靠承诺。因此，可信的承诺是决定外国直接投资和经济增长的制度因素。交易成本的下降，可以促进市场交易，降低不确定性，吸引外国直接投资，进一步促进经济增长。然而，在一些文献中制度结构中的承诺信誉直接或主要影响 FDI 而不是经济增长（Spiller，2013），另一些学者认为交易成本对增长的影响大于其对外国直接投资的影响（Acemoglu，2005）。特别是可靠的承诺鼓励那些具有高固定资产投资和沉没成本的行

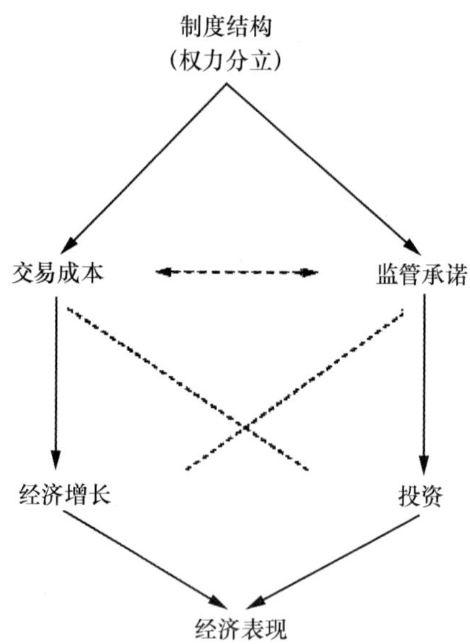

图 4－1　制度结构与经济绩效的相互作用

业（Baron，1995）。另一方面，交易成本较低的制度结构促进了交易行为的发生，提高了经济效率，对经济增长产生了积极的影响。因此，交易成本是决定经济增长的制度因素，而可信赖的承诺是投资的主要制度性决定因素。

这里使用的交易成本概念定义为非市场或制度的交易成本，非市场或制度交易成本是指交易成本的制度结构。根据 Furubotn 和 Richter（2005）的观点，制度交易成本有两个层面。第一，它们是“建立、维护和改变系统的成本”。在这个意义上，制度交易成本包括“与建立法律框架、行政结构、军队、教育制度和司法机构等相关的费用”。第二，制度交易成本是“政治运行的代价”。在这个意义上，制度交易成本是衡量、监测、创造和执行遵守制度结构的成本和政治制度运行的政治决策过程的成本。因此，国家的正式和非正式制度结构的主要成分是指制度交易成本，并通过这些因素影响经济增长。

二 制度结构与制度空间

学者们一直致力于探讨制度空间与经济增长的关系。并且希望发现不同空间尺度的规律。这样就可以对不同的区域空间发展不同的制度结构，促进区域更好地发展。理论方面主要基于制度主义理论、经济学及演进经济研究。在区域范围内探讨制度与经济增长的关系，以及制度主体之间的互相依赖关系，更好地解释经济行为主体的行动选择如何提高制度有效性，促进经济发展。不同区域形成不同的制度结构和形式，不同的制度结构又可能影响和塑造不同的区域发展和制度变迁，因此制度研究具有一定的地方属性。基于这种认识，区域经济、经济地理学等学科通过对制度厚度和制度空间的研究，初步形成了制度变迁的理论基础。制度厚度理论起源于发达国家对市场经济机制差异的制度化思考。在发达国家，不同国家和地区之间，也存在不同的市场经济运行模式，具有不同的制度和经济的关系，形成了不同的地理空间生产模式。一些学者通过对各国内部生产地理的详细考察，提出了能够充分反映各国空间差异的制度理论。

制度厚度主要有四个组成部分：一是以制度安排的形式存在强有力的制度体系（企业、地方政府、企业集团、金融机构、工会、研发中心等经济或社会组织）；二是这些制度之间的高强度交互，为了促进网络合作与交流，在地方制度安排下形成高度同构的现象；三是为了尽量减少地区主义与制度之间的冲突，制度的厚度必须取决于成熟的治理集团和权利划分结构；四是包容和集体动员，得到广泛认同的区域或地方社会发展的共同规划目标。这四个部分共同决定了地方制度厚度的深度和性质。

不同的区域具有不同的制度结构，正是由于制度结构的差异，才形成了制度功能范围在空间尺度上的差异。制度空间成为制度结构在空间作用的结果，制度决定了空间的边界。根据制度结构的影响范围，可以将制度空间划分为超国家级、国家级、区域和地方三级系统，并通过不同层次的制度嵌入来影响和决定生产组织的空间行为演化。

三　制度结构与弹性生产模式

制度结构可以从地方化程度和制度空间范围两个方面影响弹性生产模式，制度结构决定了地方化程度，制度结构的尺度决定了制度空间范围，制度的空间作用是通过地方化程度和制度空间范围实现的。

1. 历史动力学演化下的地方性嵌入

在经济社会学语境中，制度和地方化被表述为指导一切经济社会行为的基本准则。经济活动嵌入在广泛的制度背景中，这些制度为经济活动提供激励和约束机制，经济活动界定于制度地方化网络中，弹性生产方式的形成是制度场域下经济选择的结果。地方化包括区域内已建立的市场网络和交易关系、政府治理结构和社会组织形式，以及嵌入局部的非正式制度安排（文化、习俗、社会传播等）或制度环境，这些地方制度网络不断加强，对企业的经济活动或生产行为产生内生影响，并通过劳动力市场格局、市场分工和交易成本引导弹性生产地理格局的调整和演变。从历史动力学角度看，制度本土化是一个长期的、持续的路径依赖过程，是区域锁定现象的强化，它是一个关于地方或区域经济、社会与权利关系的系统框架，三者的协调与对立导致了弹性生产方式的相适应与生成，通过提供隐性或集体的知识传递策略，信息风险共担，系统的本土化可以建立一种可接受的竞争形式，为减少地方经济实体之间的不确定性，使企业在制度框架内选择利润最大化的区域进行选址或迁移。

2. 经济全球化冲击下的空间重构

制度地方化对弹性空间布局的影响是内在的、稳定的，而制度空间对弹性空间的影响则是理性的、可选择的。一方面，经济全球化对制度的空间边界产生影响和冲击。随着跨国公司的发展，全球投资和全球生产网络日益深化，逐渐打破了国家和区域层面的制度空间，跨越地理空间整合资源和要素。在开放、自由的市场经济条件下，经济主体追求利润和效用最大化，这种动机决定了生产模式。交易成本也影响着市场价格，相对价格的变动影响着经济主体的行为和选择，这些对价格产生重要影响的因素成为推动制度空间范围变动的主要逻辑。另一方面，虽然在某些领域，或一定程度上，国家层面的制度空间逐渐弱化，但区域层面的制度空间仍然存在，甚至在不同社会文化影响下，区域的制度差异仍然较大，跨国公司在当地的生产布局受到市场进入、市场容量和制度刚性的影响。在发展过程中，本地化生产可能会更适应当地的制度环境和安排，跨国公司在全球生产布局的过程中，既受到母国的影响，也有东道国和地方化的影响，只有在制度空间内进行自我转型和调整，才能在既定区域的市场竞争中生存下来。

第五节　制度结构与区域发展政策

虽然有大量的研究认为，制度结构对一个地区的发展是至关重要的，但很少有人能深入研究它们是如何构建以及如何运行、促进或限制制度的重组过程。

区域经济增长与发展政策是如何体现制度的？制度在区域经济增长和发展中发挥重要作用吗？直到 20 世纪 90 年代，这个问题并没有受到理论家和决策者的重视。尽管这些制度的作用已经被社会科学家们分析了一个多世纪，一般而言，主流经济学理论和经济发展理论都忽略了制度与经济发展之间的联系。实现经济发展从根本上来说是在新古典主义增长理论框架下对物质资本进行投资的问题，在解释产出的差异和经济增长的过程中，资本和基础设施投资水平的差异被认为是 20 世纪 80 年代中期内生增长理论发展的关键因素。此外，创新和教育的作用也得到了讨论。因此，促进经济增长和福利水平的措施似乎是显而易见的：加大对基础设施、教育和培训的投资，以及促进创新和产业发展，就足以产生更大的经济增长，并最终促进理论的发展。同时，人们也认为，如果这些投资被引导到落后地区，它也将导致地区之间的收入差距消失，并促进经济融合。

基于这些原则的区域发展政策已大大缩小了发达国家和发展中国家之间的贫富差距。以企业为中心的标准化激励和国家驱动的区域政策，使经济成功的基础基于一系列共同的因素，例如理性的企业、个体、企业家是基本的经济单位。

区域发展政策仍然深深植根于国家发展政策的传统之中（Rodriguez-Pose，2010）。复制自上而下的基础设施、教育和工业化政策，无论当地的制度环境如何，都足以产生更大的增长，促进经济的融合，这种方法在当时似乎是足够的和合乎逻辑的。然而，自20世纪90年代初以来，发展中国家区域内的差距急剧扩大。因此，经济学家们开始就是否对全球自上而下的区域发展进行干预产生了分歧，许多学者寻找其他影响经济发展和增长的因素，而不是传统的增长理论。研究人员不仅从经济学角度，也从广泛的社会科学领域着手分析制度的作用，以便更好地把握经济发展的过程。在20世纪90年代末和21世纪初，主流经济学家越来越多地得出这个结论，即制度对经济增长和发展的重要性，即使不是更多，但对于长期以来的传统的事实和贡献也是毋庸置疑的，现在正试图弄清楚哪种类型的制度是重要的。在正式制度中，财产权和法治被认为在产生可持续增长方面发挥着最重要的作用。在非正式制度中，信任和社会资本受到最广泛的关注。

总之，制度对经济增长和发展的影响越来越大，区域发展战略应该充分重视制度层面，使制度成为区域增长和发展工具的重要组成部分，以提高发展战略的有效性。

人们相信传统的发展战略并不是普遍成功的，而且尽管各国政府在许多地方进行了干预，但各国之间的区域差异仍然在扩大，这是一种世界性现象。因此，主流观点认为，许多发展计划的最终结果都是有限的回报。因而，这些传统的发展战略在今天的全球化世界中被认为是无效的。特别是在落后地区，“一刀切”的做法被证明是行不通的。然而，尽管经济学家试图寻找发展战略有限回报从而导致落后地区发展滞后的原因，但人们越来越关注制度对经济发展的影响。Rodrik 等人（2002）认为，制度的质量超过了传统的发展因素，如贸易或地理，决定了收入和增长前景。从不同角度看，经济学家和其他研究人员都试图建立“特定于场所的制度结构”与“经济绩效”之间的联系，这些研究人员发现，制度能够产生经济参与者之间的信任和降低转换成本，提供集体产品可以提高透明度，促进创业精神，以润滑劳动力市场功能，在面临冲击时提供解决问题的制度安排，并最终带来更大的经济效益。

特别是在区域框架中，Streeck（1991）认为，特定的地方制度结构使地方和地区能够走上一条可持续、高端的经济发展之路。同样地，Rodriguez-Pose（1999）认为，这些制度安排在地方和地区层面上更有效，因为国家规模可能太大，不便在动员组织方面发挥作用。从根本上来说，在地方或地区规模上，充分、可靠、高效的制度对经济发展至关重要。相比而言，社区、地区和国家的不充分或效率低下的制度结构，实现可持续经济发展的可能性很低。制度结构的薄弱环节往往导致“制度僵化”，并阻碍可持续发展，这种制度僵化在地方公共政策制定过程中传播了不满和不信任，促使参与者远离发展过程，如果这种情况持续下去，它们将进一步导致落后地区的螺旋式下降。坚实而高效的制度结构是创新、相互学习和生产率增长的关键因素，从而为整个地区的有效经济发展战略的设计和实施铺平了道路，并最终为经济增长和发展提供了基础。

既有研究远未就制度的普遍定义达成共识，但大多数都同意这种双重划分。制度结构的一部分被描述为“正式”“硬”或“社会”制度，制度的另一部分被称为“非正式”“软”或“社区”制度。更具体地说，“正式”制度可以被视为普遍和可转让的规则，通常包括宪法、法律、宪章和规章，以及诸如法治和产权、合同和竞争监控系统等要素，这些都是产生信任的关键所在。

非正规的制度往往是通过重复的社区互动和囚徒困境的类型决定而产生的，这些互动是社会资本积累的结果。不同的研究者关注不同类型的非正式制度安排，一些研究者关注社会资本（社会组织的特征，比如网络、规范和信任），这些都是为了相互利益而进行的协调和合作。另一些人则把制度厚度作为经济发展的驱动力。Amin 和 Thrift（1994）将制度的厚度定义为特征的结合，包括各种制度的存在，制度间的互动，以及一种共同的目标和共同的规范和价值观，这些都是一个特定的地方的社会氛围。制度厚度赋予制度合法性，产生信任，增加创新能力，扩大公共知识，并帮助将经济活动嵌入到当地的环境中。

除制度在区域发展中的作用外，一般而言，不同类型的制度具有不同的作用。一种观点认为，基于正式制度和非正式制度的差异，它们在区域经济发展中的作用也是不同的。在缺少正式制度的情况下，非正式制度可能会独立地发挥作用。另一种观点认为，正式制度和非正式制度在推动经济增长中的作用是平等的，二者扮演的角色同样重要，正式制度不是核心，非正式制度并不是辅助的。一项可靠的发展战略需要在正式和非正式制度之间取得平衡。一方面，正式制度是必不可少的，因为它们通过最小化风险、不确定性和腐败，为经济增长提供了足够的激励。因此，它们也促进了经济绩效的效率。另一方面，非正式制度不仅可以替代弱势的正式制度，而且对于降低交易成本是必要的，用于支持任何特定地区的经济活动，以及增强本地相互依赖性，从而产生更大的本地经济联系。

在一些地区，有些时段正式制度发挥着关键作用，也有一些地区，在缺少可靠的正式制度的情况下，有一个有效的非正式制度在影响经济主体的交往行为，发挥着资源配置作用，这些非正式制度可能提高经济效率，促进经济发展。同时正式制度还可以推进非正式制度的完善，促进二者之间的契合，更好地解决区域发展与增长模式选择问题。

因此，在为落后地区设计发展战略时，需要考虑制度的重要性，并对当地制度环境的需要做出更积极的响应。这种必要性并不只是建立在制度的创造上，要使它们持续有效地工作，对于提高经济效益和从干预中获得回报至关重要。否则，与环境不匹配导致失败的风险总是会出现。

在认同制度对区域经济增长和发展的重要性之后，需要讨论我们能否将制度纳入区域发展政策以及如何进行。因为在制度主义者中有一种强烈的信念认为即使是最好的发展政策也会被糟糕的制度环境所破坏，因此，应采取一些措施提高某一地区的制度能力。然而，对于改善制度能力和建立坚实高效的制度真正意味着什么以及如何消除制度效率低下的问题，人们几乎没有达成共识。关于制度是经济增长和发展的先决条件还是自然结果，也缺乏共识。

由于其对地理条件和历史的依赖性很强，所以很难干预和影响制度。一些文献提出了一些可能影响制度建设的因素：第一，测量问题。Rodriguez-Pose（2010）指出，衡量什么是充分、可靠、高效的制度是不可能的。任何制度之间都具有大量复杂的双边关系，这些相互关系受到许多具体的环境因素的影响，使得当地的制度结构变得无形。第二，充分和高效的制度是环境和地理的具体内容。地理学对制度的类型和质量产生了重大影响（Easterly、Levine，2003）。在一个地区，稳定有效的制度安排并不一定意味着另一个稳定有效的制度（Chang，2003）。这种情况可以反过来，换句话说，不同的制度设置可以产生相似的经济结果。因此，一个地方的良好制度安排可能对另一个地方不利。第三，时间也会影响制度在经济增长和发展中的作用。正如 Storper（2005 年）所指出的，随着时间的推移，在一个阶段，好的制度形式不再适用于其他国家。因此，各种制度设置的适应性是有效制度的本质特征。第四，虽然许多制度设置可以适应时间，并进入新的平衡，但其中一些制度可以同时抵制短期的转变。因此，短期的政策干预可能不现实，无法塑造或改变所有类型的制度。

在这些因素的影响下，我们仍有希望将制度纳入区域发展政策，以确定制度的正确组合或密度。然而，制度的质量比它们的密度更重要。地方制度本身并不能保证地方的再生和发展。另一方面，正式和非正式制度之间的平衡是至关重要的。太多的正式或非正式制度也会对经济发展产生反作用。政策讨论的另一个要点是内生性问题。制度安排影响经济发展，但部分原因是经济发展的结果影响制度安排。因此，制度和经济发展是相辅相成的，很难预测在任何特定时间和任何特定区域内因果关系的方向。

因此，上述讨论清楚地表明，制度是重要的，但将制度纳入区域发展政策并非易事。制度的测量，以及空间和时间变化的问题，定义正式和非正式制度的正确组合的困难，制度与发展及相关要素之间的内生性问题，使得生产“一种适合所有尺寸”类型的政策框架变得不可能。因此，应在特定区域设计合适的开发策略，特别是将制度因素放到这些策略中。此外，区域发展干预应考虑到促进当地制度适应环境及其变化的需要。

第五章　路径依赖与区域创新

那些被正式接受并实施的规章制度，组成了经济和法律的规则体系，成为一系列行为管理和塑造人际互动的政治、经济和契约的正式制度。而那些被遵守的传统、风俗、社会规范、共享的思维模式、不成文的行为规则等构成了非正式制度。社会生活的各个方面都渗透着非正式制度，并在人类行为的约束体系中发挥着重要的作用。

历史告诉我们，如果只有一条路径摆在我们面前，那么这条路径通常是成本最高的甚至是走不通的。在现实社会中，大到人类社会发展，小到具体制度的变迁，我们都可能面临同时并存着多个路径的选择（包括最优、次优、较差等）。因此，社会及组织发展面临的最大问题之一就是如何正确地选择路径。

制度变迁分析不仅仅考察制度演进中的依赖因素，还要考察其他制度的影响，以及制度之间的关联对制度变迁的影响，将制度变迁纳入到制度结构中分析，形成多重路径依赖的变迁轨迹。不同的路径依赖程度差异可能会使制度变迁偏离原来的历史路径，当偏差积累到一定程度时，逐渐聚集起打破路径依赖、实现路径创造的力量，完成从路径依赖到路径创造的转变。

第一节　制度性路径依赖

经济学中最先关注路径依赖问题的是收益递增研究，但这种研究形成的收益递增理论，与后期的新增长理论和新贸易理论研究的收益递增理论完全不同。早期的收益递增理论，并没有使用均衡分析，而是强调经济发展中历史、偶然和制度的作用。而新增长和新贸易理论主要使用主流经济学研究范式，试图将收益递增引入一般均衡分析。路径依赖理论研究逐渐引起各个学科视角的重视，不断有新理论和新方法，融入到路径依赖研究。因此，路径依赖研究也突破了经济学分析的收益递增理论视角，正在将制度主义理论、演化理论和复杂性科学相结合来重新构建学理基础。

路径依赖概念最早来自生物学领域，本意是用来说明随机因素对物种进化路径的影响，1975 年，经济史学家戴维首先将“路径依赖”的概念引入经济学研究。1978 年，经济学家谢林在《微观动机和宏观行为》一书中指出，经济结果在很大程度上取决于行为发生的顺序。因此，即使面对更有利的选择，一些次优结果也可能会经常发生。20 世纪 80 年代，David 和Arthur 将路径依赖的概念引入技术变迁研究中，并探讨了其内涵和机制，以及收益递增对经济系统运行的影响，这是路径依赖在经济学中的最早应用。20 世纪 90 年代以来，路径依赖研究的重点逐渐从技术变迁转向制度变迁。

诺斯（1990）指出，技术变迁机制也适用于制度变迁，制度变迁主要受四种收益递增形式的制约：（1）制度重新建立时的建设成本；（2）与现有的制度框架和外部性有关的学习效应；（3）通过合约同其他组织和团体协调互补的效果；（4）在制度基础上，增加了自适应期望，减少了不确定性。由于受到经济、政治、文化以及历史和传统的影响，制度变迁可能比技术变迁更为复杂。诺斯提出了制度路径依赖概念，探讨路径依赖在制度领域的应用，形成了制度变迁的路径依赖理论。

路径依赖类似于物理学中的“惯性”，描述了过去的选择对现在和未来的影响，一旦进入一条路径，就容易锁定在这条路径，并沿着这条路径前进。许多学者对经济学领域的路径依赖进行理论和实证分析，从不同角度对其概念进行解释。Arrow（2004）认为，虽然路径依赖现象已达成一定共识，但却很难对其进行准确界定。但总的来说，路径依赖是这样一种现象，系统的初始状态对其长期演化发挥关键作用，系统的发展在很大程度上依赖于其历史中的扰动。Sydow（2005）认为在正反馈机制的作用下，路径依赖是一个连续的过程，由于偶然因素或个人偏好，路径依赖进入正反馈和自我强化阶段。青木昌彦（2001）认为路径依赖是制度演变过程中，由制度因素和参与者认知能力共同决定的发展路径，随着环境的变化，制度结构可能进行调整，但仍会在很大程度上继续存在。

虽然路径依赖的定义有不同的视角和表述，但都强调了历史选择在变迁过程中的影响。这些路径依赖的共识主要体现在三个方面：首先，路径依赖是一种状态和过程，意味着路径依赖是一种“锁定”状态，它可以是高效的，也可以是低效的或无效的；其次，偶然的历史事件会对系统的运行轨迹产生影响，路径依赖强调对初始条件的依赖，并受随机过程的影响，发展轨迹是由小事件或偶然因素触发，通过自增强机制逐渐放大；最后，一旦意外事件发生，路径依赖的序列呈现出一种相对确定的因果模式，即惯性。

在诺斯看来，制度变迁的路径依赖机制主要包括以下几个方面：给定条件（随机偶然事件）；启动机制（在给定条件下激活正反馈机制）；形成状态，可能有多种可能的结果，实现多重平衡状态；进入锁定，报酬递增的机制使其不会受到外部因素的干扰或被其他方案所取代，这可能是一种低效的制度选择，制度的变迁路径依赖于其初始状态，并有前后连贯、相互依赖的特点；退出锁定并通过干预和一致的操作实现路径替换。制度变迁的路径依赖的构成要素有：偶然性、专用成本、行动者、制度、市场、政府、利益集团和意识形态。

Greif（1994）运用博弈论从微观角度分析路径依赖：（1）强调并论证了路径依赖是政治、经济、文化和社会因素综合作用的结果；（2）将博弈论与路径依赖分析相结合，认为制度变迁是一种博弈均衡向另一种博弈均衡的过渡；（3）从理论和实证两方面论证了文化信仰在制度变迁路径依赖中的决定性作用。Young（1996）应用演化博弈论对惯例进行经济分析，认为调节演化博弈动态的因素有三个：（1）个人之间的当地交往；（2）每个参与者对感知环境的有限理性反应；（3）在重复博弈中，策略选择的不可解释的随机扰动。制度变迁的路径依赖分析必须从演化策略转向随机稳定均衡，这样才能把握路径依赖的本质。这一理论假设个体具有有限理性和信息，他们进行的活动不是完全一致、协调的。社会风俗习惯在这种不协调的活动中产生、保持和改变。

David（1998）指出路径依赖引入制度变迁分析可能有三种方式，分别是知识收集、行为收集和制度收集。技术变迁和制度变迁在这三个集合的相互作用中，便显出路径依赖。与诺斯的新制度主义思想不同，一些研究反映了演进的色彩。

学者们逐渐利用成熟的路径依赖理论来分析经济领域中的各种问题。例如Vincensini（2001）认为制度性路径依赖取决于三种机制，即经济体制、认知能力和政治因素。Altman（2000）在行为经济学中提出了路径依赖模型。Redding（2002）探讨了路径依赖、内生创新与经济增长的关系。刘元春（1999）分析了路径依赖分析框架的基本逻辑和适用范围。制度和组织是相互作用的，这一过程的相互作用是一个广泛的社会秩序的过程。制度变迁是基于个人思想、历史文化和意识形态的适应性学习过程，在这一过程中，风俗和社会规范对制度变迁的速度和方向起着决定性作用。杨友才（2015）认为路径依赖可能导致经济增长的良性循环，也可能产生低效率状态，中国的路径依赖强化了制度对经济增长的促进作用。

与技术变迁一样，制度变迁中的自我强化机制可以产生多重均衡，这种均衡也可能由于锁定和路径依赖导致制度长期处于低效状态。路径依赖的形成既有由历史偶然或小事件经过收益递增机制形成的，也有可能是制度变迁中的交易成本较高，更重要的是行动者的有限理性和有限信息导致的路径依赖。由于经济与政治的相互作用和文化的制约，制度变迁比技术变迁更为复杂（刘汉民，2010）。

路径依赖理论解释了为什么低效甚至无效的系统会存在很长时间。一旦采用了外部偶然事件，制度将会在很长一段时间内被这种事件所导致的发展路径所锁定。这一理论对制度变迁的研究具有重要意义。第一，强调历史的重要性。认为偶然的历史事件是决定制度变迁路径的重要因素。一旦它们进入经济发展的过程，制度变迁对初始条件的选择具有敏感性，其产生的影响将被放大。第二，强调时间的重要性。从动态的角度研究制度变迁的过程，用时间维度来反映历史演进的不可逆性。第三，强调制度自我强化的作用。由于制度变迁过程中的"正反馈机制"，制度的初始选择将形成一套相应的制度集合，从而决定了制度长期发展的路径依赖。第四，重视有限理性和制度变迁成本。行为主体的有限理性使制度变迁决策受制于偶然因素或小事件，而高额的制度变迁成本的存在则使路径创造变得不经济，从而加固了这种锁定。

在制度变迁理论关于路径依赖的相关研究中，还存在一些不足：一是忽视了制度变迁过程中的主体能动性，强调了外部因素对制度变迁的影响，但行为主体具有一定能动性，可以根据自身的目标和意图影响和引导制度变迁，甚至参与制度创新，通过内外部条件的共同作用，可能将制度变迁从既定的路径中转换出来；二是对多重制度影响变迁研究不足，在制度结构的视角下，多项相关联制度都会对变迁路径产生影响，在多重制度的影响下，制度变迁面临着多种路径选择，不同的路径都在积累打破路径依赖的力量，最终的路径选择取决于这些力量的积累。

第二节　制度结构中的多重路径依赖

舒尔茨、诺斯、拉坦等把新古典经济学的供求分析方法引入制度分析，提出制度供求均衡理论。制度生产者提供制度，制度服务的主体就是制度的需求者。制度需求方和供方分别从成本和效益的计算中决定各自的行为。新制度经济学认为制度环境是外生变量，而制度环境是区域发展的内生变量，区域发展主要是供给导向的制度变迁，其本质是增强竞争优势。

均衡是各种事物运行的现象和规律，表明一种动态的稳定状态。其被引入经济学后，逐渐成为一种主流的经济分析方法。从制度中各行为主体来看，制度经济分析中的均衡是一种行为均衡，从作为行为主体和客体的供求来看，均衡是一种“供求均衡”。

制度结构均衡是指制度结构的各层次、各种类的制度之间的耦合与协调，通常均衡更多地描述制度的有效状态。区域发展制度更多地表现为制度移植和制度创新，理性设计的正式制度能否发挥作用，除了自身的合理性，还取决于是否与制度环境和非正式制度相契合。在区域发展过程中，要考虑制度结构的三个层次，即制度环境与制度安排的关联、正式制度与非正式制度的关联、基础制度与次级制度的关联。

路径的形成和演进是由多种因素共同作用的结果。路径在多因素影响过程中存在多重均衡，现有的路径的运行也受到多种因素的影响，可能按既定轨迹运行，也可能受到创造性破坏力的影响，改变原有的运行轨迹，因此路径演化具有一定的不可预测性。制度变迁本质上是新旧制度的更替过程。制度结构中的路径变迁在多重路径影响下，不同制度具有不同的路径依赖程度，所以不同制度具有不同的变迁速度和范围。当路径偏离积累到一定程度，就会产生路径突破，进而实现路径创造。因此，制度结构中的制度变迁大致可以概括为多重路径依赖阶段、路径偏离阶段、路径创造阶段等三个阶段。

一　多重路径依赖阶段

通常制度结构具有较强的稳定性，由于存在多重路径依赖，它很难与制度变迁形成一一对应关系。即使基本的社会经济力量继续演变，制度结构也很难改变。

在微观层面，组织环境发生变化，组织中的既得利益者也坚守自己的使命和责任。在宏观层面，制度变迁是在一定的经济社会环境和制度结构中进行的，必然会受到环境和相关制度的影响。而且，变革的成本和不确定性也会对维持现有制度产生负面的激励。即使社会环境发生巨大变化，原有制度的演变也很缓慢。制度变迁如果取得成功，要为变迁中的受损者提供更多的利益补偿。因此，制度的重大变化只能发生在剧烈变化期间。

1. 多重路径依赖的含义

制度结构中的制度是一个紧密联系、相互作用的整体，除了受到其原始路径的影响，还受到其他相关制度的影响，所以发生制度变迁以后产生的新制度来源于原有制度，一方面受原制度的影响，另一方面也受到关联制度的影响，这些多路径的影响形成多重路径依赖。所以制度变迁的路径依赖主要有单一路径依赖和多重路径依赖。

第一，单一路径依赖。制度变迁过程中，原有制度对制度变迁发挥着巨大的作用和影响，也就是说，在历史偶然和小事件作用下的初始制度，通过习俗习惯等非正式制度的作用和报酬递增效应，原有路径不断得到强化，也会影响和引导新制度路径的形成和发展，表现出路径依赖特性，即历史因素影响制度变迁。

第二，多重路径依赖。多重路径依赖建立在单一路径依赖基础之上，但制度变迁不仅取决于单一制度原有路径的影响，还受到很多相关联制度的作用和影响。经济社会发展实践中，制度变迁的轨迹受到多种因素的影响，制度变迁过程包含多种制度以及制度之间的关联，多重路径依赖机制弱化了单一路径的锁定效应，而且由于制度关联的作用，还会生成指向不同变迁的路径。

2. 多重路径依赖的形成机制

即使环境和利益发生了较大变化，现有的制度也可能保持不变。制度建立了相互联系，构成了制度之间的依存关系，使制度的形成和变迁依赖于多个制度，建立影响单个制度变迁的多重路径，形成了多重依赖关系。制度之间相互关联，一个制度的变化离不开其他制度的影响。任何局部的不相容都会影响整个结构的稳定性，制度之间相互协调、相互配合，可以更好地发挥作用。制度之间的协作程度越强，制度的结构就越稳定，制度功能发挥得越充分，一旦这些制度被分离，它们发挥的功能可能会较小。

单一的制度变迁会受到关联制度以及制度结构的影响，制度变迁在不同的路径积累力量，最终制度变迁路径的选择取决于变迁力量的积累。制度之间的关联主要表现为时间维度的历时关联和空间维度的共时关联。

第一，历时关联机制。制度首先是历史的产物，是人类互动行为逐渐积累的过程，历时关联机制强调制度变迁的路径依赖，即历史对制度形成和变迁的重要性，制度变迁过程中，在不同时期、不同内容之间建立的相互依存关系，形成了制度变迁的路径依赖特征。沿着既有的历史路径进行变迁比路径创造要容易许多，既不需要重新设计制度又避免了转换成本，此外，在利益、观念、习惯以及适应旧制度的非正式制度变迁比较缓慢等因素共同作用和影响下，历时关联机制对制度变迁具有非常大的影响。

第二，共时关联机制。共时关联机制主要指制度结构中各制度之间的相互作用关系。单个制度的变迁路径除了受到历史的影响，还受到其他制度的影响，呈现出多重路径依赖的特征，在多重路径影响下，单一制度可能产生不同的变迁结果，使其具有不确定性。制度变迁是在复杂的结构中进行的，受到很多因素的影响和制约，不仅有其自身的历史发展过程，还有关联制度的影响，共同形成了路径依赖发展方向的多重路径。共时关联机制强调制度结构中不同制度之间的作用关系，有利于减少单个路径依赖的影响，增加制度之间的协作程度，提高制度变迁效果，也提高制度结构的稳定性。

二　路径偏离阶段

在多重路径的共同影响下，制度变迁可能导致多种不同的变迁结果，但制度变迁对这些路径的依赖不尽相同，各有一定的侧重点。在路径依赖程度方面，Roe（1996）将路径依赖程度分为三个层次：一是路径依赖程度低，即两个制度之间的选择，在效率方面，选择的制度与放弃的制度几乎相同；二是适度的路径依赖，随着环境的变化，出现了新的更高效的制度，但是由于旧制度已经实施了很长时间，重建新制度的初始成本更高；三是高路径依赖，经过制度变迁，会明显提高制度有效性，但由于路径依赖的存在，没有进行有效的制度变迁，通常是因为公共选择或者信息传递机制存在问题。

多路径依赖在依赖程度上也存在差异，制度变迁并不平等地依赖于各个路径，而是根据行为主体的制度变迁意愿、制度变迁的约束条件，以及制度变迁的成本，不同制度变迁的难度存在差别。这些因素共同决定了制度变迁的路径依赖强弱，在这些路径的共同作用下，制度变迁可能偏离单一路径依赖，向着多路径依赖的合力方向发展，多路径依赖也是相互依存、错综复杂的统一体。

三　路径创造阶段

传统路径依赖理论认为，制度变迁主要受自身发展历史的影响和制约，忽略了客观环境的动态变化对制度变迁的影响，也很少考虑内生路径。多重路径依赖分析的路径创造阶段肯定了制度变迁的路径偏差积累达到一定值时，内部会产生一条新的路径来实现路径创造。在动态开放结构中进行多重路径依赖，制度变迁不断吸收客观环境的影响，还影响着制度变迁的路径，使制度变迁能够反映新环境的要求。

Kemp（2001）将路径创造途径总结为三种：一是通过蛮力来构建路径，即设计新的制度，克服障碍，实现理想路径；二是利用经济激励和惩罚手段影响路径发展，使某些路径更具吸引力和可行性；三是通过共同演进和调整的过程构建理想路径，制度结构中的制度变迁显然是嵌入在相互联系的结构中。

制度变迁偏离原路径后，会出现两种情况：一种是偏差是错误的，所以纠正这种偏差，使制度变迁回归到原来的路径，保持单一的路径依赖；另一种是偏离是合适的，就继续向前推动路径偏离，当偏离累积达到一定数量时，就会脱离原有路径实现路径创造。

路径创造是在路径偏离的基础上，对制度变迁路径累积的突破力量，它依赖于变迁主体的自觉决策行为，行为主体通过变迁决策将路径偏离推向制度创新，全面取代旧制度，完成从路径偏离上升到路径创造。

制度结构中的制度变迁是在相互关联的结构中进行的，除了自身的变迁路径外，它还受到其他制度的影响。将单一的制度变迁纳入整个制度结构，拓展了制度变迁路径的研究范围。由于缺乏制度结构理念，传统的路径依赖分析主要从单一路径研究制度变迁，多重路径依赖分析强调制度在变迁过程中的相互关系，使制度变迁摆脱了自我强化机制形成的路径锁定。在多重路径依赖下，制度变迁同时受到其他制度，尤其是相关联制度的影响。因此，随机事件和历史偶然对单一路径依赖的影响将在多重路径的共同作用下被弱化。多重路径依赖通过行为主体共同作用逐步偏离单一路径依赖的轨迹，决定新的制度变迁方向，最终实现路径创造。

第三节　产业变迁中的路径依赖

产业变迁是一个复杂的过程，表现形式多种多样，路径依赖是其中一个重要特点。分析产业问题主要有两个角度：一是从传统产业组织、产业结构和产业政策的角度分析产业的构成和特征，这种分析基于新古典经济学，是一种静态的、均衡的分析；二是从技术变迁和制度变迁的角度分析产业变迁的动力和过程。产业变迁的动力机制和路径依赖关系密切，可以从技术变迁和制度变迁两个角度进行分析。

一 技术变迁的路径依赖

技术的变迁是产业变迁的根本动力和原因，推动了产业变迁的启动和运行，其作用主要体现在两个方面：（1）科学技术进步不断进入产业领域，与市场相结合，催生了很多新兴产业，随着这些新兴产业快速成长，一些传统产业面临冲击，可能会逐步退出市场，这种主动和被动选择相叠加，加速了新旧产业的更替；（2）任何产业和产品都具有一定的生命周期，新技术的应用加快了新产品的生产和使用，加速了更新换代过程，进一步缩短了产业生命周期。技术变迁受多方面因素的影响，其中传统和习惯，即路径依赖对技术变迁具有重要的影响。在市场性质上，产业的市场性质和产品性质面临市场的正、负反馈，不同的产品和市场具有不同的特点，形成不同的路径依赖；产品的路径依赖主要取决于其是否具有网络效应和学习效应，也就是相关产品的关联和配套程度越大，网络效应和学习效应越强，产业变迁的路径依赖性也就越强。

技术变迁路径依赖的根本原因是收益递增，自我强化机制、正负反馈机制、网络效应和学习效应等都起到辅助作用。按照技术周期的不同，又可以把技术变迁路径依赖分为早期和近期，它们有各自不同的特点和行动机制。早期路径依赖是变迁过程较短时产生的一种路径依赖，还没有完全进入市场，市场发展程度较低。随着市场的完善，路径依赖的性质和程度不断变化，再有辅助相应的制度因素，如行为规则、历史文化、认知结构、社会联系等的影响，共同形成了技术变迁的路径依赖。

在产业发展初期，企业的新技术新产品逐渐得到市场认可，销量逐渐增加。随着消费者购买数量增加，产业同时在要素市场、技术市场和消费市场形成网络效应，收益递增的性质日益显现。随着该产业和技术被市场“锁定”，市场占有率进一步提升，奠定了进一步发展的空间。因此，产业变迁初期的锁定效应是产业继续发展的关键。

产业进入成熟阶段以后，产品的市场占有率较高，不能仅通过技术和产品的锁定效应拓展市场空间，需要积极探索产品性质和技术的改变，增强产品的网络效应和学习效应。在这一阶段，技术的锁定效应发挥的作用越来越小，需要通过提高产品学习能力进行路径创造，形成新的路径锁定。

产业进入衰退期，产品和市场需求已经达到饱和，新的竞争产品和技术不断涌现，产业需要进行不断的创新。然而资产的专用性和投资的不可逆性形成的网络效应成为创新的阻力。此时，由于技术路径依赖以及逐步形成的制度路径依赖，要实现产业变迁，制度路径依赖成为最大的阻力，因此，急需推动制度变迁，进而实现技术创新，推动产业变迁。

产业变迁中，产生技术变迁路径依赖的原因主要有以下三个：（1）在产业的网络效应和学习效应影响下，技术和产业的渗透范围逐渐增大，技术和产品被大规模模仿；（2）将低效率技术转化为高效率技术的转移成本高，因此，技术使用者没有学习和使用高效率技术的积极性；（3）新技术存在风险和收益不确定性，技术提供者担心风险和收益的不确定性，缺乏对新技术稳定的预期，而相对成熟的技术（也可能是低效的技术）存在稳定的效益和较小的不确定性。因此，技术提供者倾向于提供成熟的技术，而提供新技术的动力和预期较低。以上三方面原因表明，技术提供者倾向于提供成熟的技术，尽管这种技术可能是低效的，而不愿意忍受风险提供新技术，这将导致产业技术长期被锁闭在一个水平和路径上，导致产业变迁中技术变迁陷入路径依赖。

二　制度变迁的路径依赖

制度为产业变迁提供激励和约束框架，保障产业发展和变迁的有序进行。不同的产业类型具有不同的制度变迁方式，这些产业在路径依赖方面具有不同的基础。总的来说，这些路径依赖主要由以下三个因素决定：首先是产业自律规则、行业技术标准以及企业的规章制度，这些制度比较合理和稳定，这是路径依赖的积极效应；其次是产业内部和外部的各种力量总体上处于均衡状态，各种力量也都没有强烈的动机改变产业当前的制度安排，所以这些制度安排相对比较稳定，但并不表明这些制度是有效的；最后，由于缺乏制度上的学习和行业内外的竞争，各个经济主体没有改变的预期，该制度仍然相对稳定。

制度的类型多种多样，既有靠强制力实施的正式制度，也有非强制性的一般性的社会规范和传统。不同的实施机制决定了不同性质的制度，制度的性质不同路径依赖也不同。不同制度类型的制度变迁的性质和形式也不同，具有与其他制度大范围关联的制度，通过网络效应（协作效应）、学习效应、合作效应和适应预期等特点，就容易实现路径依赖。这些制度在一定程度上相互影响，相互制约，对于制度的稳定性和有效性在一定程度上是合理的，但是当环境发生变化以后，这些制度的变迁就变得缓慢而困难。

要分析制度变迁的路径依赖，必须厘清制度变迁的原因和路径选择。一般来说，制度变迁主要包括三个层次的原因：第一层次，组织和制度的互动，这是制度变迁的直接原因；第二层次，组织角色和制度的形成基础，包括组织利益、组织间谈判和思想意识的变化；第三层次，组织利益和意识形态变化，制度学习和制度竞争的环境。因此，可以说，制度学习和竞争环境导致了组织利益的调整和思想意识的变化，这些因素通过组织与制度之间的相互作用，逐步引起制度的变迁。

制度变迁中，会形成多种多样的路径依赖，这些路径依赖产生的原因主要有：第一，制度设计本身的合理性；第二，组织间利益与谈判的平衡；第三，思想意识的一致性，即社会的主流意识与组织的思想意识是一致的，这可以有效地增强人们对制度的认同，使人们易于接受；第四，学习和竞争环境维持，这种自我强化机制就难以产生与现有制度不协调或者冲突的新因素。

从以上分析可以看出，这些因素都有利于形成制度的稳定。这种稳定性和制度有效性不同。如果制度是有效的，这种稳定性就有价值，如果制度是低效或者无效的，这种稳定性就成为发展的阻碍因素。制度的稳定性越强，发生制度变迁的难度就越大，要想发生制度变迁，需要强有力的内外部因素推动。

外部因素的推动和示范效应以及内部行动主体，在追求效用和利益过程当中不断推动制度创新。最终低效的制度将会退出，有效的制度不断形成。但是由于现实生活中，有限理性、交易成本、不完全信息以及收益递增等因素的存在，制度变迁可能需要较长的时间。制度变迁中还具有一定的历史偶然性，这些都导致原有的制度会长期存在，尽管这些制度有可能是低效或者无效的。

三　经济主体与制度创新

制度是企业运行的约束和环境，企业的一切活动都离不开其所处的制度结构。因而基于制度的观点与基于资源的观点和基于产业的观点并列为战略管理研究的三个主要支柱。Hillman 和 Keim（1995）研究了正式和非正式制度对企业与政府互动的影响。考虑到转型经济国家缺乏成熟的市场机制，Hoskisson 等（2000）指出，制度因素在这些国家更为重要。制度有很多种，这里主要探讨正式制度和非正式制度对企业创新的影响机制。

对于经济主体来说，制度对它们的影响是全面的。制度因素不仅影响创新要素和研发经费投入，进一步影响创新活动投入效率、工作努力程度，最终通过创新的作用影响产出和绩效。新制度经济学家提出制度—行为—绩效的分析范式，制度对企业的影响是全面的，既包括生产性行为也包括非生产性行为，还鼓励要素积累的生产性行为。各国和地区的发展经验都表明，良好的制度环境鼓励企业投资、创新，并进一步提高生产率。

技术创新、制度创新以及经济增长，都是微观经济主体在追逐自己效用过程当中共同作用的结果，但这些行动不一定是理性的，也不一定是各个经济主体的具体目标。所以，探讨技术创新、制度创新与经济增长的关系，既要分析宏观运行机制，更应该分析经济主体的行为。假设任何经济主体的行为都是为了追求个人利益，实现个人利益和效用最大化。追求利益是经济主体的行为动机，技术创新和制度创新是经济主体追求利益的工具，经济增长是经济主体有意无意追求利益的结果。

经济主体的逐利行为受到其理性水平的制约，主体感知所处环境对自身利益的影响，利用所获得的信息达到预期目标的能力是不同的。理性水平受主体知识和经验的积累水平和结构的影响，知识和经验受主体教育培训水平和经验的制约。主体对自身利益、周围世界及其变化的感知，以及对行为的选择，都受到主体偏好的影响，主体的偏好受到价值观、习惯、信仰和意志以及所生活的社会意识形态、文化、宗教、风俗、传统和社会习俗的制约。

尽管很多人认为制度创新与技术创新有很强的关联，但技术创新与制度创新之间的关系仍然没有达成共识。正如拉坦所指出的，对技术创新和制度创新之间的相互关系的理解，一直是经济学家和其他对发展的历史和制度方面感兴趣的社会学家的难题。

关于技术创新与制度创新的关系，主要有三种观点。首先，制度创新的技术决定论。马克思主义经济学认为，技术进步作为生产力总是发挥积极的作用，而制度作为生产关系具有一定的惰性，因此技术创新决定了制度创新。凡勃伦认为制度变迁是物质过程，物质和技术环境变化决定了制度变化。卢现祥和朱巧玲（2007）认为技术决定了制度创新，技术创新是制度创新的动力和源泉。其次，技术创新的制度决定论。纳尔逊（1992）认为市场机制、专利制度、政府支持制度和研发制度是技术进步最重要的原因。弗里曼发现，日本在一些重要新技术上引领世界的能力，与日本的社会和制度变革有着显著的联系。诺斯认为，只有通过提高私营企业的盈利能力，才能实现技术的持续改进，这就需要制度的激励机制，即不断进行制度创新；最后，技术创新和制度创新是相互影响，相互促进的。技术创新改变了组织技术和生产环境，为制度创新提供了动力和基础；制度创新改变了行为主体的关系以及生产效率，创造出新知识，这些行为和知识推动了技术变迁。所以，制度创新与技术创新是相互联系、相互促进的有机整体。二者之间的关系是动态的、相互决定的，但影响制度创新与技术创新的因素并不完全相同。

第四节 路径创造与区域协同创新

区域经济发展、产业竞争力提升和企业的成长，本质上是一个制度创新和技术创新的过程。制度创新和技术创新受到很多因素的影响，二者都具有制度依赖特征。所以，制度和技术的初始选择非常重要，这可以使制度创新和技术创新进入到特定的路径，并具有一定的稳定性，可能持续较长时间。不管该路径的绩效如何，它都将依赖于该路径。因此，在技术和制度变迁中是否能获得竞争优势，具有不确定性，这是区域经济发展水平在现实经济中的反映。内外部环境的变化，会影响路径依赖，这些环境和条件的变化可能会削弱原有的比较优势，路径依赖逐渐开始制约经济发展，只是，应该考虑进行制度创新和技术创新，摆脱传统的路径依赖，创造一条新的发展道路。

由于路径依赖的存在，组织发展、产业发展以及区域经济发展都可能陷入锁定的困境。随着外部条件和环境不断变化，组织要适应新的环境，需要进行制度创新和技术创新，不断突破现有路径，创建新的发展路径。路径创造是组织不断突破现有组织边界、制度和技术约束的过程。促进创造需要在一定的环境下，组织、制度和技术达到理想的适配状态，也即在正确的时间、以正确的方式做正确的事情。技术跨越需要平衡路径依赖与路径创造之间的张力，过度的路径依赖不利于实现技术跨越，缺少路径依赖也会使制度不稳定，组织效率低下。

通过制度创新营造良好的发展环境，可以为技术创新提供空间，进而消除制度锁定。这样才能促进组织成长，提高产业竞争力，通过这些创新的积累实现区域持续发展。

一 从路径依赖到路径创造

由于路径依赖的存在，制度和技术可能长期处在低效状态。如何突破路径依赖，成为理论和实践关注的关键问题。一些学者通过研究技术锁定发生的环境，提出路径创造概念。路径依赖和技术锁定受到初始因素和运行的影响。行为主体的创新动机、创新过程也会对环境产生影响，技术锁定不仅仅是一个被动的历史因素。受到初始因素和历史因素的影响，技术锁定会产生路径依赖；路径创造是指行为主体以历史为基础，按照制度程序和社会认知采取行动的复杂过程，历史因素对形成路径依赖具有影响，但不是决定性的。

技术创新的路径创造是指在现有路径基础上，产生优于现有技术的新路径。

这条路径的创造，既受到初始因素的影响，又受到运行过程当中众多因素的影响，这些因素交织在一起发生复杂的关系，各创新主体，包括企业、公司、个人等，通过社会制度和社会认知进行创新活动，最终形成新的路径。

在熊彼特关于“任何被设计成在某一时刻有效的制度，随着时间的推移都会变得无效”和“创造性破坏”的论述都体现了路径创造的理念。Garud 和 Kanoe（2001）认为由于历史原因，如果创新主体没有选择最优技术，由于路径依赖的存在，可能导致技术创新低效。创新主体需要通过“意识偏差”从目前的路径依赖转向路径创造。

如果当前的创新路径是有效的，随着内外部环境的变化，技术和创新形式也要不断改变，保持创新的持续性。由于受到历史因素和现实观念、利益的影响。实现技术和创新形式转变是非常困难，也是非常复杂的。但技术创新系统是随着环境变化的开放系统，创新主体会从他们所嵌入的系统中转变（Arujo，2002）。根据创新形式的不同，技术创新从路径依赖到路径创造的转变形式分为两类：跃迁方式和飞越方式。（1）跃迁方式。转变表现：依赖于现有技术，产生新的、高效的技术，形成新的创新路径。转变标志：模式创新和结构创新，即技术结构的创新和技术原理的改变。（2）飞越方式。转变表现：不基于现有技术产生新的、高效的技术，形成新的创新路径。转变标志：基础创新，最早出现的技术，如核电站、移动电话等。

根据路径创造理论与实践，要想突破路径锁定，实现路径创造，组织可以借助内外部条件，采取有意识的制度设计和行动选择，逐渐偏离现有的路径，进行解锁（lock-out），不断累积，从而创造出新的路径，这种方法和过程在技术创新中表现得很明显。一项技术的竞争和持续发展将促进与该技术相关的技术的发展，并产生新的技术体系。新技术发展和产业升级必须要突破原有的路径依赖，开辟新的发展路径。

在路径的形成阶段，决定组织未来路径的不是盲目的随机选择，而是在一定的具体情况和历史作用下的选择结果。此外，在选择研发等活动时，为了规避风险，组织通常不会将所有资源放在一个点上。经过不断地调整，组织最终选择能够带来递增回报的路径，并形成锁定。然而，任何形式的路径依赖最终都会成为组织进一步发展的制约。因此，组织在形成时就应该开始思考如何突破路径依赖。具体到组织的技术创新，应该同时重视生产、研究、开发和储备，通过这种方式，新的竞争优势可以持续保持，而不局限于一项技术。在选择路径的过程中充分体现企业家的才能，因为企业家的敏感性决定了发展道路，并能在适当的时候积极地改变现有的道路。重新选择有利于企业开始新的发展。正如英特尔前 CEO 史蒂夫・格鲁夫所说，成功也会成为我们的陷阱，我们越是成功，就越难转变我们自己。我们需要在我们的业务还处于巅峰的时候进行转型。路径依赖的突破涉及个人和群体层面，以及心理因素。

二　制度变迁与制度创新

1. 制度变迁

拉坦认为制度变迁本身就是经济增长的动力，而不是技术变迁、经济发展致使制度必须变革，从而得出制度决定论的认识。布罗姆利认为，由于制度交易的偏好和选择，人们会增加自己的利益，并期望从新的制度安排中获得足够的利益，要求改变现有的制度安排，作为社会经济活动的基础。

基于人们对利益最大化和效用最大化的追求，制度变迁的根源主要在于制度稳定性、环境不确定性和变异性之间的关系，如果三者持续冲突，并且冲突不断变大，就容易发生制度变迁，否则制度便处于稳定状态。影响制度变迁的根本因素主要有下面三个。

一是制度稳定性。稳定性是制度功能发挥的必要条件，如果环境发生变化，稳定性则成为阻碍制度变迁的原因。社会生活需要稳定的秩序状态，人们在生产和生活中对未来具有稳定的预期，才能减少不确定性带来的损失。但是环境时刻都在发生变化，随着外部环境和内部条件的变化，有些制度已经不适应新环境，难以发挥有效的功能，这时就需要在内外部因素共同作用下，通过制度创新推动制度变迁。

二是环境的不确定性和变动性。物质世界一直处在不断运动状态，科学技术进步推动生产力不断向前发展，不同社会主体之间相互关联、相互作用，推动发展逻辑发生变化。无论是外部的物质世界，还是人类的行为和价值选择，都存在一定的不确定性，难以准确地预测。

三是效用最大化的追求。经济社会中的行动主体都是有限理性的，理性的特征决定了个人追求自身的利益最大化。人类的理性能力又是有限的，受到历史、文化、习惯等因素的影响，具体的行为不完全是理性计算的，因此，人们在实际行动中往往追求效用最大化。这些追求效用最大化的行为主体，在互动中发挥制度功能，不断推动制度创新，形成一定的累积后实现制度变迁。

制度变迁具有两个主要特征，即时滞性和路径依赖性。时滞性指从计划到实施的时间间隔，即制度变迁从认识、组织到启动的过程需要一定的时间，这就是制度变迁的时滞。诺斯认为，现行的法律和制度安排是影响时间滞后的最重要因素。第一，法律界定了制度安排的可行性空间和演进范围，制度的实施需要一定的时间；第二，现有制度安排对制度创新具有重要的影响，新制度是基于原有制度形成的，影响程度决定了制度变迁的快慢；第三，制度创新由于发明难度的不同会消耗不同的时间长度，影响制度变迁的速度；第四，制度变迁作为一种利益调整，会产生各种利益主体之间的利益冲突过程。同时，制度变迁的时滞与人的有限理性、信息成本、技术水平、知识存量甚至意识形态密切相关。人们可以缩短制度变迁的时滞，但不能完全消除它。诺斯在制度变迁分析中引入了路径依赖。他指出，经济和政治体制的变化可能会沿着现有的道路进入一个良性循环，并很快得到优化，或陷入错误的道路，并变得更糟。制度变迁具有路径依赖特征的原因是协同效应、学习效应、规模效应和适应预期等自我强化机制在发挥作用，并形成给定条件、启动机制、形成状态、退出闭锁等运行过程。

2. 制度创新

熊彼特认为创新是建立一种新的生产函数，将生产要素与生产条件重新组合，形成市场、组织、产品、技术等创新活动。诺斯和戴维斯在《制度变迁与美国经济增长》一书中，研究了制度变迁的原因和过程，并提出“制度创新”概念。在《结构与经济史的变化》一书中，诺斯将意识形态理论、国家理论和产权理论相结合，对制度创新理论进行了系统性的概括。制度创新一般是指社会规范体系的选择、创造、建设和优化，包括制度的调整、完善、改革和替代。

诺斯制度创新理论的核心思想是把降低交易成本作为制度创新的动力。制度主体通过分析权衡成本效益后决定是否选择制度创新，包括制度有无、制度运行、不同制度等在成本收益上的比较。制度创新是一个曲折的长期过程，具有一定的不确定性和时滞性，因此可能面临较高的制度创新成本。一般来说，制度创新的主要成本包括制定计划、制度实施、变革阻力、淘汰旧制度，以及机会成本等。

在均衡的制度状态下，制度创新的推动者较少，没有对制度结构产生整体性的影响，而且制度创新推动者的收益较小，成本较高，不容易出现制度创新的激励。

由于外部条件的变化，如技术、市场、观念以及利益集团收入预期的变化等，出现了获取潜在利益的新机会，制度可能通过不断的创新，累积后达到新的制度均衡状态，也就是说，制度创新是制度失衡与制度均衡的交替过程。

制度创新促进经济增长，是因为有效的制度能够降低交易成本，平衡个人效益和社会效益，鼓励个人和组织开展生产活动，使资金、劳动、技术、管理等要素得到有效配置，从而提高生产效率，促进经济增长。制度创新还可以改变交易规则来改善经济结构、分配结构和资源配置效率，从而促进区域经济增长。这里制度创新主要发挥了三个作用。一是降低交易费用。交易费用是指物质生产过程中未包括的全部成本，体现了经济活动的效率。经济活动中，由于存在信息不完全、法律制度不完善、契约执行效率等正式制度或者非正式制度因素，使交易活动存在着一定的不确定性和风险。通过制度创新，对制度进行完善，可以减少交易活动中的不确定性和风险，降低交易成本，有效促进经济活动。二是改变激励机制。激励机制是对个人付出与回报、个人目标与社会目标等关系的安排。有效激励机制能将个人目标与社会目标相契合，每一个社会个体在实现个人目标的同时，也实现了社会目标，每个人的付出也能够得到合理的回报。制度创新就是要完善和改变低效的激励机制，在个人努力与回报、个人目标与社会目标之间形成良好的循环，促进经济增长。三是优化资源配置。经济增长需要一定的资源禀赋，另一个重要的因素是资源配置效率。制度创新能够通过规则的改变和创新，使资源在生产率不同的部门之间流动，提高资源配置效率。制度创新还可以挖掘社会效率的潜力，为市场和经济主体之间的有序竞争提供秩序状态，降低社会消耗和低效率，促进经济增长。因此，制度创新是经济增长的关键因素和源动力，经济落后地区可以通过制度创新促进区域经济快速增长。

创新活动是一项多主体参与的复杂过程。各类创新主体相互影响、相互促进、协同发展，从少量不连续的创新，直到大量的解决复杂问题的创新。因此，创新活动不是单一主体能够实现的，需要多主体共同参与，通过协同创新，提高区域创新能力和创新效率，增强创新效果，进而促进区域经济增长。

三 制度支持与企业创新

正式制度是政府部门等行政机构为企业提供的各种条例化的支持，包括知识产权保护、针对研发的政府补贴和税收减免、倾向于创新产品的政府采购、对产学研联盟的促成等。

正式的制度可以从多方面支持企业创新。首先，正式制度可以帮助企业克服一些创新障碍：（1）克服高成本投入困难，可以通过政府补贴和税收减免实现；（2）克服高技术风险，政府设立研究基金，主导开发全局性高端技术及高风险的基础技术，低投入低风险环节由企业承担；（3）克服收益滞后性，通过政府采购，提高对创新产品需求，使这些产品可以得到资金支持，继续投入；（4）产品高公共特性，通过知识产权保护法维护企业创新收益，增强企业创新的动力与投入。持续而大量的资金投入是创新成功的重要保证，能够有效地促进企业增加自身的研发投资来促进创新。还可以通过获得其他利益相关者的支持来帮助企业创新。此外，政府还可以通过正式的制度支持为企业提供有利于创新的资源和环境，提高创新的成功率。

正式制度可以促进企业创新，但正式制度水平不一定越高越好。一方面，获得政府的高水平制度支持虽然会增加企业创新的信心，扩大投入，但如果企业受鼓励开展创新超出自身能力范围，反而会增大创新风险。另一方面，制度支持可能会干涉企业的正常决策，使企业产生依赖心理而失去进行创新的动力。

随着全球化和地方化的进一步深入，非正式制度对于区域经济增长的重要性越来越高。一系列产业集群的成功，更充分证明了文化、信任、传统等在经济发展中的作用，非正式制度已成为区域竞争力的重要组成部分。作为正式制度的补充，非正式制度体现了人类行为的本质特征，也是人们进行选择和行动时的基础和依据。非正式制度不仅对正式制度进行补充，对正式制度也有一定的约束，正式制度只有与非正式制度契合，才能有效地发挥其作用。

从经济角度看，企业是最基本的生产单元，在一定制度安排下配置生产要素。企业是市场经济活动的基本主体，也是区域经济发展的主体。区域竞争力来自于企业竞争力，区域经济效率也来自于企业的生产效率。从文化角度看，企业是一个文化共同体，企业中的行动者具有共同的目标、价值准则和行为规范，既体现在企业经济活动中，也体现在企业文化中。因此，企业是一个经济与文化的综合体，非正式制度影响企业文化进而影响区域经济发展。

由于企业的管理者、劳动者的人生观、价值观、经营理念、市场决策行为以及情感态度等都不可避免地受到区域非正式制度的影响，因此，企业文化具有很深的地域文化烙印。不同地区的地域文化不同，企业文化也具有不同的特点。在同一区域内，不同企业的文化具有一些共性的特点。

企业从形成到发展的各个阶段和环节都受到地域文化的影响，即使在企业内部，不同个人的行为方式、思维模式也来自于地域文化，这些不同的行为互动形成有差别的企业文化。开放进取的文化塑造有竞争力的企业，善于学习创新，开拓进取。企业文化反过来又影响着区域文化，影响力较强的企业进行制度创新，通过示范效应，推动地区经济增长以及制度变迁。

四　区域协同创新

正式制度与非正式制度相互作用、相互影响，非正式制度的文化、价值观、习惯等是正式制度形成的基础，影响着正式制度的选择与变迁过程，也是正式制度有效运行的必要条件。正式制度的形成，又会影响非正式制度的演变。正式制度被社会价值体系认可，与非正式制度相容才能有效地发挥作用。正式制度的变革与非正式制度演变之间的一致性和兼容性，在很大程度上决定了制度变迁能否取得预期效果。许多地区由于路径依赖，致使经济发展缓慢，主要原因不在于正式制度，更重要的是非正式制度滞后。因此，正式与非正式制度共同影响着经济活动，正式制度相同，非正式制度不同的社会可能产生出不同的经济结果。

创新发展主要经历了自主创新、开放创新和协同创新三个主要阶段。人们一直认为技术创新只能在企业内部独立进行，能保证技术的排他性、垄断性，保持技术领先地位（陈钰芬，2007）。随着外部竞争环境的变化，市场竞争日益激烈，企业要想在竞争中保持优势，就需要在更短的时间实现技术创新，生产出新产品。自主创新已经不能适应不断变化的环境，封闭创新模式受到了质疑和挑战，全球化和互联网的兴起加速了自主创新的崩溃。开放创新理论的提出，使开放创新进入了企业的视野。企业逐渐利用外部技术、创造力等资源实现快速的技术创新（Chesbrough，2003）。随着环境的变化，以企业和市场为主导的开放创新已经不能满足发展的需要，协同创新理论与实践逐渐进入人们的视野。通过分享思想、知识、专业知识和机会，协同创新创造了跨组织边界的创新，能够保持组织的持续创新，弥补现有创新水平与所需创新水平之间的差距。协同创新是多主体参与的复杂过程，是各个创新主体（技术创新主体、知识创新主体和中介服务主体等）基于共同目标、内部激励和有效沟通，以知识增值为核心，构建发挥各自优势、资源和能力的共享平台和机制，聚集创新资源、创新要素，实现深度合作的创新组织形式或模式。

科技创新已经从线性模式逐渐转变为开放模式，协同创新系统成为一个国家和地区竞争优势的基础。协同创新系统建设是一项系统工程，需要一个长期的过程。协同创新系统的主体包括政府、企业、高校、科研院所、金融机构、中介机构等，核心是如何整合资源，理顺关系，综合发挥这些创新主体的作用。在系统中，协同创新平台是核心，目标是促进区域核心技术、产业核心技术、产业关键技术和企业技术发展。政府主要营造良好的发展环境，提供必要的政策和项目支持，金融机构积极参与创新活动，为创新活动提供金融市场和资金支持。中介组织发挥服务职能，提供信息和服务。

1. 政府组织

政府是区域制度和政策的供给主体，在区域创新系统中发挥着基础作用，可以为区域创新提供制度、法律、政策、资金，以及项目支持。基础创新以及涉及区域整体的关键技术创新，应该由政府牵头组织。政府在建设区域创新系统中，设计总体战略和布局，利用政府优势整合资源、协调各个创新主体协作，根据市场需求设定产业发展目标，整合创新资源突破技术壁垒，通过协同创新推动区域创新系统建设。

2. 产学研合作

涉及产业发展的重点技术、企业的关键技术等都可以通过产学研合作的形式进行创新突破。产学研合作就是大学、企业、研究院所之间的合作，企业作为技术需求方，通过与大学和科研院所等技术供给方合作创新。产学研合作一般以技术合同为基础，根据各自的优势，对技术创新不同阶段所需的人力、财力和物力进行共享，联合进行技术创新，实现一定程度上的协同创新。

3. 产业技术创新战略联盟

产业技术联盟由企业、高校、科研机构等组成，涉及产业发展的关键技术可以由产业联盟为载体进行创新。产业技术联盟基于各方的共同利益组成，以提高产业技术创新能力为目标，企业需要技术，高校和科研机构需要合作创新和成果转化。产业技术联盟以一定法律契约为保障，形成优势互补、利益共享、风险共担的技术创新合作组织。

4. 虚拟研发组织

技术的突飞猛进，大大缩小了空间和时间的距离。利用现代信息和通信技术，将来自不同地区、团队或机构的研究人员围绕一个研究任务组织起来，通过建立研发共享平台，实现信息、技术、设备等资源的共享，解决企业发展中的关键技术问题。虚拟研发组织可以有效地解决由于地理空间的距离、资源分散、组织协作等产生的影响创新的因素，实现科技资源在不同时空的协同创新。

5. 区域网络式创新

在区域创新系统中，不同的创新主体互相影响和协作，形成创新关系网络。创新网络可以把创新主题更好地连接在一起，发挥网络优势，交流和互动的频次急剧增多，增加知识转移和技术扩散，降低创新固定成本和技术扩散成本，促进创新协作的增加，形成区域网络协同创新体系，实现更高的创新水平。

第六章　区域发展中的行动逻辑

制度转向进一步拓宽了区域经济研究的领域和视角，通过将经济嵌入到文化、制度和政治中，极大地拓展了人们对经济的认识和理解，对缺乏社会化的新古典经济学的经济行为理论提出了严峻的挑战。“社会行动者”这一概念作为一个经济单位根植于社会实践和话语之中，具有多元性和多中心性，拓展了对“经济行动者”的认识。将经济行为嵌入到发生经济行为的特定情境中，扩展了对经济行为主体与其所处情境之间关系的理解。然而，许多学者注意到，除了在主题、认识论和本体论方面的研究外，在方法论和理论构建方面还存在许多问题，相关研究中使用的许多概念和理论构建缺乏批判性和严谨性。

近年来，区域经济研究越来越重视微观行为分析和动态离散选择，因为个体动机和微观行为是分析空间过程和空间动态变化的基础。制度塑造行动者的偏好，约束行动者的行动范围和资源，影响行动者的行动能力。同时，行动者在制度生成、创新、变迁以及有效性中发挥重要作用。制度结构在约束某些行动者的同时，也可能为其他行动者提供行动的空间，或者在某些方面约束行动者，并在其他方面为其提供激励和机会。

第一节　行动者空间与结构

制度演进的经典研究更多的是对行动者的分析。但是，无论是结构中心主义（结构和制度通常指某种稳定的形式或相关角色之间的一种固定的关系形式）还是行动者中心主义在解释现代国家多变复杂的现实时，似乎受到视角的约束。基于这两种研究视角的学术争论也交织在国家中心与社会中心的摇摆之中（郁建兴、何子英，2006）。正如 Jessop（1996）所指出的：结构不是绝对的或无条件的，而是与实践、空间、能动性和战略相关的。结构与行动者之间的关系是相互影响、相互建构的，行动者可以在结构环境中理性计算并实现效益。因此，他整合了这两个研究视角，在批判结构中心主义和行为中心主义的基础上，提出“结构—策略”分析方法。我们拟借鉴 Jessop 的研究成果，不仅关注结构因素对行动者的影响，还将探讨复杂结构条件下行动者的策略行为和选择过程。

一 新制度主义视野的组织与环境

Scott（1987）指出，新制度主义对组织研究最重要的贡献之一就是重新定义了组织环境的概念。新制度主义关注被忽视的制度环境，改变了人们把环境等同于技术环境的观点，制度环境包括制度化的信仰体系、规则和角色等，这些思想和行为内化到个人和组织中，成为个体和组织生存和发展的基础。

Meyer 等（1983）对组织环境中的技术环境和制度环境进行了界定，指出技术环境是组织用来提供市场交换所需的产品和服务的工具性、专业性或任务导向的环境。制度环境是组织为了获得合法性和外部支持而必须遵守的规则。技术环境要求组织活动是高效的，按照最大化原则组织生产。然而，组织也是制度环境的产物，在制度环境中，组织采用适当的结构和程序，才能得到外部的认同和奖励，制度环境要求组织遵守“合法性”机制，采用那些被广泛接受的组织形式和实践，无论这些组织形式和实践是否有效。

此外，新制度主义也注意到了组织的主动性，通过对环境的反作用，组织可以获得对生存和发展更加有利的环境。他们认为，组织是在一个规范的、以价值为导向的社会框架下运行的，组织的经济行为不仅受到技术、信息和收入的制约，还受到交易规范、交往习惯和社会习俗等社会建构的制约。因此，人类行为不仅有经济动机，还有社会的规范、公平和责任（Zukinetal，1990）。在新制度主义社会学理论中，个人和组织的行为主要是寻求外部社会认可，与社会期望保持一致有助于组织生存和发展，所以对社会影响具有较强的敏感性，需要适应和遵循社会习惯和传统来进行行动（Zucker，1987）。组织为了获得回报和发展，可以通过追随来增加其合法性、资源和生存能力。然而，与认为组织行为是理性的经济理论不同，新制度主义强调组织行为表现为服从、习惯和权宜性（Oliver，1991）。

新制度主义学者认为，制度化的特征是社会接受性、稳定性、持久性和对回报的非直接依赖性。新制度主义特别关注组织结构和行为过程的制度化，组织制度化的活动不是由经济理性或技术理性决定的，因此，在经济理性的分析框架内没有合理的解释，但这是组织中普遍存在的现象。例如，一个行动主体可能长期与一个低效率的合作伙伴保持合作，也许是其他因素影响，也许仅是因为习惯，该行动主体认为这种合作是理性的（Oliver，1997）。制度化的活动是个体、组织和组织之间相互关联过程的结果。在个体层面，管理者的规范、习惯和对传统的无意识遵守是制度化活动的动机；在组织层面，组织文化和权利结构导致了制度化的管理活动；在组织间层面，来自政府、社会和行业的压力（如规范、规则、产品质量、职业安全等）决定了可被社会接受的组织行为的状态。根据 DiMaggio 等的研究（1983），有三种机制导致组织表现出类似的结构和行为，即强迫性机制、模仿机制和社会规范机制。在考察这些机制时，强调了机制发生的功利性基础，即这些机制的选择应符合组织的利益，有助于提高组织的生存能力。换言之，这是组织基于自身利益基础的有意识的选择。

新制度主义对组织研究的主要贡献是揭示了制度环境对组织的影响。制度环境包括“被广泛接受的”社会文化内涵或规范，行动者可以灵活地利用这些社会文化内涵或规范来要求自己和周围的行为人，使他们相信自己的行为是合理的。因此，在引入制度环境的概念之后，组织被视为一个复杂环境系统的有机组成部分。也就是说，在这个复杂的环境系统中，包括了任务环境和“社会文化规范”（Dacin，1997）。因此，组织不再被视为争夺有限资源的有限理性行动者，而是渗透到环境中，与环境形成相互映射关系。组织既是规则的遵守者，又是规则的制定者（Meyeretal，1992），组织的绩效是由它制定和维持环境规范的程度来判断的，也就是说，组织的绩效取决于它获得“合法性”的程度。从这个角度来看，制度环境是一个可以影响组织运作的象征性因素（Meyeretal，1977）。

二　制度与行动者

制度与行为间存在一种动态的相关性，即制度的安排约束组织与个人的行为，组织与个人的行为反过来又会影响制度安排，在制度自循环的过程中，正式制度与非正式制度互相影响。由于非正式制度对正式制度约束的各种调试反应，制度运行充满了不确定性，而制度变迁又强烈地依赖于历史。

社会学的理论传统对行动与结构关注较多，对行动的研究主要集中在英美功能主义、法国结构主义和解释社会学三个学派。三个学派的行动研究各有侧重，主要呈现出两种理论倾向。功能主义和结构主义主要从“强结构弱行动”视角展开行动研究。通常认为行动者是弱小无能的，并且具有惰性，需要外部力量而不是由自己支配。另一种行动者研究以各种解释社会学为代表，倾向于从“强行动弱结构”视角解释行动，它们认为人是有目的的行动者，他们知道自己是行动者，他们的行为有很多原因可以解释。

林尚立（2006）认为，制度有效性不取决于制度本身的变化和发展，而取决于行动者的行为观念和行为方式是否发生了变化；没有行动者行动逻辑的改变，制度的改变和发展就难以产生新的制度运作有效性。虽然行动者受到他所运行的制度和制度空间的限制，但他的主动行动仍然是使制度正常运行的关键。要使制度有效运行，行动者发挥着关键作用。因此，在制度运行中调整行动者结构，改变行动者的行为逻辑更有价值和意义。

Clark（1998）指出，新制度主义根据其对“行动者”与“结构”之间关系的处理，可以分为两种分析方法，即以“行动者”为中心的分析方法和以“结构”为中心的分析方法。前者认为制度结构不仅影响着制度利益相关者（行动者）的个体选择，而且是制度利益相关者个体选择的结果，主要强调制度结构是由具有目标最大化取向的个体行动者创造的。后者则认为行为者受到由其行为所构成的社会结构的影响，其主要强调行为者是如何被制度结构所建构。

在当今全球联系日益紧密的世界中，微观行为更容易受到广泛、复杂和多样化的政治、社会和经济制度的影响，从而可能产生不可预测的后果。20 世纪 90 年代以来，新制度主义受到越来越多的关注，许多学科和视角对其进行了理论探讨，新制度主义理论逐渐成为一种跨越经济学、政治学、社会学乃至整个社会科学的研究范式。新制度主义的研究领域不断拓展，但缺乏内在统一的理论和方法。

随着人们对世界与自身关系看法的改变，“行动者回归”似乎成为社会科学研究领域的一种趋势。现代性意味着前所未有的快速变化，这一过程需要有信仰、计划、社会关系和行动能力的行动者。古典社会学主要关注社会整体，对社会行为及其后果关注不足，各种社会行动者被淹没在冰冷的机器世界中。帕森斯的理论也是更关注社会系统整合的条件和形式，而不是现代性和行动问题。行为者与社会角色不再一致，他根据特定的历史文化来认识自己，拒绝根据社会角色来定义自己。社会学中的行动者理论不仅开辟了社会学和政治学的新领域，而且随着建立在对组织中个体行为的肯定基础上的新制度主义的流行，成为其理论建构的重要组成部分。

20 世纪 90 年代，治理理论在西方出现，很快引起了中国学者的关注，关于治理理论在中国的适用性、治理过程等问题展开了漫长而激烈的争论。事实上，治理框架最初是针对发展中国家“治理能力不足”和发达国家“治理过度”的双重困境提出的。正因为治理理论包含了“国家—市场—社会”等多个行为主体，所以它在不同情况下具有很强的适应性和包容性，能够有效避免“中心理论”所带来的偏见。

随着实践与理论的发展，学科不断交叉融合，区域发展分析逐渐引入新制度主义、行动者理论和治理理论。在宏观和整体分析的基础上，地方发展与地方治理研究逐渐整合宏观与微观、历史与现实，利用不同学科视角的理论和方法，为解决区域发展问题提出更具解释性的研究范式。在新制度主义的理论的基础上，融合行动者和治理绩效等概念，可以构建地方政府治理行为的分析框架，分析地方政府行为及其约束逻辑，以更有效地理解其治理偏好、行动策略和行动效果，更好地推进地方治理实践的多元化。

三　都市区治理的多中心

丹尼尔森和多伊格（Danielson & Doig，1982）认为，政府组织可以通过影响公共服务、公共设施以及地方环境来间接影响家庭的住区选择和企业的投资区位选择，进而影响地方经济的发展。在此基础上，城市治理研究形成了三个流派：即单中心主义、多中心主义和新区域主义。

1. 单中心主义

美国经济上实行市场经济，政治上属于联邦制国家，地方治理呈现出“碎片化（fragmentation）”特征。随着经济发展迅速，城市化快速推进，对政府和公共治理提出越来越高的要求，这种碎片化难以适应新环境的需要。20 世纪 30—70 年代，为了解决这种治理碎片化问题，美国社会各界兴起了对政府改革的探讨，认为政府在区域治理中应该发挥更大的作用，鉴于美国碎片化的地方政府体系，人们一致认为应该建立一个统一的大都市区政府，在区域治理中发挥核心作用，即单中心主义。单中心主义观点强调区域治理中的结构性途径，对区域政府进行改革，在区域治理中整合碎片化的地方政府，用一个单一的、强有力的区政府来替代。整合之后的区域政府，可以利用规模优势更好地整合资源、提供公共服务，促进不发达地区发展，从而有效地平衡地方财政和提供跨地区服务，促进经济发展。

单中心主义认为，一个具有一定规模、强有力的区域政府，在提供公共产品和服务中更有效率。区域政府可以利用其规模经济和范围经济，充分整合和协调各地方经济，将经济增长的外部性内部化，更好地促进经济增长，并且在服务的供给上实现规模经济，降低公共服务和产品的边际成本（Rusk，1995）。与规模较小、资源有限的地方相比，单中心区域和治理体系可以集聚更多的人才、资源和产业，为居民和企业提供更广泛、优质、低成本的服务（Frisken，1991）。

单中心主义反对地区之间为了发展而进行的恶性竞争，这种竞争可能导致零和博弈，甚至负和博弈。在公共产品和服务提供方面也缺少效率，并存在大量的不平等。还可能导致产业和基础设施的重复建设、环境破坏、低水平产业持续存在等。而单中心政府可以更加理性地实现整个大都市区的发展，缩小区域内部的发展差异，促进中心城区的复兴等。对于投资者来说，打破了条块分割，多重行政管理，投资更加便利高效，交易成本更低。由于区域规模大，可投资领域多，投资者像来到大商场买卖一样，极大地增加了投资吸引力（Lewis，1996）。

2. 多中心主义

20 世纪 50 年代，随着经济学对政治和政府研究的深入，公共选择学派的理论观点和方法受到越来越多的关注。公共选择学派对单中心主义可能存在的问题提出了批判。他们认为一个单一的区域政府，可能由于垄断缺少竞争性，在提供公共产品和服务方面缺少效率。而一个区域如果有多个地方政府提供公共产品和服务，居民和企业可以进行自由选择，不同地方政府的竞争，保证了公共产品和服务的数量和质量（Dye，1990；Kenyon，1997）。同时多个功能重叠的地方政府也不一定意味着混乱和低效率，而是可以满足不同居民和企业异质性的公共产品需求（Parks & Oakerson，1989）。该学派提出多中心主义治理模式优于单中心主义治理模式，尽管多中心主义治理模式在促进经济增长方面存在一定的碎片化问题，但是通过建立多中心或者多核心的政治管理体系可以降低碎片化带来的成本和不足。

公共选择理论主要关注政府与市场、社会的关系，他们认为公共服务不一定完全由政府提供（Savas，2000）。由于政府自身存在的低效率问题，如果完全由政府提供公共产品，很难保证数量和质量，需要市场和社会参与到公共产品供给中。建立政府与市场、社会之间的竞争合作关系，社会各方面共同参与的公共产品供给才能提高效率，并让社会各个主体有机会进行自由选择。

基于公共选择理论的多中心主义治理模式认为，如果区域内存在很多不同的地方政府，可以通过相互竞争为居民和企业提供多样化、低成本的公共产品（Boyne，1996）。这一观点是经济学在政治研究领域的深化和对区域发展问题的关注，主张建立一个多中心或多核心的政治和管理体系。多中心治理模式下，不同地方由于竞争，可能采取更优惠的税收政策，更好的经营环境，以及其他鼓励措施来吸引投资（Kenyon & Kincaid，1991）。而单中心治理模式由于垄断和缺少竞争，可能导致政府运行的低效率，以及政府提供公共产品的低效率。

3. 新区域主义

单中心主义和多中心主义这两种治理模式都非常重视公共服务供给的效率和成本，经济增长以及社会发展等方面的问题，但在实践中还存在很多不足。随着区域经济不断发展，区域治理和经济增长等出现很多新问题，社会各界逐渐意识到应该综合运用竞争与合作两种机制解决区域问题。20 世纪 90 年代，美国大都市创建了一个新的治理模式，即新区域主义治理模式，在地方政府、企业、非政府组织及公众之间建立区域伙伴关系，共同解决区域治理和发展中的问题。

新区域主义认为，在处理地区事务时，地方政府的数量、规模和运行机制并不那么重要，重要的是大都市治理机构在处理地区问题中的作用（Orfield，1997）。在区域治理中参与主体都发挥着重要的作用，但区域治理机构应该在涉及整个大都市区发展的事项时发挥决定性作用。这样可以使区域范围内所有人都需要的道路、自来水、污染治理等公共产品和服务供给，运作得更有效率（Adams，1997；Bollens，1997）。

新区域主义是传统区域主义与公共选择理论相互影响和妥协的产物。Norris（2001）认为新区域主义者的目标有三个：第一，合作可以解决区域治理中的碎片化问题，提高公共服务的效率，并使区域在全球经济中更具竞争力。因此，应该建立多中心或者多核心的区域合作组织，并通过一系列非正式的合作，加强区域治理效果；第二，通过区域治理机制，可以在区域整体进行规划和布局降低碎片化带来的负面影响，通过规模经济充分利用外部性和溢出效应，提高区域发展竞争力；第三，通过区域治理机制促进区域协调发展。在区域内实现基础设施、民生服务等公共产品的均衡化发展，为处于困境中的地方提供财政或其他形式的救济，可以最大化地降低不同地方的发展差异，为落后地方提供更多的支持，促进区域协调发展。

因此，新区域主义认为通过强有力的区域政府可以更有效地解决区域性问题，促进不同地方公共服务均衡发展，提高区域竞争力和整个大都市区的福利。通过区域政府或者不同提供者之间的合作，可以优化资源在不同区位和主体之间的配置，提高区域经济效率（Hollis，1998）。

第二节 基于行动者的区域治理框架

制度是由社会行动者集体选择所决定的，在很大程度上是由参与者的地位所控制和影响的。但是，并不是所有的个人和团体都喜欢相同的制度，因为不同的制度决定了不同的资源配置和行为选择方式。所以，在制度的选择中存在团体间、个人间以及个人与团体间的利益冲突。那经济制度的均衡是如何决定的呢？例如，有两个组织对制度有相反的偏好，显示谁的偏好？这要靠两个团体的政治权力来决定。虽然效率的比较在选择制度中起着一定的作用，但发挥决定性作用的是权力和影响力。无论哪个团体拥有更多的权力和影响力，都可以确保按其偏好选择制度。政治权力决定经济体制，政治权力存在利益冲突，经济体制与资源配置中也存在利益冲突。

社会学理论中有一种以行动者为中心的分析方法，它试图从微观角度理解个体的利益、动机和目的，从而在微观选择和行动机制基础上，研究和解释宏观的社会结构和社会变迁。行动者的研究在经济学中也源远流长，企业家研究的历史角度就是视企业家为市场经济中的行动者。

一 行动者的归来

20 世纪 90 年代以来，新制度主义理论已经成为跨越经济学、政治学、社会学乃至整个社会科学的研究范式。它既关注个体行为，又关注社会生活的制度基础，强调制度因素的解释力。经济学中的新制度主义关心个体在集体行动时如何进行选择；社会学新制度主义集中于讨论制度普遍存在的特质；历史制度主义建立在政治科学中的权力、国家等传统问题之上。在运用制度因素分析社会现实的过程中，新制度主义的各个学科和学派有着共同的兴趣。

随着人们对世界与自身关系看法的转变，“行动者归来”成为社会科学研究领域的一种趋势。现代性意味着环境的快速变化，这一过程需要有信念、社会关系和行动能力的行动者。古典社会学忽略了社会行为的后果，较多地关注整体，而社会行动者没有被充分关注，被淹没在机器世界。帕森斯的理论也是更关注社会系统整合的条件和形式，而不是现代性的问题（阿兰·图海纳，2004）。行动者根据特定的历史文化来认识自己，拒绝根据社会角色来定义自己，行动者与社会角色不再一致，社会学中的行动者理论不仅开辟了社会学和政治学的新领域，而且随着建立在对组织中个体行为的肯定基础上的新制度主义的流行，成为其理论建构的重要组成部分。

行动者是在一个自然或社会系统中根据一定的规则独立进行学习和决策的个体，具有认知环境和影响环境的能力，主观上试图在知识和成本的约束条件下得到最好的适存度，客观上接受自然选择和社会选择。作为行动者，由于认知能力和计算能力的限制，很难准确衡量制度的合理性，因此，它们经常受到制度的限制。制度的合理性不是永恒的，随着社会的变迁而变迁。以往的历史并不能充分预见未来，未来总体是不确定的。制度是否需要变革以及如何变迁是人们在治理过程的行动中展现出来的。

治理理论强调多主体参与和互动，突出多层次协作和过程管理。新制度主义、行动者理论和治理理论的引入，使得治理研究能够整合宏观与微观、历史与现实以及不同学科，为提出更具解释性的研究范式奠定了基础。

二　概念体系

制度结构决定和限制了制度框架内个人和群体的能力。制度结构不仅包括群体活动的组织特征，还包括指导行动者开展活动的规则和规范。作为一套制度集合，指的是“行为规则、规范、角色、制度安排等构成的集合体”。制度的结构特征在于，制度不仅是社会力量的代理人，而且是约束行动者的重要力量。组织的角色不仅是在特定的群组之间传播偏好，而且是连接这些偏好并从根本上改变它们。由于行动者不可能超越制度来执行其行动，因此决策过程不是一个从普遍偏好到一定结果的过程。制度的功能不仅是将个体偏好组合成集体偏好，而且在这个过程中形成自己的标记。

在开始讨论基于行动者理论的治理之前，有必要对该模型可能涉及的相关概念体系进行解释，包括“治理”“行动者”“核心行动者”“治理空间”等理论分析的工具性概念，这些概念共同构成了基于行动者理论的治理分析框架。

1. 治理

自“治理”理论引入中国学术界，政治科学和公共管理达成共识，即治理意味着公共事务的主体更加集中，主体之间的信任、相互依存和合作关系，也意味着政府、市场和社会等多中心主体对公共事务职责界限的模糊。其宗旨是以公民发展为中心，面向公民需求，积极应对外部环境变化，促进地方发展的新型公共事务管理体系。

2. 行动者

行动者是根据一定的规则进行学习和决策的个体。新制度主义很早就开始关注行动者，并且把制度秩序定义为行动者角色的实现，行动者的行为选择决定了制度空间的拓展和制度功能的实现。制度有效性取决于行动者的行动理念和行动方式及其变化（林尚立，2006）。

3. 核心行动者

核心行动者控制着丰富的治理资源，拥有优势的治理信息，具有积极进取意识，其行动偏好和价值直接影响治理模式，其行动资源和能力影响治理目标，其行动逻辑和策略影响治理绩效。核心行动者作为一种资源是稀缺的，不同的核心行动者及其行动能力可能是不同的，但是在组织内部，其行动能力处于明显的优势地位，在同一治理空间中，核心行动者的治理行为决定了治理绩效的差异。核心行动者的偏好、选择和行为形成了不同的治理实践样本。

4. 治理空间

在区域治理实践中，除了政府之外，个体、企业、社会组织也是地方治理的重要主体，治理主体不断增多，关系日益复杂，治理空间也发生着变化。治理空间是治理关系运行所处的地理空间、社会空间和公共空间。社会空间是指社会关系的聚集，公共空间是指个体行动者可以共享的空间。这三种空间相互交织在一起，这就要求治理主体根据不同的空间需求进行调整（杨学冬，2008）。

治理行为所处的治理空间是一个多层次、多维度的复合系统，治理行为的依据主要由不同层次的正式制度和非正式制度构成。

三　分析框架

基于行动者理论和概念体系的认知，我们构建“行动者—治理空间—治理绩效”（Actor—Governance-Space—Performance）的治理及其变迁的解释框架。如图 6 - 1 所示，A-S-P 框架中的治理空间就是行动者的基本行动范畴，构成了行动者的基本约束和激励框架，确定了行动者的行动边界。行动者扮演不同的角色，在治理中发挥不同的功能，行动者的行动能力主要由行动资源、行为观念、行为动机等构成，行动者的行动过程和治理空间耦合互动，更好地提高治理绩效。同一治理空间中，行动者具有行动逻辑的一致性，也有行动策略的差异性，造成了治理实践的多样性和多维性；同时，在一定制度空间约束与激励下，行动者在获得行动资源、提升行动平台和拓展行动空间的同时，也通过实践累积实现治理空间的不断拓展，甚至可能带来突破。

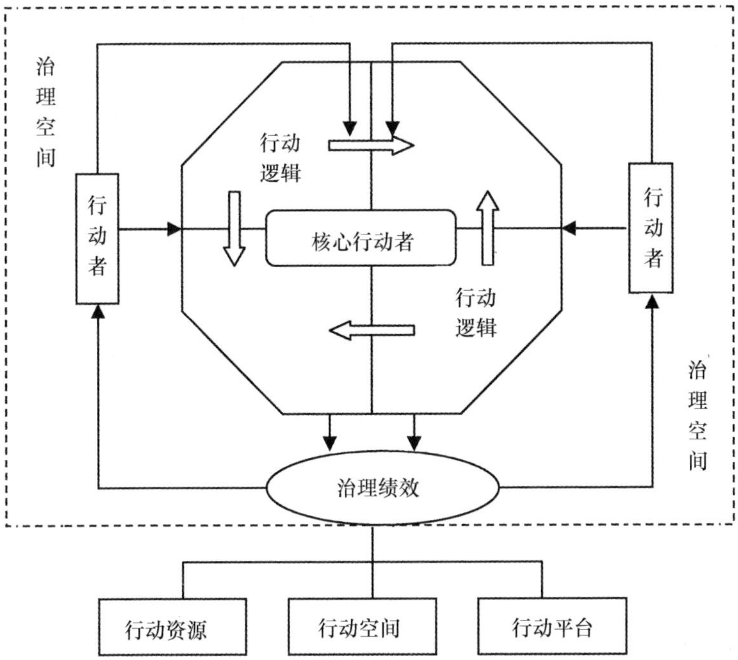

图 6－1　基于行动者的治理分析框架

对行动者来说，治理空间是一种制约，行动者需要按照一定的约束和规则选择行动；另一方面，行动者会合理利用规则，发挥主动性，在一些制度和空间寻求突破，从而提高治理绩效。治理绩效也是制度创新和制度变迁的关键因素。

由于路径依赖的存在，行动者的选择不是完全理性的。由于受到历史偶然、价值、习俗的影响，行动者实际上的选择范围缩小了，而且具有一定的不确定性，但总是受到路径依赖及现实情境的影响和制约。因此，正式制度与非正式制度的相互作用使得治理绩效具有一定的不确定性。A-S-P 分析框架为分析治理行为提供了一个解释性的理论范式。

首先，A-S-P 框架借鉴历史制度主义分析逻辑，充分考虑路径依赖的影响，在更广泛的意义上重视制度与个体行为的相互作用。在实践中，政府作为治理空间中的核心行动者，充分利用各种正式制度和非正式制度，追求治理绩效，必然会带来治理空间边际变化的“溢出效应”。这样，行动者与制度之间的相互作用是通过点点滴滴的积累而形成的，可能会带来制度变迁的后果。

其次，A-S-P分析框架中，作为核心概念的行动者，充分吸收了理性选择制度主义的个人主义视角。政府作为一个独立的利益实体，其利益更为复杂。如何提供充分的公共产品和服务，实现经济的快速增长，如何在现有的治理空间实现自己的价值和期望，这些都是作为核心行动者的政府要面对的问题。政府的行为选择依赖于对收益和成本的认知，他们的学习和政策能力也是实现治理绩效和制度创新的必要条件。

最后，A-S-P框架引入“空间”的概念，行动者的行动逻辑、制度与行动者关系嵌入在一个特定的制度空间下。分工和专业化的日益深化，对行动者的专业化和认知模式提出越来越高的要求，缺乏相关专业知识将限制行动者的行动选择；正式制度对文化等非正式制度的依赖越来越高，正式规则的产生和存续都以许多非正式约束为基础，行动者的行为偏好和价值选择受到更多的文化规范的影响和塑造。

第三节　行动者运行逻辑

制度体系为不同的行为提供了不同的激励、资源和约束，为行为的发展设置了条件甚至偏见，因此，制度体系不是一套中立的存在。制度塑造着行动，其作用主要体现在以下几个方面：一是制度决定了谁可以参与某一活动；二是制度决定了各行动者的策略；三是制度影响行动者偏好的形成和目标的确立。制度决定了行动者所追求的目标和实现这些目标的手段，也就是说，处在制度结构中的具体位置决定了行动者的权利义务关系和行为人与其他行为人的关系，因此，它也决定了一个人如何定义和实现自己的利益。即在特定的一组系统位置中，权利和义务的关系决定了行动者与其他参与者之间的相互关系，从而决定了自身利益的行动模式的定义和实现的方法。特定的制度结构决定了个体行动者接近和享有的权利，任何制度体系都对某些行动者有利而对其他行动者不利。

行动者对自身利益的认知或偏好是其采取行动的前提和内在激励，然而，限于认知能力。行动者很难准确分析自己的收益和成本，即使对某些利益有清楚的认知，但由于行动能力及其他环境的影响，可能也不采取行动。根据行动者的行动能力和价值偏好可以对行动者进行分层或分类。

从治理过程来看，可以分为决策者、执行者和参与者。影响行动者及其行为的主要结构变量包括四个方面：观念体系（包括个人经历、价值取向、认知模式等）、行动偏好（包括政治利益、经济利益以及其他利益）、行动资源（包括制度性资源、关系性资源等）和行动能力（包括学习力、决策力、执行力等）。其中，观念体系和行动偏好从价值和利益的角度塑造了行动者治理行为的目标和诉求；行动者控制行为的方式和手段由行动资源和行动能力决定。

一　行动者的动力机制

制度是对行动者的行动选择及相互关系的约束和激励，不同行动者之间的行动能力可能是不同的，本质上是组织资源和利益在不同行动者之间的分配。制度对行动者具有不同方面、不同程度的影响，首先表现在制度结构对行动者意识与偏好的影响，特别是对行动者初始行动选择的影响，远大于其对行动者选择偏好的影响。

1. 观念体系

观念体系是行动者在内外部环境影响下形成的基本价值取向和认知模式。行动者的价值观和知识结构直接影响其行动偏好、行动逻辑和行动策略。治理涉及经济效益、社会效益等，远远超出单纯的技术创新、改进工具等可以解决的范畴，需要构建社会价值共识，对于行动者来说，主要表现为他们的观念体系。

观念体系是决定行动者行为及态度的基础，主要由行动者的人生观和世界观决定，并通过家庭、学校和社会的社会化过程所塑造。观念体系贯穿于人性本身，支配着行动者的态度、信念、行为和认知，支配着行动者的自我定位，支配着治理和创新的目标。行动者对于治理及其创新行为的理念和思路都是在观念体系指引下进行的。

2. 行动偏好

制度塑造着行动者的偏好、目标和行动策略，不仅是一种外在的限制，而且为行动者提供了内在的激励和约束。行动偏好的核心是利益诉求的差异化，政治利益、经济利益等相互交织，成为影响行动者行为选择的重要变量。在不同类型的治理中，核心行动者的行动能力对治理的方式和效果具有显著的影响。行为动机的差异也会直接影响行动者的行动偏好和策略，导致核心行动者在地方治理过程中的角色差异显著。核心行动者主导治理过程，尽管在一定程度上能带来高效率和行动力，但能否有效获得其他成员的支持，决定了治理的力度和成效。如果核心行动者不突出，行动者之间的博弈复杂，利益追求也更加多元，可能导致行动力较低。

二 行动者的治理工具

制度可以通过规则影响行动者，界定行动资源和行动空间。制度结构通常为行动者提供一个行动方向，很少对其行为进行直接决定，这为行动者的策略选择提供了空间。同时，行动者也可以利用其行动对制度和环境产生影响，尤其是关键行动者，通过影响其他行动者，其选择空间和具体行动对制度和环境的影响更大，甚至通过制度创新来推动制度变迁，最终影响不同层次的制度演进。

1. 行动资源

行动资源是指行动者可以用来实现其目标的工具或手段，主要包括组织资源（如组织权力和群体）、经济资源（如物质和金钱）和文化资源（如声誉、关系、舆论等），它是任何行动者采取行动的基础。即使对目标有清晰的理解和界定，如果缺少行动资源也难以实现。

行动资源按性质可分为制度资源和关系资源。制度资源主要是指行动者的行为选择需要的制度和政策体系；关系资源包括行动者积累的政治和社会网络。从过程上又可以分为决策资源、执行资源和参与资源。决策资源主要是行动者的智慧，执行资源主要是指人力和财力，参与资源直接关系到社会资本和决策参与能力。不同行动者的行动资源不同，行动资源在一定程度上决定了行动者可采取的行为选择。行动资源丰富的行动者，能够在治理空间中发挥更大的作用，同时也可以进一步拓展其治理和创新的行动空间。

2. 行动能力

行动能力就是行动者利用资源实现自身目的的能力，是行动者根据自己的认知结构、资源要素和输出机制，以多种形式实现自身利益偏好的能力（金太军、沈承成，2012），包括认知、决策和执行等维度。

不同行动者的行动资源不同，而行动方式和行动目标的实现要以行动资源为基础。一般情况下，行动者拥有的行动资源越多，行动能力就越强，实现目标的可能性就越大。不同行动者所在的组织形式，以及价值偏好、行动资源、行动能力等都会受到包括制度在内的各种因素的影响。

在制度结构的初始性选择过程中，不同行动者之间的权力平衡和差异决定了制度的性质，深刻影响着不同行动者之间的差异和制度变迁。制度形成的方式大致可以分为三种类型：（1）不同的利益和力量行动者基本上是平衡的，制度的自发秩序和演化路径通过内部重复博弈形成；（2）由外部强大的行动者，将制度及其相应的概念强行植入另一个制度系统，使其进行实质性的结构更替；（3）不同行动者的行动资源、行动能力和利益是不平等的，有一个明显的核心行动者设计制度并约束其他行动者。

显然，在制度结构中，初始制度会影响不同行动者之间的行动资源、行动能力、利益和价值偏好。在制度创造过程中，很大程度上反映着关键行动者的利益和价值偏好，因为他们掌握着重要的行动资源，拥有更大的行动能力。

第四节　行动者治理绩效

制度结构为社会行动者提供了行动规则和激励结构，决定了行动者之间的相互关系和作用。在现实世界中，存在大量不确定性的环境，行动者的认知结构和信仰体系内化到行为选择中，对经济现实进行理论化，降低不确定性的影响。它可以是实证性的，告诉我们如何运作；也可以是规范性的，告诉我们如何去评价经济现实。受制于认知能力，我们对经济社会现实的认识还很有限，这些认知结构和信仰体系只是对经济社会现实的不完全的、部分的理解。人们也根据自己的信仰体系，自觉地调整制度结构，以符合自己的规范目标。制度结构不仅包括法律、规则等正式制度，也包括习俗、传统、习惯等非正式制度。

行动者的偏好、行为，以及目标和评价等最终都体现在治理绩效上。区域发展实践表明，区域发展取决于治理绩效，治理绩效又由行动者的行为和绩效决定，不同的行动者扮演着不同的角色，发挥着不同的作用。政府作为核心行动者，通过制定正式制度、引导非正式制度，影响区域治理和创新行为，为实现区域经济繁荣和社会进步提供基本框架。在“行动者—治理空间—治理绩效—制度变迁”治理框架中，治理绩效既是治理行为的结果，也是制度变迁的原因和动力，也可以将治理绩效理解为治理逻辑链的中间变量。因此，要不断提升治理绩效，把握关键逻辑节点，使治理创新不断得到认可和推广，逐步将有效的非正式约束演变为制度性规范，进一步拓展治理空间，推动制度创新和变迁，实现区域发展的良性循环。

一　治理绩效的衡量：社会福利与分配公正

治理绩效就是治理机制实施达成目标的程度。制度结构引起的经济效率的提高和社会福利的增加只是衡量治理绩效的一个方面。另一方面，有必要从不同行动者的角度来衡量治理绩效，主要考虑在不同行动者之间，社会福利增量的分配是否相对公平。满足利益还需要道德考量，在一个稀缺的世界里，一些行动者的权利可能是其他行动者的义务。社会结果是许多事物的函数，偏好满足是制度的函数，在选择制度时，行动者会在这些利益中进行选择。

治理绩效的另一个衡量标准是解决不同行动者之间冲突和矛盾的能力。如果制度基于公平原则塑造个人偏好，考虑到大多数行动者的利益，治理就具有很高的绩效。但这样的治理绩效不包括价值判断，如果考虑行动者在行动资源、行动能力和价值偏好等方面的差异，应该进一步分析行动者的认知、利益和权利。因此，在对治理绩效做出规范性判断时，能否找到逻辑上一致的评价标准？如果能够保持基本的中性价值，仍然可以从治理设计的过程、治理目标的价值取向和实现的程度，来衡量一种治理绩效的相对水平。

二　治理绩效的实现：行动逻辑与行动策略

治理和创新行为的成功，需要核心行动者较好地理解空间治理边界，并掌握内部约束。治理和创新行为能否成功，取决于核心行动者能否成功地利用组织资源激活制度功能，也取决于治理目标和治理工具之间能否找到合适的平衡。核心行动者的基本逻辑和实施到治理实践中的具体行动策略，是对上述各种治理元素及其相互关系的全面反映。也就是说，具体治理空间和核心行动者所形成的行动逻辑和行动策略，决定了治理目标、价值取向、主要动机和基本途径。

政府、市场和社会的关系是行动逻辑要解决的核心问题。具体而言，我们需要回答的问题是，政府的官僚体制、市场机制和公民社会在治理过程中各自扮演什么角色。以及如何对经济、文化与生态，物质与精神，改革、发展与稳定，公平与效率等问题进行判断和选择，在不同情境下哪个更重要。

从不同的治理领域看，包括市场化、工业化、信息化、城镇化、政府法治等治理工具的选择；从具体的治理过程来看，如何进一步提高政府的执行力，让公众获得更高的满意度；从治理的本质来看，需要通过拓展新的治理空间来实现增量式治理，是选择渐进式治理，还是激进式治理，或者进行选择性政策执行。正是这一系列不同策略的组合造成了地方治理差异，也影响了地方发展水平的不平衡。

三　治理绩效的评估：多维考察与体制变迁

经济增长已经不是治理绩效评价的唯一指标，甚至不是最重要的评价指标，而是更多地关注与民生和公民基本权利密切相关的社会事务，如教育、住房、社会保障、环境保护、食品安全，以及舆论自由等。治理绩效评价体系主要由三个维度构成，即组织内部的绩效评价体系、公众满意度调查以及经济社会生态环境评价等。

从时间维度看，三者中最传统的是内部的绩效评价。随着政府在区域治理中发挥着越来越重要的作用，人们对政府在发展中的期望也越来越高，判断地方治理和创新行为的基本依据就是其“治理有效性”。

随着改革的深入，自上而下单向的改革逻辑日益受到居民、社会、政府自身多重变化的挑战（沈荣华、钟卫军，2009）。以前的改革优于公民社会，与社会领域脱节，社会力量之间缺乏有效的沟通渠道，难以促进改革的共识和共鸣，改革仅限于政府或国家领域。现在，改革的进程正在迫使政府顺应人民和社会的需要，不断进行自身的变革。其实质是以善治为核心的治理绩效改革。虽然这一变化仍在现有制度空间的边界之内，但它为宏观制度的突破和改革提供了可能性和基础，其价值和功能将在未来的改革过程中进一步显现。

四　治理绩效的适应性调整：有效性与实用性

有效的治理可以节约交易成本，克服搭便车现象，减少机会主义行为，提高组织绩效，而且能得到更多的社会认同和支持，人们也增加了对法律、法规、政府政策等正式制度的尊重。适应性调整是行为主体在效用最大化行为选择之后的结果，各个行为主体在一定的制度环境约束下，追求自身的利益最大化和效用最大化，这些利益目标与效用偏好随着制度环境的变化不断进行调整。同时，制度变迁是不同利益集团相互影响、相互竞争的博弈结果，而不只是单个行动者理性选择和逐利的结果。分析制度变迁既要关注行为个体的收益成本比较，又要关注不同集团的利益博弈。此外，行为主体还需要具备一定发起制度变迁以获取利益的能力，这又是与行为主体获得的权力正相关。

行为主体的内在趋利动机是其适应调整的主要动力，即对新制度的需求主要源于主体追求利益最大化的动机，行动者根据自己的价值取向和行动能力，对行动进行收益和成本分析，来决定是否进行制度创新。制度性成本主要包括设计成本、实施成本、摩擦成本和随机成本等四个方面，它们构成了制度变迁的总社会成本，其中，摩擦成本主要是政治成本或意识形态成本。在利益方面，由于利益或效用目标的不同，不同的行动者对利益的理解也不同。不同类型的行动者有着不同的利益目标和效用偏好，因而对新的制度安排有着不同的关注。

推动适应性调整的外部动力主要来自于外部环境的变化，如市场规模扩大、经济增长、技术进步、产品和要素相对价格变化等，从而引发制度环境发生变化。原有的制度安排在新环境下效率下降，不能发挥原有功能，需要进行制度创新，提供新的制度安排以适应新的环境。可见，适应性调整的最主要影响因素是行为主体的内部趋利动机和外部制度环境变迁，此外，社会中不同利益群体的利益结构和权力结构也会影响适应性调整。

五　治理的结果：制度的维系、变迁与转型

新制度主义认为“路径依赖”使制度具有稳定性特点，即制度将相关行动者特别是关键行动者锁定在其路径上，无法在短时间内获得制度变迁的资源和动力。在一定制度结构中，收益递增可以使制度中相关的参与者受益，进而导致路径依赖，但可能会存在分配问题。当某一制度给主要行动者带来的报酬逐步增加，在边际上增加达到一定极限时，或者制度功能不能有效发挥，行动者感知到这种状态时就会产生改变制度的动机和动力。制度变迁不是组织和制度内部自发产生的，而是在行动者充分博弈基础上，关键行动者主动建构的产物。通常的制度指的是正式制度，本质是强制性资源和利益在不同行动者之间的分配，制度变迁则是强制性资源和协商资源在制度中的再分配。不同的行动者在制度变迁中扮演着不同的角色，关键行动者在制度变迁中发挥着决定性的作用。大多数行动者几乎没有资源和组织能力采取行动，很难在短时间内找到符合其利益的制度变迁。

制度变迁的对象是特定的单一制度或多重制度，但不是整个制度结构，一项制度的变迁并不会使其他所有制度都发生变迁，而制度转型就是一个制度均衡向另一个制度均衡的转变。制度变迁是新旧制度及其利益相关者之间的博弈过程及结果。制度变迁是制度转型的实现方式或途径，制度转型取决于制度变迁的强度，而制度变迁的强度又取决于利益相关者的博弈过程和博弈结果。在一个具有强制权的制度框架中，考察制度变迁和转型，需要考虑权力者对制度价值偏好的影响，以及制度结构中各参与者之间的实际博弈模式和策略选择。

第七章　区域发展中的文化驱动

传统经济学将要素和创新视为经济增长的引擎，创新包括了广泛的内容，例如商业模式、组织变革、新兴产业等。随着新制度主义的发展，制度对经济增长的作用已经成为普遍共识，有效的制度受到社会各界越来越多的关注。然而，仅仅认识到制度重要是不够的，还不能确定制度与经济繁荣是因果关系所致，还是由其他因素所致，如社会文化等。文化对增长的确切影响，还是一个跨界的问题经济学（熊彼特，1934），在总结有关经济发展的文献时，福山（2001）呼吁开发一种方法将文化因素纳入经济学家已经在使用的现代理论和实证模型中。

二十世纪七八十年代，世界范围内出现了产业衰退，但以美国硅谷为代表的一些“新产业区”的企业，在当地社会文化背景下通过密切合作克服了经济衰退带来的困难。随着 Granovetter（1985）“嵌入性”概念的引入，经济发展中的社会嵌入性和历史局限性的研究传统逐渐深化，并受到更多的重视，经济生活中的社会、文化因素无处不在。经济发展也是一种社会文化过程，文化并没有削弱经济，而是将经济置于文化、社会和政治关系中，使其具有意义和方向，并被放置于具体的发展情境中。

文化是一个所有社会成员都能接受，由信仰、知识、习惯和道德组成的复合体。文化除了具有一些基本特征和社会功能外，还是促进区域经济增长的重要手段，同时还能够促进社会作用的发挥，减少贫困，缩小收入差距，提供更多的公共服务。总之，文化除了其传统功能，还具有一定的经济属性，已经成为区域发展研究和实践中的重点问题。

第一节　经济的社会文化嵌入性

随着文化在经济发展中的作用逐渐受到关注，人们开始从不同学科视角对二者的关系进行研究。经济社会学家所称的“嵌入性”研究，是将文化和经济联系起来的主要概念工具。“嵌入性”是行动者之间的关系和这种关系网络，对经济活动及其结果具有重要的影响。随着区域经济活动的社会文化特征受到越来越多的重视，区域经济学越来越关注经济活动的社会文化特性。经济活动主要追求经济利益，强调行动者的理性，社会文化特征对生产、经营、贸易等经济活动的个性和非理性发挥着重要作用。可以说，文化反映在一切经济活动的每一个过程中。一般来说，经济活动要想取得最大的社会效益和经济效益，获得良好的发展环境，就必须考虑文化的嵌入性。

经济活动总是嵌入在特定的社会关系中，使经济在意义和表现上都具有文化的内容。通过这种文化的嵌入性，才能形成发达的社会经济活动所需要的信任。否则，缺乏相互信任和共同准则将使每个人都陷入欺诈的可能形式，以及低效率的后果。在经济交往中，信任是一种基本的公共产品，包括诚实、契约精神和能力等方面。文化规范可以通过道德的相关内容，以及提供熟悉、可靠的象征体系，特别是可接受的表达和行为方式，来减少经济中的信息不完全和不确定性。同时，由于现代经济越来越以个人为基础，对经济行为的道德考量大大减少，因此，我们不仅需要人与人之间的信任，更需要社会规范和“制度信任”。因此，经济过程的嵌入具有文化含义。一个经济体系的生存不仅仅是合同交易，同样需要信誉。契约总是会出错，没有信誉和道德，市场将难以健康运行。

Zukin 和 Dimaggio（1990）区分了不同形式的嵌入性，如文化、结构和政治。文化嵌入性是指集体共识在经济发展过程、发展战略和目标中发挥的作用。文化利用非正式约束影响经济理性，行动者在正式制度和非正式制度约束下遵循利己的行为策略。结构嵌入性是指经济交换在连续的人际关系模型中的一致性，而政治嵌入性是指经济行动者和非市场机构，特别是国家和社会组织为争夺权力而形成的经济制度和决策模式。

嵌入当地社会文化和权力关系网络的经济活动确实可以降低风险和不确定性，经济交易增加，社会经济效益得到提高。但是嵌入性也存在一定的不足，Etzioni（1988）指出，在许多情况下，不同的道德承诺之间以及它们与欲望之间存在着张力。由嵌入性产生的“路径依赖”往往制约着生产经营，竞争迫使公司减少可避免的和不必要的嵌入，因为嵌入性取决于其成本和收益，包括内容和形式。企业最关心的问题是成本和效益，企业首先受到嵌入性力量——市场的影响，这支看不见的手控制和约束企业经济行为。与此同时，正是劳动分工、市场运作中的非嵌入力量，以及货币和资本使得市场机制对特定的文化不敏感。

在众多的文化意义中，Sayer（1994）认为文化的一个共同特征是以意义、符号或表征为中心的实践和关系。这些实践和关系规范和引导群体社会行为的规范、审美和道德判断，这些文化价值观在经济思想观念建设中发挥着基础性作用。文化的特性在于其内在性，行为评价是根据感知到的好的或坏的行为来衡量的，而不是它的后果，行为的文化规范和价值包含一些反本体论的特征。当然，这并不意味着强调文化的规范和道德要素就需要把它理想化，它仍然存在很多不足。经济活动及其过程包含基本的工具导向，这些导向最终是实现外部目标的有效手段，经济活动的产品属性很重要，而不是对工作本身。虽然商品的“符号价值”在社会生活方式和个性特征的建构中发挥的作用越来越重要，但符号价值并不能取代交换价值，同时，现代经济生产的大部分商品不是消费品，而是中间产品。

Bourdieu（1984）使用经济学的逻辑对文化进行分析，用一种工具性的、清晰的经济学方式来看待每一种行为，认为追逐名利、表达祝福，尤其是送礼，实际上是一种社会交换策略，通过这些方式，可以不断积累象征的、社会的或文化的资本。这在一定程度上解释了广泛的社会行为，但并不是所有的行为都是工具性的，例如，人们的道德就是一种非工具性行为。

Bednar 和 Page（2006）建立了制度和文化的路径依赖模型，并描述了文化扩散带来的制度外部性。制度产生激励和约束的规则被遵守后构成了文化的一部分。文化作为非正式制度，影响着制度的适宜性，组织中不同行动者的行为也会影响到制度的选择和调整。文化与制度选择的互动产生了文化与制度的路径依赖。该模型还表明，初始制度以及路径依赖很重要，制度形成的顺序也很重要。

经济和文化作为两个不同的概念，虽然有着明显的不同，但又有着密切的联系，在现代社会，它们之间的联系更加紧密，相互渗透更加明显。过分强调它们之间的差异，只关注其中一个而忽视另一个，或者过分强调它们之间的联系，这些都是不可取的。从经济的角度来看待文化，或者从文化的角度来看待经济，可以为人们了解文化提供一个新的视角；要真正理解它们之间的差异和相互关系，就必须站在更高的角度，区别地对待经济和文化。

第二节 区域发展中的文化因素

交通和现代信息技术的迅速发展，为企业发展提供了良好的基础条件，跨国公司在全球扩张拥有了更大的灵活性和机动性。经营者有了更多的自由在世界任何地方选择适合企业发展的经营地点，跨国公司对企业文化进行传播的同时，也会促进信息在世界各地传播。但是，由于区域发展的历史惯性，信息全球化并不能完全改变发展中国家（地区）在全球信息传播中的被动地位。许多国家（地区）的文化特征开始表现出内敛和自我保护的特点，并试图在本国的文化传统中寻求新的创意，以振兴当地的经济和文化。结果，全球化的矛盾现象出现了，当世界正朝着全球化和一体化发展时，国家和地区在文化、语言、地区、种族、宗教等方面仍有很强的归属感，甚至在某些情况下，出现了一种加强的趋势。各个国家和地区的经济政策取向和区域发展规划在很大程度上受到这些文化因素的影响。文化对区域经济发展的价值越来越大，在很多时候成为区域经济发展的重要动力。

20 世纪 80 年代开始，欧洲国家间的发展水平差距进一步拉大，各国都尝试增强国民经济竞争力。近年来，如何解决欧盟内部各地区之间的巨大差距，仍然是学者与政治家们关注的焦点。

意大利南部地区梅佐乔诺（Mezzogiorno）的区域发展实践，为其他地区提供了一个经验教训。20 世纪 70 年代，拥有较大自主权的地方政府，在全欧洲范围内大规模投资的帮助下，修建了公路、机场、桥梁、市政设施和教育设施，原本希望这将带动该地区经济快速增长，但是却事与愿违。Putnam（1993）经过 20 年的研究发现，其失败的根本原因是缺乏一种能够调动各种经济活动形成协同效应的“公民文化”。由于该区域长期存在对新事物的恐惧和对彼此的不信任，通过投资和正规制度发展经济的努力被证明是徒劳的。而同样的问题也出现在 20 世纪 80 年代的法国，当时社会党执政的政府希望通过将权力从中央下放到地方，并投资交通、通信和教育等基础设施，来加速落后地区的发展，但忽视了这些地区长期形成的保守意识和保守文化不利于经济的发展。结果，这项政策收效甚微。

根据世界银行 1999 年发布的年度报告，文化在区域经济发展中的作用主要体现在以下几个方面：为经济落后地区和国家的文化事业与文化产业的发展创造机遇，帮助它们发展文化，提高收入水平，从而摆脱贫困；

与贫困国家和地区开展合作，帮助贫困国家和地区开发多样化的社会、文化、经济、地理资源，促进贫困国家和地区经济的发展；推动城市经济增长，进而带动周边地区经济发展；保护自然遗产和重要旅游资源，在充分保护的基础上，对这些自然遗产和旅游资源进行可持续开发，增加这些国家与地区的收入；加快落后地区与国家的社会资本积累，为经济发展创造良好的社会环境，同时，增强社会多样性与社会包容性，使弱势群体有机会享受经济发展带来的好处。

人们越来越认识到文化与经济的关系，以及文化在国家和区域经济发展中发挥的重要作用。越来越多的学者已经认识到经济发展中的文化价值，经济的发展实际上是一个文化过程，文化是提高区域竞争力和经济发展的关键因素。

区域经济分析将社会文化纳入到区域系统中来，强调地方文化在经济发展中的作用。这种分析视角首先得到了社会学家和经济地理学家的共识，并且逐步得到了越来越多主流经济学家的认同。一个地区最初的经济发展形态，往往是由历史偶然因素决定的，伴随着收益递增效应，这种发展形态不断得到强化，形成路径依赖。对于具有一定垄断和规模优势的产业尤其如此。后福特主义生产模式强调小规模、灵活性，这种生产方式在一定意义上更注重本土化。因此，一些学者认为应该在更深层次上探讨该生产模式的一般化规律，很多区域的生产模式都具有灵活性和专门化的特征，却在技术创新的表现上大相径庭。因此，对创新能力形成的研究已成为区域经济研究的新方向。

区域文化是一个地区人们共同具有的价值观念、行为习惯、道德规范以及生产生活方式等的总和。区域文化主要由地理、气候、生产，以及历史性的偶然事件长期积累而成，并形成具有地方文化特色的发展模式。区域文化为经济发展提供了环境和氛围，内在地影响人们的生产生活，激发各个经济主体的活力，也对行为主体进行非正式的激励和约束。文化也是一种经济资源，区域可以基于文化形成文化产业，也可以将文化要素融入各种产业，通过文化软实力提高区域竞争力。随着经济社会的发展，人们也越来越重视文化内涵。居民个人不断提高文化素质和道德修养，企业等各类组织不断升华组织文化，提高产品的文化内涵和影响力，进而推动区域文化不断向前发展。

在促进经济增长的同时，文化对经济发展也有一定的制约作用。文化的差异和互动加剧了资源的竞争，不利于区域经济的一体化发展，制约了区域经济的有序发展。经济落后是由他们保守的文化和封闭的思想造成的。区域的文化是一把双刃剑，文化没有好坏之分，但对于经济发展来说，就可以区别出“好”与“坏”。“好”的文化能够积极适应市场经济的需要，促进区域经济发展；而“坏”的文化就不能够为经济的发展提供帮助，不能够恰当地融入到市场经济的要求之中。经济发展模式是区域选择的发展方向和道路，而这种选择的主体是人，人们是依靠对于经济的理解，对于本区域的了解，对经济规律的总结而选择的，在这一选择的背后，就是观念的差异，也是文化的差异。

第三节 文化转向与区域发展理论

一 区域发展中的文化转向

社会学、人类学、哲学和历史学等都从各自学科视角界定了文化的概念。文化的定义是如此的多样化，以至于英国人类学家 Williams（1983）感叹文化是英语中最难理解的两三个单词之一。然而，文化是一个含义广泛的包容体，其内涵和构成不能被单一的学科所涵盖。在民族学意义上，文化或文明是人类所获得和接受的所有知识、信仰、艺术、道德、法律、习俗以及所有才能和习惯构成的综合体。文化是通过符号获得和传播的行为模式，这样的模式有显式的，也有隐式的，这些符号像手工艺品一样，体现了人类发展的成就；通过历史选择形成的传统观念，尤其是价值观，是文化的核心；文化系统是行动的产物，又是进一步行动的影响因素。

如何理解文化转向，以及对文化转向进行回应，主要取决于文化的定义。文化的定义主要有两种类型：一是把文化作为人类生活的属性，这种文化转向包括如何重视文化的意义和价值，主要强调作为整体的文化，以及其与经济的关系；二是强调文化的差异性特征，不同的区域和群体就有不同的文化属性，用这些差异来标记和构建具有不同文化意义和价值的区域和群体，这种文化转向涉及如何分析多元文化主义与经济行为之间的相互关系。

文化转向的兴起有许多原因，学者们对此也有多种解释。当代经济转型所产生的复杂现象难以解释，导致经济学家进入新的知识领域，寻找新的知识来源，这种文化转变与人们对经济研究兴趣的下降有关。由于新古典经济模型的逻辑一致性受到质疑，经济本身作为一种语言现象和构造，即经济作为法律支持下的商业体系，与规章制度下对该体系的一般描述密切相关，还与相应专业的经济知识和道德体系构成紧密联系。因此，经济本身正被看作一种修辞形式。目前，许多经济理论和方法关注社会和文化的本质，尤其是许多研究强调经济对社会和文化的嵌入以及这种嵌入的经济优势。这些新的理论趋势的出现和进一步发展，使经济学研究受到了新的挑战，必然要在研究模型和方法等方面补充这些新内容。最突出的变化是新古典经济学对区域经济的研究自然地出现了文化转向。

同时，随着知识经济和文化产业的兴起，经济文化化和文化经济化以及经济与文化的交织与互动所产生的文化与经济的融合，逐渐成为相关理论和实证研究的热点。20 世纪 70 年代后期以来，发达国家的经济发展模式经历了从标准化生产和大众消费的福特主义向柔性生产和个性化消费的后福特主义的转变。在此背景下，各个国家、经济组织和社会机构正在寻找适合后福特主义生产方式的框架。世界主要国家，尤其是发达国家的经济发展实践成为推动文化经济研究最直接的力量，不仅推动了全球经济发展的文化转向，也成为文化转向的重要立足点和研究着眼点。

二　文化与区域发展理论

区域发展理论出现在战后欧洲，最初的考虑是基于经济发展因素。战争结束后，美国取代欧洲，在经济方面排名世界第一，欧洲失去了中心地位，除了欧洲经济复苏和社会重建等问题，欧洲人开始使用全球视角观察世界，重新认识欧洲的政治、经济、文化以及其他发展问题。

到了 20 世纪末，由于经济社会以及科学技术的发展，区域发展中由于对经济因素过度重视，涌现出来很多新问题、新矛盾，传统的区域发展理论不能给予这些问题很好的解释，并提出有效的解决方案。区域经济理论和方法曾经受到普遍的重视，尤其是第二次世界大战后，展现出巨大的吸引力。但区域经济理论在之后的发展实践中并没有实现其宏伟目标，即在一个特定的地理区域经济主体间的联合与合作，各方最终促进经济的结合，这种思维方式也隐藏着人们对战争的担忧。20 世纪 70 年代不断出现经济危机和经济衰退，各种区域发展问题和矛盾也不断出现，欧洲人对经济一体化发展的热情下降了，同时对区域发展理论和发展模式开始失望和反思。到了 20 世纪 80 年代，在大多数发达国家，民众对政府公共服务能力和效率逐渐不满和失望，人们开始怀疑区域发展理论和区域政策。二十世纪七八十年代，发达国家间以及发达国家内部区域经济发展差距日益加大，许多政治家和学者主张减少政府干预，让市场来实现区域发展，缩小区域差异。

经济学家已经清楚地意识到，他们对经济增长理论的解释没有让人信服，虽然许多重要的经济理论试图解释经济增长和发展，但没有能力对衰退现象的理论和实践给出一个令人信服的解释。

20 世纪 70 年代以来，当区域经济研究对“计量革命”进行反思和批判时，主要以马克思主义政治经济学分析方法为主导，将经济与文化对立起来。随着社会经济的发展和全球化的加速，人们开始反思社会发展模式，逐步意识到非经济因素（社会、文化和制度因素等），特别是文化因素，在经济活动的动力机制和空间特征等方面，发挥越来越重要的作用。进而，人们希望通过加强文化在经济中扮演的角色，来抵消经济发展中的各种负面影响。同时，由于社会科学领域对种族和性别的深入研究，区域经济学家受其影响，也开始关注文化问题。因此，20 世纪 90 年代中期以来，文化转向成为区域经济研究的重要研究方向和研究重点，涉及高新技术园区、劳动力市场、农村地区、企业等方面。虽然经济活动在区域经济研究和实践中仍然十分重要，但文化等非经济因素对经济活动的影响及其相互作用已成为新的研究热点。通过对产业区、产业集聚和“文化转向”的研究，区域经济学成功地孕育了“新区域主义”和“新经济地理学”，也得到了主流社会科学的认同。

随着全球向后工业社会的过渡，经济增长已经减缓，区域政策已经无法适应新的社会经济现实。此外，全球经济的结构调整、高科技和通讯系统的迅速发展以及许多国家权力下放，为区域经济增长提供了前所未有的历史机遇。因此，我们有必要重新思考国家主导下的集中式、自上而下的传统区域发展政策，审视由发展不平衡引起的各种问题，为了适应新的世界形势，创造新的可行的理论模型和政策。因此，我们有必要从新的理论视角来解读和思考世界区域发展的现状和事实，从而为厘清和解释当前的区域主义现象提供可能的观察方法。

如何实现经济与文化的有机结合，是目前区域经济面临的一项重要而紧迫的研究课题。中国幅员辽阔，历史悠久，各区域资源禀赋不同，地域文化各异，经济差异较大，丰富多彩的文化对中国经济地理时空格局的形成和演变起着重要的作用。随着经济、政治和文化等各个层面的全球化对中国社会经济发展的影响日益加深，经济发展、社会变迁、文化冲突和地区差异逐渐成为人们日益关注的话题。经济对社会文化的嵌入、历史与传统造成的路径依赖、各种正式与非正式的制度环境和制度安排，都是促进或抑制发展的重要原因，我们必须认真对待这些影响经济发展的重要因素。

第四节　区域文化与区域发展

文化是一系列共享的价值观，主要指社会、经济、政治等活动在人们观念形态上的反映。文化在现实生产和生活中，主要通过以下几个方面发挥作用：文化作为一种价值观主要对人们的思想产生影响并发挥作用，形成一定的思维模式、心理定势和精神状态，进而产生独特的行为方式；形塑人们的思想和行为以后，通过文化的载体（即人类）传导到各种社会团体、组织和非正式群体中，成为维系其存在和发展的黏合剂，并影响社会资源的分配；在更深层次上，文化来源于社会经济活动，又对社会经济具有较强的影响，文化总是要寻求其在社会、经济、政治制度中的强烈表达，也就是制度对文化的固化效应。

一　文化影响区域发展的路径

社会各界对文化与经济的关系已达成普遍共识，考察文化对区域发展的影响与作用，也成为区域经济学关注的重点，可以从以下三个方面来进行。

第一，文化形成的“集体无意识”可以成为区域发展的强大惯性。一个地区在地理空间环境的基础上，经过长期的经济社会发展积淀，将不同的生产生活方式内化到人的头脑中，逐渐发展成为具有一定特色的地域文化。区域文化通过不断累积作用，影响人们的思维方式和行为习惯，进而形成区域普遍性的思维模式和心理定势。这种思维模式和心理定势内化到人的观念中，具有“集体无意识”特点，即通过非理性对人们的行为选择产生影响。这种“集体无意识”对人们的生活习惯和行为方式产生巨大的影响，明显区别于其他区域，也是外界对该区域文化的基本评价。区域文化具有较大的发展惯性，不随人们的意志而改变，也不能靠个人的力量改变，并对地区经济社会的发展发挥着重要的促进或阻碍作用。

第二，文化构建的社会资本影响区域发展。随着文化等非正式制度对经济增长的影响日益显现，社会资本研究逐渐引入经济领域，成为解释区域经济发展的一个重要概念。社会资本也成为资本构成的一部分，资本包括物质资本、人力资本和社会资本，这些不同的资本都在区域发展中体现各自的作用。物质资本和人力资本作为重要的生产要素，直接作用于生产过程。社会资本体现的是人们之间的信任、合作以及基于互惠关系建立起的社会网络，这种关系和网络可以用资源配置，提高社会运行效率。社会资本是在个体的价值和文化基础上构成的，反映了每个主体的文化特点，也是一种非正式规范，规范着社会资本的性质、方向、范围以及整合能力等，从而影响区域经济发展。

第三，文化通过影响制度实施来影响区域发展。文化孕育了人类社会制度的初始形态，并将一系列共享的价值观内化到人类观念体系，形成非正式规范，并通过这些非正式规范，对制度实施产生影响，促进或者制约正式制度的实施。表面上看，制度是一系列强制性的社会规范，它不是人类意志所能转移的，但实际上它与文化之间有着必然的联系，文化等非正式制度是制度实施的基础，制度是文化的固定化模式。文化体现在传统、习俗等非制度规范中，也通过各种形式体现在正式的制度中。正式制度与非正式制度的相容程度决定了制度实施的效果。

二 文化对区域制度的影响

经济发展也是一个复杂系统，不是一个简单的市场机制的应用过程，而是一个弥补制度稀缺、矫正制度缺陷，持续的制度创新和制度变迁的过程。从制度视角看，不同的制度安排会导致不同的经济行为，从而形成不同的经济发展结果。

影响和决定制度变迁的因素很多，既有内因，也有外因，除了外在因素，最重要的还是作为制度变迁主体的人。诺斯认为制度变迁的动力主要来自各种组织和个人之间的竞争，激烈的竞争决定了制度变迁的速度。行动者的精神模式，包括观念、理念等意识形态影响着制度变迁的方向。

价值信仰、习惯、伦理道德和意识形态统称为文化，这些都是影响制度变迁和制度创新的重要因素。制度是一种植根于人们活动中的习惯或习俗，界定着人类活动并将其强加于人。制度依赖于个体的选择，但没有孤立的个体，个体的选择都是根植于社会文化结构中的。从风俗习惯到观念体系，从心理到意识，传统文化在价值取向、人际关系、生活方式等方面形成了独特的模式；受传统文化影响而形成的行为规则、社会关系和观念已经深入人心，成为人们习以为常的东西和生活方式。

任何制度都包含着文化意蕴，制度的文化意蕴是指制度通过自身的存在来实现人的观念和人的内心感受的生活世界和意义。风俗习惯作为传统文化的表现形式，在制度创新中具有两种可能的功能，一是成为制度创新可以借用的资源，将民间习俗升华为普遍有效的制度；二是成为阻碍制度创新的因素，即属于那种只能通过变革才能建立新的制度，以适应环境变化。新制度只有与地区文化相融合，才能被接受、存在和发挥作用。正如拉坦所指出的，如果意识形态和价值取向等文化因素与正式制度安排相适应，制度创新的引入才能达到预期效果，降低制度变迁的成本，提高制度有效性。

制度的起源与习俗、习惯、传统等文化因素密切相关，文化是制度的基础，制度是文化的模式化反应。一般来说，什么样的文化背景就会有什么样的制度。制度体系是文明的行为规范框架，也是操作规则路径，制度体系中到处都体现着文化精神和价值观。狭义的制度主要指正式的制度安排，广义的制度既包括正式制度，也包括传统、习惯、价值观等文化因素构成的非正式制度。文化主要指精神层面的因素，在发挥社会功能上也主要通过行动主体的自觉等非正式制度规范。正式规则和制度的形成都包含着文化的作用，但在这些规则的形成过程中，文化并不是直接发挥作用，而是派生的、内在的、间接的。文化等非正式制度之所以容易形成路径依赖，是因为它们是在行动者长期交往互动过程中，通过长期累积实现的，并内化成价值观、意识形态等。这些精神因素的影响是稳定的、持久的，很难在短期发生改变。因此进行制度创新，一定要使正式制度和非正式制度相契合。

非正式制度具有深厚的传统根源和历史，具有很强的惯性，在短时间内很难被改变或者移植。一种非正式制度尤其是意识形态能否移植，不仅取决于技术因素和制度环境，更取决于后者的文化兼容程度。如果两种意识形态和文化兼容，就会降低制度变迁成本；如果两种意识形态和文化不兼容，新移植的制度和文化等非正式制度必然会产生冲突。

与正式制度相比，非正式制度主要体现为传统、习俗、习惯、价值观等文化因素，具有自发性、非强制性、普遍性和连续性的特点。

自发性是指非正式制度一般不是人们主动设计的，主要是历史偶然，以及一些小事件在收益递增作用下，通过人们长期互动形成习惯、习俗、信仰和传统等逐渐累积形成的。非强制性是指非正式制度的主要因素，内化到人的头脑和意识当中，形成信仰和价值观念，主要靠自我约束、舆论压力等维持，而不是靠外在强制来实施的。普遍性是指非正式制度的影响范围大、层次深，渗透到人类生活的各个领域和每个人的内心深处，远远超出正式制度的影响，在大部分时间对人类行为具有调节和约束作用。连续性指的是非正式制度形成后，就会通过价值观念、行为习惯等方式，在人们的生产、生活中普遍传播，形成稳定的文化因素，不断传承，持续较长时间，短时间内很难改变。

非正式制度在人们社会生活中发挥着激励、调节以及约束等重要作用。对正式制度的实施也具有重要影响，如果正式制度与非正式制度兼容，就可以促进正式制度的有效实施，反之就会限制正式制度的实施，使正式制度难以发挥效果。一项正式制度的设计或者移植，不仅要考虑制度安排本身的合理性，还要考虑是否与非正式制度相融合，这样才能更好地发挥作用，降低制度的实施成本。非正式制度如果发生变化，也会推动正式制度向同样的方向变化，进一步推动制度创新和制度变迁。

三　区域经济与文化协调发展

植根于社会和文化基础中的制度是社会制度的基础，包括习俗、传统、道德、社会规范、宗教以及语言和认知的各个方面。文化一代代传承，通过知识、价值和其他要素的教育与模仿，形成行为规范和习俗，从而约束人的行为。

区域文化差异是经济差异的重要原因，制度的设立和文化的特征有很强的关联性，制度的实施与发展又对经济走向起着决定性的作用。充分发挥文化的作用，需要实施一系列有利于促进区域协调发展的文化政策。

1. 促成区域之间要素市场的统一

文化差异是导致经济差异的重要原因，也是阻碍区域要素流动的重要原因，区域生产要素合理流动，是区域经济发展的必要条件和重要保障。充分发挥文化的引领作用，要在充分考虑文化差异的基础上，实施有利于促进文化融合和区域协调发展的政策，实现要素在区域之间的合理流动和优化配置。

2. 以文化认同推动区域经济一体化

文化资源整合共享是区域发展的双赢选择。有什么样的文化背景，就会有什么样的制度，进而形成不同的资源配置方式和区域发展模式。要加强文化传播和交流，加强文化认同，实现资源共享。利用大家对规范、价值等的文化认同，可以设置合理的共享制度，降低交易成本，促进区域可持续发展。

3. 加深各地区的文化交流

各个地区都有自己独特的文化特色，有自己独特的生活方式。每一种文化在经济发展这一方面，都有自己的优点与不足，都有着适应与不适应市场经济发展的一面，所以，需要加强相互交流借鉴。通过文化交流和资源整合，搭建文化经济共建、共同发展的平台，推动具有文化特色的区域经济发展。

4. 以区域文化为基础发展特色经济

要把文化作为灵魂，充分融入到区域发展中，利用比较优势形成区域特色产业和特色经济，打造特色发展模式。可以充分发扬区域文化，发展特色文化产业。还可以将文化要素融入到区域各类产业中，利用特色文化提高比较优势，进一步增强区域竞争力。

5. 文化产业推动经济创新

文化产业在促进区域经济发展和结构升级方面发挥着重要作用，为区域经济发展提供了直接动力。随着科技进步，文化创新的作用日益突出，文化产业集聚高新技术和创新技术，形成新的区域产业集群，逐渐成为第三产业的主力军。文化产业产出文化产品，以传播方式和媒体推广为主要载体，促进各产业的协同创新、提升技术能力。同时，文化产业的快速发展催生了丰富多彩的文化产品，提高了文化产品的供给能力和质量。

一个地区的发展，不仅需要充足的资源，丰裕的要素禀赋，还需要合理有效的文化资源。文化可以营造良好的发展氛围和环境，为各经济主体提供非正式的激励约束机制，促进区域发展活力。正式制度的实施需要与区域文化相融合，这样才能降低制度实施成本，提高制度有效性。文化还可以提高居民的综合素质，形成健康的生活方式和良好的精神状态，形成区域文化软实力，提高要素配置效率，促进生产效率的提高。因此，在区域发展中，要充分重视文化的作用，注重文化传承、创新，营造良好的发展环境和氛围，提高本地区的综合竞争力，从而促进整个地区的经济发展和社会进步。

第八章　区域制度有效性及演化

制度与经济的关系一直是制度理论研究的核心问题。稳定的制度结构需要一定的集体行动取向，而经济社会发展使行动主体日益个体化，这种集体行动取向的制度如何整合日益分化的个体？恰如鲍曼（2006）所言，政治进程危机的关键与其说是价值的缺失，不如说是缺乏有效的机制，这一机制可以替代任何价值制度和选择议程，以进行立法工作和维护工作。面对这些挑战，制度研究必须以相应的制度理论为指导进行实践。

随着新制度主义的不断成熟，学者们开始关注制度变迁过程中制度利益相关者的作用。通过改变人类行为的选择来提高生产力的制度变革是最常见的，制度对人的行为选择集合的限制、解放会影响生产效率，同时，制度结构也会影响个人与组织之间的激励与约束是否相容。对企业来说，可能影响其生产可能性曲线，最终导致经济增长。

North（1990）认为，有效的经济组织能够刺激人们的经济活动，从而促进经济增长。许多学者关注制度变迁、政府稳定等问题，但对制度的有效性却没有进行系统的梳理和解释。作为一种存在状态，制度有效性的本质是制度与行动者之间的关系。随着经济社会发展差异日渐显现，利益日益多元化，行动者能力不断增强，制度的有效性在理论和实践中受到越来越多的关注。

第一节　制度有效性研究

在制度理论的思想语境中，研究成果更多地关注制度的本质含义以及制度的产生、发展和变迁。制度有效性问题虽然没有被明确提出，但一直是制度理论关注的问题之一。诺斯在研究经济史与经济增长时，将制度分析引入其中，发现有效的制度结构能带来长期经济增长。那么，什么样的制度结构是有效的，并能够带来长期经济增长呢？

对制度有效性进行衡量是一项艰巨的任务。即使 North（1990）清楚地宣称“我们不能衡量制度”，但研究人员已经广泛地考察了制度有效性。自从启蒙运动以来，很多人认为制度强烈影响经济绩效。虽然一些研究表明制度对经济绩效很重要（Acemoglu，2001；Chang，2011），也有一些经验研究调查了制度对于经济绩效的重要性（Besley，1995；Acemoglu，2005；Jensen，2008）。这些研究验证了制度与经济绩效之间密切的关系。然而，对于制度与经济绩效之间的相互作用的分析在几个方面是存在争议的。第一，对如何衡量制度对于经济绩效的影响没有达成共识，即使有很多不同的估计方法被用来经验性地研究这种相互作用（Acemoglu，2005；Kovac，2016）；第二，设计制度变量和这些变量的数据，并未达成一致和共识（Knack & Keefer，1997）；第三，以往研究一般都关注从制度到经济绩效的因果关系，大都忽略了经济绩效改变制度的可能性（Chang，2011）。这些问题和争论导致了分析制度和经济绩效之间的相互作用存在一定的困难。

新古典经济学分析没有重视制度对经济绩效的作用，随后的文献探讨了各国的经济绩效来自制度因素的差异（Acemoglu & Robinson，2006）。这种方法主要由制度和组织经济学主导，已经对制度与经济绩效之间的关系进行了大量的调查。运用产权、交易费用、可信承诺和协议等制度性组成部分，结论是制度对于经济绩效很重要，因为它们形成经济中主要行动者的激励（Kovac & Spruk，2016）。

然而，在分析制度与经济绩效方面存在很多分歧。制度绩效与经济绩效相关性的研究方法也有所不同，涉及样本容量、计量指标、工具变量的选择、计量方法的应用等技术问题。

第一，尽管许多研究使用制度变量，如法律规则、腐败的普遍性以及征用和契约抵赖的风险，这些都是用制度组成的一部分来衡量制度的效果，没有对哪些变量代表制度达成共识。在没有确切界定的情况下，第一代研究主要使用两个常见变量来代表制度。虽然有些使用了有争议的变量，如军事政变或革命、政治暗杀和死亡率作为一个国家的部分决定因素影响收入水平（Acemoglu，2001），其他一些人则采用了 Gastil（1987）的政治权利和公民自由作为制度质量的指标。由于它们的缺点，随后的研究采用了由独立国际组织设计的各种指标（Kovac & Spruk，2016）。其中，Knack 和 Keefer（1997）通过不同来源的几个变量，如法律规则、征收风险和合同可执行性来代表各个层面的制度质量或环境，将交易费用定义为法律制度的费用，Kovac 和 Spruk（2016）使用世界银行经营与经济自由指数衡量正式和非正式的制度交易成本。

第二，关于如何衡量制度对于经济绩效的影响没有共识，即使有许多不同的估计方法被用于实证研究这种相互作用。一般来说，研究人员主要通过三种方式来衡量制度与经济绩效的关系：通过使用分类的关于制度的跨国测量数据，如政府质量；通过采用国家一级的汇总数据；通过建立包括历史案例研究的比较工作（Acemoglu & Robinson，2006）。

第三，如何界定制度是什么。即使有关于制度定义的共识，但对于制度是指什么仍然是有争议的。各种研究已使用不同的方法来代表制度。其中，Knack 和 Keefer（1997）在关于制度与经济绩效关系的分析中使用了“制度环境或质量”一词。此外，他们将法律、政治和监管框架作为制度环境，并采用了各种指标如法治、腐败普遍性以及征用和契约的风险代理制度环境。科瓦奇和斯普鲁克（2016）认为制度主要是指制度框架，虽然他们也使用诸如制度设置或环境这样的措辞。同样地，Goez（2016）在同一意义下使用了制度和制度的质量。这些研究中所指的制度环境或质量和制度成分存在着密切的联系。

在基础设施、教育或创新方面的投资往往相对容易掌握、运作和实施。然而，制度的概念更主观，不那么清晰，更有争议，而且，运作起来更加困难。在大多数正常情况下，加大对基础设施、教育、创新等领域的投资，可能会对任何地区的经济发展产生积极影响。但是，想要消除制度上的缺陷则要困难得多，尤其是在必要的制度应该具备“充足”“坚实”和“高效”的条件下。这意味着要让制度能够轻松地进行自愿和互惠的交流。因此，我们面临的问题是如何干预制度，如何创建“充足”“稳固”和“高效”的制度。

高效的制度如何促进区域经济发展？制度主义者认为，市场并不是新古典主义理论所描述的自由现象，它们应该被看作是通过社会建构的制度和惯例的框架来制造和复制的社会结构（Pike，2006）。因此，地区制度的职能不仅仅是简单的经济活动监管者，它们还是经济活动水平和效率的重要决定因素。这就是为什么人们坚信，地方制度通过为投资、经济互动和贸易创造必要的条件来促进经济增长和发展。同时，通过降低不确定性和信息成本，减少社会和政治不稳定和冲突的风险，制度在区域内和跨地区推进知识和创新，并改善经济活动的发展条件。在协调和竞争之间建立一个“适当的”平衡，从而使学习过程更轻松。正式和非正式的制度都可以帮助地区调整和应对变化，创造一定程度的“适应效率”，强调本地参与者不断学习和适应新知识，参与创新和创造性活动的意愿和能力。制度比其他因素都要多地决定任何地区的学习能力（Morgan，1997）。

第二节　制度有效性的内涵

制度是人类在生产和生活实践中不断交往的产物，对人类的交往行为进行约束和协调是它的重要功能之一，因此，制度是否协调人类的交往行为成为判断其是否有效的标准。许多学科从不同视角对制度有效性进行了关注和探讨。政治学通常从制度功能的实现程度来定义制度有效性，经济理论用制度是否促进经济增长来衡量其有效性。还有很多研究从制度产生的结果定义制度的有效性，如从绩效的角度界定制度有效性，奥兰（2007）从制度安排的角度研究社会制度是否改变了行动者的实际行为。马克思主义经济学把制度纳入到生产关系范畴，将生产力发展作为评价制度有效性的标准，认为越能促进生产力发展的制度，就越有效。科斯从交易成本出发，以交易成本或制度运行成本作为标准评价制度效率，认为交易成本低的制度是高效率的。布坎南认为，制度是否有效率与交易成本无关，应该关注一定制度下的交易者是否能够自由进行交易，能否得到各个交易者的同意，也就是说，在保证自由交易前提下，交易者所认可的制度是有效的，否则就是低效或者无效的。韦森（2001）认为制度是约束机制与激励机制的结合，并将制度有效性定义为制度安排产生的激励所导致的经济增长。

从结果角度来分析和界定制度有效性是合理的，但不能充分揭示制度有效性的内涵。例如，什么是制度有效性的本质？是何种因素促成了制度的有效性？这就要寻求从另一个维度来解决这些问题。

诺斯认为，有效的制度至少应具备两个特征：第一，能够有效地保护社会成员的生产成果，激励他们努力工作；第二，给予每个社会成员充分的机会来发挥才能，提高生产率，发挥整个社会的生产潜力。冯务中（2005）认为制度有效性指制度能否对人类行为产生影响。他区分了两种制度的有效性：一是制度对人类行为是否具有现实影响，二是制度对人类行为实际影响的程度。

新古典主义理论在分析经济在时间过程中的表现时，有两个错误的假设：一是制度并不重要，二是时间并不重要。为了更好地反映制度适应经济环境在运行过程中体现出来的效率，诺斯提出“适应性效率”的概念。

具有适应性效率的制度结构能够有效应对环境变化和不确定性问题。适应性效率不同于配置效率，它与一个社会接受和学习新知识、进行创新和创造性活动的能力有关；诺斯从长期经济增长的角度解释了适应性效率，他认为适应性效率是长期经济增长的关键，灵活的制度结构是政治、经济、社会演进的结果，分析长期经济绩效，必须考虑制度结构变化的适应性。

经济效率包括静态效率和动态效率两种形态。静态效率主要反映的是系统的稳定性，没有行为主体愿意改变当前的状态，反映系统的均衡性。动态效率反映了系统从一种形态向另外一种形态的转变，通常由低级状态向高级状态转变，对于经济系统来说就是经济增长。新古典经济学假设制度和技术是外生的，并且交易成本为零，在这样的条件下分析经济的配置效率，即如何在资源稀缺的情况下使资源配置效率更高，这是一种静态效率。适应性效率主要分析动态经济效率，强调制度对环境变化的适应性，经济社会环境在发生变化，分工和专业化在发生变化，生产模式和组织模式在发生变化，行为主体的价值观念日趋多元化，面对复杂多变的环境体现出来的适应性，就是制度的适应性效率。配置效率促进短期经济增长，适应性效率是长期增长的保证。

从演化经济学的角度看，经济均衡不是长期的，而是暂时的，一个具有适当制度结构的经济会不断地发生制度变迁，并具有适应效率。适应性效率主要关注制度对环境的适应性，以及经济增长和财富增长，本质上是制度变迁的动态效率。制度也在不断地发展变化，随着环境改变，制度也发生变化，每个制度都有自己的生命周期，经历形成、发展和衰亡的过程，这也决定了制度的有效性是相对的，是一个动态的历史范畴，制度的适应效率取决于制度与人或组织在同一环境下的适应程度。

制度结构是由制度环境、制度安排，以及正式制度和非正式制度等耦合形成的复杂制度系统。制度环境与制度安排、正式制度与非正式制度等，不同制度之间总是存在各种各样的关系，既相互影响，相互关联，又存在一定的制约和排斥关系。制度结构的有效性由制度环境、制度安排等共同表达，但不是由具体制度效率加总而来，它还包含不同制度之间的关系，以及制度与整体结构的关系，它们共同构成了制度结构的有效性。适应性效率建立在有效的体制结构之上，这种制度结构具有足够的灵活性，能够在面临环境变化和不确定性时尝试各种选择，并能够有效地应对新出现的问题和挑战。

制度的有效性可以分为制度本身的有效性和制度产出的有效性，有效的经济组织是经济增长的关键。诺斯在《制度、制度变迁与经济绩效》一书中的很多论述都涉及了制度的“有效”和“无效”方面的论述。诺斯认为制度的功能之一是减少不确定性，给予行动者更稳定的长期预期，但这不是制度的效率。制度的效率主要应来自于制度的结果，有效的制度产生具有竞争性的市场，还需要使行动者获得更多利益的竞争性制度安排。

事实上，我们不可能知道最有效的制度是什么形式。然而，我们可以使用比较的方法来比较现有的或以前存在的制度形式，总收益最高、最有可能促进长期经济增长的，就是降低交易成本能力较强、效率更高的制度。

在诺斯（2005）看来，适应性效率的本质特征是鼓励个体进行决策，从而促进分散决策。主流经济学强调配置效率，忽视了对适应效率的研究。配置效率主要来源于市场竞争，而适应性效率主要来自于制度结构及其对经济条件变化的反应能力，是刚性还是有弹性，是适应还是阻碍。适应性效率建立在有效的制度结构之上，这种制度结构具有足够的灵活性，能够在面临不确定性时尝试各种选择，并能够有效地处理新出现的问题和挑战。这种制度结构建立在鼓励和允许进行实验的信念结构基础上。适应性效率不仅是经济增长的关键因素，而且有利于经济制度的演化。在发达地区的制度结构中，正式规则和非正式规则都具有这种适应性。这种制度结构提供了一系列的指导原则，约束着经济和社会的发展模式，形成了适应性效率模式。

适应性效率是基于多源异质性和适应性理性建立起来的。有人把创新总是从西方开始归结为西方国家能做到多元性、异质性、断裂性。欧洲的多种地理环境、多民族、多文化的组合使其拥有多元性、异质性和断裂性的特征。创造力的一个更根本的源泉是一般意义上的制度多样性的演变，与适应性效率相关的适应理性的本质是有限理性，重点不在于将他们的目标定为最大化，而是根据经验调整他们的目标使之更可行。适应性效率是以经济学的个人主义方法论为基础的，其本质特征是鼓励个体决策，促进分散决策。

一般而言，具有适应性效率的制度应具有以下特征：第一，非正式制度与正式制度高度耦合，人们对正式制度认可与遵从；第二，政府在保障制度变迁和实施中具有较强的强制力；第三，它应该是一个竞争性的、分散决策的制度结构，有利于不同政策的试验，允许试错试验发生。适应性效率理论框架在解释经济增长的影响因素方面极富启发性，目前只是一个概念性的框架，但在研究经济增长方面确实进行了有益的探索。与其他主流经济理论相比，诺斯的理论在研究经济发展的实际问题，特别是制度差异的发展中国家的经济增长方面具有更强的解释力。因此，本研究选择诺斯的适应性效率理论来分析区域发展的制度结构，一方面，可以在一定程度上验证适应性效率理论的解释力；另一方面，从适应性效率的角度观察不同地区的经济增长，可以找出促进经济长期增长的关键制度和制约因素。

第三节 制度有效性的影响因素

适应性效率理论的基本假定继承了制度变迁理论中的假定，认为人对世界的认知是基于心智结构和后天经验，受认知能力的局限其行为选择集合是受到限制的。在人的认知具有不完美特征的假定基础上，制度的激励体系必然存在不完美的特征。制度变迁是各行为主体互动演化的结果，由于人的认知能力的有限性和信息不完全性，现实中的制度变迁往往不是最优的，而是次优的，就像在生物进化中适者生存一样。因此，有效的制度不仅具有配置效率，还需要具有适应性效率。配置效率是制度在一定条件下对社会资源配置的效率，是一个静态的概念。它可以解释现有制度条件下资源的有效配置和经济的运行，但不能反映经济的动态发展变化。适应性效率是指制度对社会发展不确定性的适应性，是一个动态的概念，强调灵活的制度机制对劳动分工和组织形式选择的影响，以体现经济的持续健康发展。配置效率终点关注稀缺资源的有效配置，是对短期经济增长的衡量，而适应性效率则重点关注制度对环境变化的适应，是对长期经济制度演变，以及促进这一过程的经济、政治和法律制度框架的衡量。适应性效率更注重制度的灵活性和适应性，以及制度对长期经济增长的重要性。

对于每一个不同的经济体，在历史发展的不同时期具有适应性效率的制度结构是各不相同的，但从制度的有效性来看，适应性效率是指制度在内外部环境的影响下，具有一定激励和约束能力，并能够减少和消除阻碍经济发展的实践因素的能力。首先，具有高适应性效率的制度具有一定的激励和约束力。约束力的关键在于正式制度和非正式制度之间的耦合关联，以及政府的资源动员能力和强制力。正式制度与非正式制度的耦合意味着共同的社会信仰结构承认现有制度，同时，也接受国家强制力的约束。正式制度由国家规定并强制实施，人们对正式制度是否遵从取决于遵守规则是否符合他们的利益，而人们对利益的认知取决于其心智信念结构。一般情况下，现行制度会进一步内化为心智结构的一部分，成为社会文化，进而使制度具有更强的约束性。其次，适应性效率高的制度，应该能够有效地消除不成功的实践。每个社会都会受到各种危机的困扰，适应性效率高的制度结构能够灵活地做出调整，从而能迅速应对前所未遇的挑战，进而在经济变迁的过程中存活下来并能够保持活力。通常该制度结构为制度创新保有足够的空间，有试错机制，面对危机或新事物时能够迅速做出适应性调整。

有效的制度主要来自于对内外部环境变化的调适能力。同样面对外部条件的变化，为什么有的制度结构能做出调整或适应，而有的制度结构不能做出调整或适应？到底是认知问题还是意识形态问题？是能力不足问题还是利益集团的障碍？制度有效性形成的条件是政治体制和经济体制能够在面临普遍的不确定性时为不断地试错创造条件，消除已无法解决新问题的制度性调整。

制度的有效性本质上包括制度的性质、演进和存在期限，制度作用的发挥得益于与环境的匹配。在不同的环境下，行动主体能力不同，同一制度发挥的作用可能也不一样。制度有效性是相对的，既包括对行动者的作用程度，又包括在这种制度的作用下，组织产出和绩效变动情况。影响制度有效性的因素很多，既有环境因素，也有行动者因素，还有要素禀赋和历史传统等的影响。这些因素从不同角度影响着制度有效性，并相互作用。制度有时候是指一种制度安排，有时指整个制度结构，因此，对制度有效性的讨论应从制度安排的有效性和制度结构的有效性两个方面进行。

1. 单项制度有效性影响因素

制度结构是由不同的制度环境、制度安排等构成的系统，它的有效性首先取决于构成制度结构的每一个制度安排的有效性。从新制度经济学视角来看，制度安排的有效性主要取决于以下因素。

（1）制度的“普适性”

制度是一般而抽象的、确定的和开放的。它包含三项准则，一是制度应具有一般性。制度是一系列规则和规范，对待不同的行为主体具有同样的激励和约束效力。如果一项制度区别对待不同的行为主体，就会削弱制度有效性，在行为主体互动选择以后，会逐渐发生变迁制度。二是制度应具有确定性。制度既包括正式的安排，也包括一系列的共享规范和价值观，制度要想发挥激励和约束作用，除了制度本身合理以外，还要简单和明确，这样各个行为主体才能够更好地理解，并按照制度的期望去选择和行动。三是制度要稳定，且具有一定的开放性。非正式制度形成和变迁比较缓慢，具有较强的稳定性，较难根据环境变化或者主动采取制度创新，正式制度变迁速度较快，但制度要具有一定的延续性，这样才能够具有更高的有效性。同时制度也要具有一定的开放性，随着环境的变化，行动主体在环境变化当中进行选择，通过制度变迁适应新环境。

（2）其他相关制度的关联

任何制度安排都发生在一定的经济社会环境中，植根于一定的制度结构之中，必然与经济社会环境和制度结构中的其他制度发生一定的关联，因此，每一种制度的有效性除了自身效力以外，还要考虑与其他制度以及整个制度结构的关联，它们共同决定了每一种制度的有效性。不同的制度都在制度结构中发挥着一定的功能，要想单独评价一项制度的有效性是非常困难的。可以评价一组或者一系列共同发挥作用的制度的整体有效性。对制度有效性的评价，还要考虑现在和历史的关联，找到制度形成和变迁的路径，这样才能更充分地探讨制度的有效性。

（3）生产过程的技术性质

任何制度都是与一定的技术水平和生产力相伴随的，因此，不同的技术环境适应不同的制度。随着环境的变化，以及技术进步和生产力的发展，制度也会进行相应的调整，以适应新环境，否则，制度结构的功能和作用必然会下降。凡勃仑指出，制度是由物质环境（主要是生产过程的技术性质）决定的，因而，制度必然随着物质环境的变化而变化。制度是物质环境和历史发展的产物，技术和物质环境在不断变化，因此，制度需要不断适应变化的环境。也就是说，随着生产过程的技术性质的改变，制度结构的效力将不可避免地下降。马克思关于生产力与生产关系辩证关系的原理也揭示了技术对制度有效性的影响。

2. 制度结构有效性的影响因素

制度结构是由不同的制度环境、制度安排等不同类型的具体制度耦合而成的复杂系统，制度之间存在着各种各样的关系，既有相互依存、相互关联的制度，也有相互制约、相互排斥的制度。因此，制度结构的有效性不能简单地将单一制度的有效性加总得到，影响制度结构有效性的因素与单项制度的有效性也不完全相同。

（1）制度与人性的契合程度

制度有效性与人性密切相关。制度约束主体的行为，行为主体又影响着制度变迁。制度结构与行为主体存在着一种反馈的关系，而行为主体的人性决定了行动和选择，一些需求在社会和制度系统中得到满足，进而推动社会和制度结构运行和演进。人性是制度有效性的内在基础，制度有效性是人性的外在表现。

任何人既追求经济价值也追求道德价值。符合人性的制度允许人们同时追求两种价值。只有符合人性的制度才是有效的制度，违反人性的制度虽然在短期内是有效的，但在长期内注定是无效的。不要用制度来改造人性，而是要用制度来发挥人性的效力。人性化程度越高，制度越有效；人性化程度越低，制度的效率越低。制度的有效性与制度的人性化程度呈正相关。只有把制度主体的智力和道德水平假定为一般人的水平，制度才能自我实现，才能发挥出制度的有效作用。

（2）制度结构健全的程度

制度结构内部越健全，不同制度之间配合协调，良性互动，制度有效性就越高，反之亦然。只有当系统结构健全，才能正常运转并充分发挥作用。如果缺少必要制度类型或行为主体，或者尽管存在但不具体和明确，难以充分发挥作用，也将会影响制度结构的运行和有效性的发挥。如果缺少制度内容，行动主体的行动就缺少可操作性和针对性，也会导致目标不明确，进而降低制度的效率。制度规则和规范需要简单而明确，只有行为主体充分理解这些准则和规范，才能有效地采取行动，进而提高整个制度结构的效率。如果三者都配备了，但没有适当的匹配，制度将不会有效，因为缺乏动力和其他原因。一般来说，制度有效性与制度结构的认同、组织的公平感知等呈正相关关系，制度的公平性具有较高的制度认可度，有利于提升制度的有效性。

（3）制度的严密性及柔性

制度的内容应该尽量细致严谨，以更好地防止机会主义行为产生，制度的形式应尽量简单明了。形式的简明性有助于一般人理解和接受制度，只有更好地理解和接受制度之后才能更好地遵守和实施。一般来说，制度的有效性与制度的简明性是正相关的，制度越简单明确、易于理解，制度的有效性可能就越高，反之越低。制度的柔性是指系统在面对各种各样的具体情况时可以相对灵活地应对的弹性能力，具有一定柔性的制度可以防止制度僵化，推动制度不断创新。制度的这种灵活性不是任意性或不稳定性，而是基于制度本身的自适应性。制度的灵活性和稳定性之间不存在冲突，制度的形式灵活性是制度稳定性的保证，制度的灵活性越强，其自我调节能力就越强。

（4）制度之间的兼容程度

制度都不是单独运行和发挥作用的，一项制度往往与其他制度共同构成一个制度体系并发挥作用。制度体系中存在着制度关联问题，不同的制度可以相互影响、相互配合，形成一个相对稳定、和谐的系统，也可能是相互排斥、互不相容的关系。不同的制度之间总会有冲突和矛盾，区别在于不同制度之间冲突和矛盾的大小。冲突和矛盾越大，相关制度之间的协调性越低；反之，相关制度之间的协调性越大。一般来说，协调性越强，制度的有效性越强，协调性越小，制度的有效性越低。一个制度的有效性与其和相关制度的协调性之间存在正相关关系。

（5）制度与制度环境的契合程度

制度的有效性是具体的而不是抽象的，是历史的而不是永恒的，是相对的而不是绝对的，制度的有效性只能在特定的经济社会环境中发挥作用。这里的环境主要是指特定的历史和传统、地理条件、文化特征和风俗习惯等。制度与其运行的环境构成了一定的制度生态，只有与制度环境相适应，制度才能有效运行。各种类型的制度都存在着与环境相适应的问题，制度与其运行的制度环境契合的程度越高，制度在制度生态中的适应性就越大；相反，它在制度生态中的适应性和有效性越小。一般来说，制度的有效性与制度环境的契合度呈正相关，契合度越大，有效性越好；契合度越小，有效性越差。

第四节　制度有效性与经济增长

经济增长一直是经济学相关领域和经济学家最关心的话题。古典经济学家认为资本积累促进经济增长，而新古典经济理论认为资本、劳动力和技术进步都是经济增长重要的影响因素，但新古典经济学将技术进步作为外生变量。内生增长理论认为，人力资本投资和知识积累也是经济增长的源泉，技术进步是经济系统中各种因素相互作用的结果。新制度经济学家基于内生经济增长理论、交易成本理论和产权理论，认为现有的经济增长理论只是解释了经济增长本身，没有对经济增长进行有效的解释，促进经济增长最根本的因素应该是制度。制度是造成国家和地区经济增长差异的最根本原因之一，有效的制度可以为经济主体提供适当的激励，从而成为经济增长最核心的要素。

制度与经济的关系一直是制度理论研究的核心问题。从研究的重点来看，以往的文献主要关注的是制度绩效和经济绩效的机制；在研究方法上，以诺斯为代表的制度经济学家在研究制度变迁理论时，大多是通过历史事件和案例分析进行描述性讨论。近年来的文献围绕着制度主题，呈现出许多新的特点：一方面，通过大量的数据和计量方法对制度与经济绩效的相关性进行实证分析，论证制度对经济绩效至关重要；另一方面，运用博弈论等分析工具，对制度绩效和经济绩效的机理进行建模，并运用数据进行计算和分析，较好地解释了现有的实证分析结果。

关于制度对经济增长影响的研究，普遍认为制度是在经济增长中产生的。Acemoglu、Johnson 和 Robinson（2004）建立了经济增长的一般模型，认为经济制度是影响经济长期增长的根本因素。潘慧峰和杨立岩（2006）建立的内生增长模型包含了制度变迁，认为制度变迁是经济长期增长的需要。也有学者从制度体系的某个方面分析了制度对经济增长的影响，如市场化进程、产权制度、经济开放程度、政府质量等。

有关制度和经济增长的文献已经将人们的注意力集中在经济增长与制度发展之间的复杂互动上。良好制度与经济增长之间的相关性可能反映出二者的因果关系；经济增长更快的国家和地区可能拥有更好的制度，因为它们互相支持和影响。面对因果路径的统计挑战，作者们在识别那些似乎是内生增长过程中的国家的特征方面非常有创造性，然而，这可能影响制度发展的特点，因此成为工具变量。因此，Pande 和 Udry（2005）认为，工具变量的数量是有限的，特定的偶然机制可能阻止制度对经济增长的分析，而且工具往往来自于一个国家的制度环境，限制了它们对研究制度变迁的通用性。

任何制度安排都产生于一定的生产力和技术水平，而技术进步日新月异，生产力发展水平也不断提高，制度安排需要随之做出相应的改变和调整。否则，其效率必然下降。那么，制度安排能否随着生产和技术的改变而及时调整呢？实际上，多数制度难以调整，致使低效的制度依然存在。

制度完善也存在一定的马太效应，这导致区域经济发展差异可能会加大。由于大规模的协调博弈，企业数量的多少将直接影响政府的管理，从而影响着制度环境。良好的制度能吸引更多的投资，从而促进经济增长，进一步形成良性互动。为了缩小区域间的经济发展差距，实现均衡发展，需要克服落后地区与发达地区在制度效率方面的差距。

制度对经济发展的影响不是一个直接的作用过程，而是通过有效地调动劳动力、资本、技术等传统经济要素，并吸引和投入投资，来促进经济发展，因此，制度有效性的研究和实践应集中在一定区域的制度配置上。

此外，区域制度的空间配置要重视区域或国家的政策、制度和规范，必须有适切的社会基础来进行制度的嵌入，只有这样的制度空间才可以有效运作，否则，“制度空间”难以有效实施，即使勉强引入，效果也不理想。政府可以通过多种方式改变制度框架，如果这种制度安排没有与嵌入的制度环境相容，实施效果必定不理想。

制度的实施效率是一个亟待研究的问题。制度有效性的分析主要包括两个方面：一是制度绩效，是指制度通过降低交易成本，积极地影响资源配置和经济增长；二是制度的实施效率，即制度被主体认可和遵循的程度。经济学家通常不对这两者进行严格区分。研究制度的有效性，要以制度的有效实施为前提；在此假设下，制度的生成问题成为关键。如果制度是自然演进、内生的，那么制度的实施效率与制度有效性是一致的；如果制度是外在的，或者理性建构的，那么制度的实施效率与制度有效性就不一致。

一般来说，制度绩效的前提必须是制度被经济主体所认可和遵循，没有制度的实施效率，就没有制度的绩效。制度绩效是制度实施效率的目的和归宿。没有制度绩效的实施效率是刚性的，这样的制度不会长久。因此，制度绩效与制度的实施效率应统一起来。

第九章　我国区域制度有效性评价

如何判断一项制度是否有效？诺斯提出，可以用适应性效率作为标准来判断，也就是个人或者组织等行为主体对制度的适应程度。这种适应程度很大一部分来自行动者和研究者的主观判断，而且涉及不同的主体和组织，很难用数量指标准确地描述。所以不管是外部研究者还是内部的行为主体，都不好准确把握。

从外部进行评价，我们可以测量个人和组织的产出，通过比较这些产出的多少来评价制度的有效性。第一，可以考虑测量制度投入带来的收益与成本的比值。第二，比较制度实施前后带来的收益和成本的变化。第三，制度的边际效率，即衡量不同制度投入下，制度的边际收益和成本之比。

有效的制度可以促进经济增长，接下来本章关注制度之间的差异对经济增长差异的影响。本部分考察和分析国家层面的制度有效性，主要使用制度效率来表征制度的有效性。制度结构是由许多制度环境、制度安排耦合而成的制度系统，直接衡量制度结构的效率是非常困难的。然而，经济绩效始终与制度结构的完善程度密切相关。也就是说，一个经济运行良好的国家或地区离不开一个相对健全的制度结构，制度是决定长期经济绩效的基本因素。制度结构的效率可以通过一些间接指标来衡量。

第一节　我国区域发展差异

根据新古典经济学边际收益递减规律，随着经济的发展，地区间的差距会缩小，但这一结论与许多实证分析并不一致。20 世纪 60 年代中期以来，新增长理论开始关注区域差异，并对区域差异提出了新的观点和理解，认为人力资本和技术进步在经济增长中发挥了关键作用，并导致不同区域之间的经济增长差异。人力资本积累促进了经济发展，经济发展又为人力资本提供更多的学习机会，经济越发达，积累的知识或人力资本越多，经济增长速度越快。经济落后地区人力资本积累较少，由于缺少经济支持，学习机会也较少，知识积累缓慢，进一步制约了经济发展，所以经济发达地区与落后地区的经济发展差距逐步扩大。此外，一些经济学家研究了经济发展的数据，发现没有简单的因素决定经济发展，但大量的理论分析和实践发展经验表明，包括法律、市场、产权制度、习俗、文化在内的制度对经济发展至关重要。除了作为生产要素的人力资本不断积累外，制度在经济增长过程中也发挥着越来越重要的作用。

我国经济一体化程度不断加深，交通运输成本迅速下降，要素流动性不断增强，技术进步速度不断加快，由技术引致的一系列成本不断下降。经济体制改革不断深化，对经济发展的政策支持和优惠力度不断加大。区域间经济发展差距已经由最初的要素禀赋、政策差异，转变到技术创新和人力资本等内生变量，并有趋同的势头，区域间经济发展差异的根源应该归结为在长期发展过程中逐渐凝结的某种因素，其核心是制度效率水平。一个健全的、低运行成本的制度，可以降低整个社会的交易成本，提高效率和绩效。虽然具有基本统一的宏观环境、政治体制和法律结构，但地理位置不同带来的资源禀赋差异，和由此产生的不同的经济发展历史，连同中国渐进的改革开放进程，使各省市最初的制度和制度演变、发展路径各不相同。区域之间的竞争，尤其是地方政府间的财税竞争日趋激烈，地方政府作为理性行动者，可能采取一定程度的地方保护，导致全国统一的大市场存在一定的市场分割，致使各省市的制度环境存在一定的差异。

为了更好地了解中国各省区经济发展水平的差异，这里以 2000—2015 年 31 个省区的人均 GDP 作为衡量指标，将绝对指标与相对指标相结合，衡量省域经济发展水平的差异。

首先，计算 2000—2015 年中国各省区人均 GDP 的极差和标准差，从而初步了解中国各省区经济发展的绝对差异和变化，计算结果如表 9 - 1 所示。

表 9 - 1　　2000—2015 年各省市区人均 GDP 变动差异　　单位：元

年份	最大值	最小值	极差 R	标准差 SD
2000	29671	2759	26912	5842.00
2001	32201	3000	29201	6411.28

续表

年份	最大值	最小值	极差 R	标准差 SD
2002	35329	3257	32072	7182.33
2003	39128	3701	35427	8144.74
2004	46338	4317	42021	9606.86
2005	52535	5119	47416	11032.49
2006	58837	5932	52905	12350.19
2007	68024	7273	60751	14238.75
2008	66932	9855	57077	14689.64
2009	69164	10971	58193	15299.25
2010	76074	13119	62955	16865.61
2011	85213	16413	68800	18491.12
2012	93173	19710	73463	19418.51
2013	99607	22922	76685	20438.87
2014	105231	26165	78798	21721.50
2015	107960	26165	81795	22928.59

从表9－1可以看出，从2000年到2015年，随着经济发展水平的不断提高，各省域的经济发展存在较大的差异，并呈现出增长的趋势，结果表明，进入21世纪以来，我国各省区经济发展水平的绝对数量差距越来越大，发展不平衡越来越严重。各省域人均GDP绝对水平差异由2000年的26912元提高到2015年的81795元。标准差也从2000年的5842增大到2015年的22928.59，均说明我国省域经济发展绝对差异呈扩大趋势。

在分析绝对差异后，选择相对极差来描述和分析2000—2015年省级经济发展相对差异的变化，计算出的相对极差如图9－1所示。

从图9－1可以看出，2000—2004年各省人均GDP的极差较稳定，变化相对较小，2005—2015年开始快速且连续下降。虽然各省级区域人均GDP的绝对差距仍然在扩大，但由于落后地区的经济发展在加快，所以人均GDP的相对差距逐渐在缩小，表明落后地区正在追赶发达地区的经济发展。

这里以GDP、人口、收入为基础，从多个角度衡量我国各省级区域经济发展水平的差异，并选取加权变异系数、泰尔指数和基尼系数三种综合测度方法，来衡量和分析我国各省域经济发展水平差异的变化趋势。

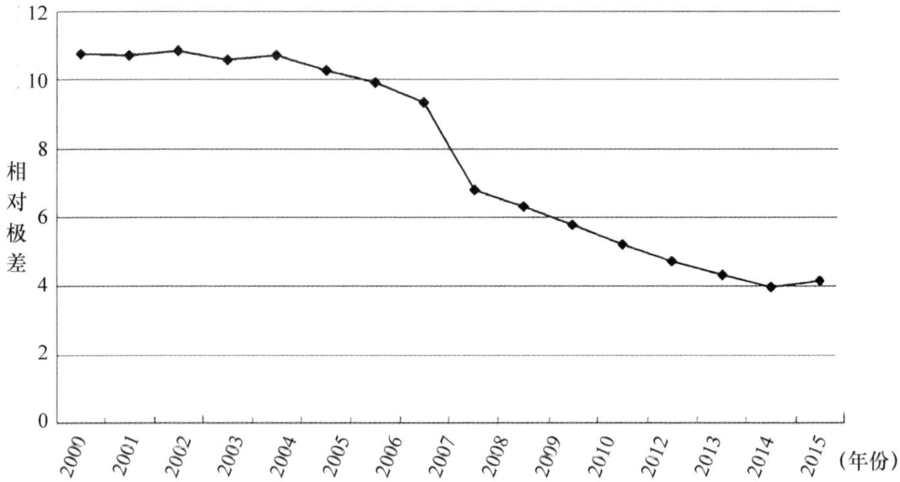

图 9 - 1　2000—2015 年各省市区人均 GDP 相对极差

从图 9 - 2 可以看出，从 2000 年到 2007 年，加权变异系数保持稳定，变化不大，2007 年后迅速下降，之后相对稳定，说明 2007 年后各省级区域的经济差异逐渐缩小。加权变异系数较低，与泰尔指数的变化趋势比较

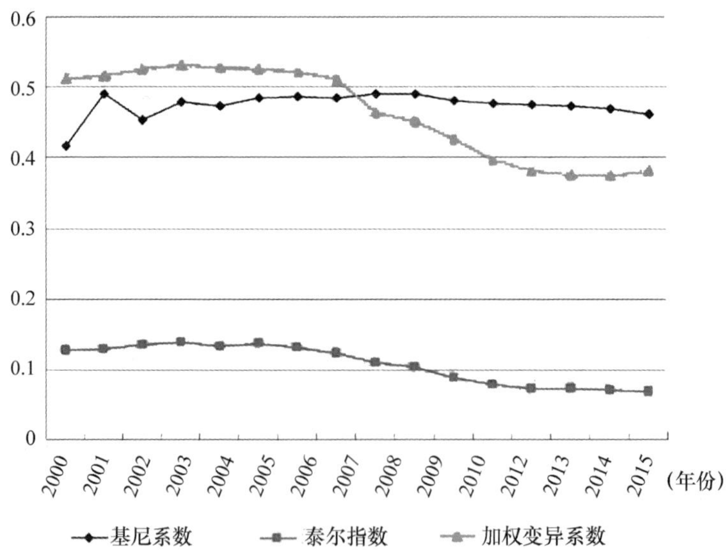

图 9 - 2　2000—2015 年各省域三大指数变化趋势

接近，逐年下降，近年来保持稳定。基尼系数相对较高，趋势比较稳定，长期保持在 0.45—0.5 之间，省级区域收入差距仍然较大。

许多学者探讨了中国区域经济增长的差异，希望找出原因并提出对策建议。一些学者基于区域经济增长和经济发展的传统理论，从人力资本积累、教育差异、劳动力流动、投资贸易、财政分权和城市化等方面进行区域经济增长差异研究。制度对经济增长的影响已经被普遍接受。学者们开始关注不同制度对经济增长的影响以及制度质量的差别。经济增长还受到资本、人力、技术、企业家精神等制度以外其他因素的影响。这些因素对经济增长各自发挥什么样的作用？是否纳入制度分析框架？如果未纳入可能会夸大制度对经济增长的作用。处在转型期的国家和地区经济增长较快，经济增长中比较突出的问题就是区域之间的差异，而经济增长差异与制度差异有多大的关系受到越来越多的关注。此外，经济增长是否对制度发展和制度结构产生影响，这些问题都需要我们进一步深入探究。

许多学者从制度视角深入分析了中国经济增长问题。王丽英和刘后平（2010）将制度和政府效率引入 C-D 函数中，基于中国各省市 1978—2006 年的面板数据进行实证分析，发现制度质量和政府效率与经济增长具有较强的相关性，制度质量和政府效率必须相互协调，才能促进经济增长。单豪杰和沈坤荣（2007）基于相关研究，结合我国体制改革和经济转型发展的现实，在制度经济学原理基础上，构建了分析我国经济增长的独特制度框架：政府官员在政治集权和财政分权的条件下，加大了权力的争夺，刺激了地方政府参与市场竞争和政策创新，从而带动了各地区的整体经济发展。靳涛（2011）研究了改革开放后制度变迁与经济增长的相互作用，发现虽然经济增长的速度较快，但这种增长的质量和效率都不高，主要原因是与经济体制改革没有同步发展。

第二节　制度效率评价逻辑架构

随着经济社会发展和时间的推移，经济发展的概念及影响因素不断发生变化，有效的制度可以提高经济社会发展效率，实现可持续发展。正式和非正式制度之间、历史和现代制度之间、个人和组织之间的相互作用使制度研究成为一门很有前途的学科。正式和非正式制度及其实施机制是经济发展差异的根源。这里用制度效率来表征制度结构的有效性，从适应性效率理论出发，阐释了制度效率的基本内涵和逻辑框架，建立了一个建构性和认知性的二维制度评价体系。将耦合协调模型引入制度效率研究中，从内在协调和外在协调两方面评价制度效率。

一 理论述评

哈罗德—多马模型、新增长理论、人力资本理论和新制度理论等从各自视角分析了经济增长要素和条件。但增长理论还欠缺对要素之间关系及相对重要性的评价，尤其缺少对制度效率的考量。通过相关文献梳理，在“适应性”视角下对制度效率的内涵和架构进行诠释，依据制度效率内涵构建相应的评价指标和模型，对东北地区制度效率进行实证检验。

制度的概念一直被认为是政治学的“专利”，传统上有关效率的研究主要集中在经济领域，如在马克思主义经济学中，恩格斯认为“价值是生产费用对效用的关系”；新古典经济学中被广泛接受的是帕累托资源配置效率理论，而新制度经济学关注的是制度的效率，认为制度是稀缺资源，存在配置效率问题。因此，制度效率研究成为制度经济学的核心与重点，什么样的制度才是有效率的，能促进经济发展，成为学者追寻的目标。

关于制度效率，学者给出了不同的标准和评价，马克思主义经济学将制度纳入生产关系范畴，把生产力的发展作为制度效率的评判准则，但是这容易将生产力和制度混淆，造成逻辑上的矛盾；科斯（1994）以交易成本理论为基础，认为交易成本低的制度是有效的，但在现实社会中交易成本难以准确衡量；与科斯相反，布坎南（1988）认为制度效率与交易成本无关，只要保证了自由贸易，交易者所认同的制度就是有效的，这存在较强的主观性。林毅夫（1994）认为，考虑到生产和交易成本，能够提供更多产品和服务的制度安排是更有效的；赵德起和林木西（2007）认为要素水平最低的部分决定了整个制度的效率水平；方绍伟（2013）对新制度经济学家的效率观进行了评价，提出了强效率观。

诺斯（1990）认为制度效率是指在约束机制下，参与者的行为选择将使产出增加，其实质是将“能否产生明显的经济绩效”作为制度效率的评判标准。随着制度变迁理论的深入研究，诺斯关注的是制度能否产生可持续的经济绩效，开始关注制度的动态效率，认识到经济持续增长的关键不是资源配置效率，而是制度的适应性效率，从而提出适应性效率概念，诺斯在《理解经济变迁过程》一书中进行阐释，适应性效率引入时间维度，表现为在时间过程中适应经济变化的制度变迁效率。其理论受到国内学术界的广泛关注，基于诺斯的适应性效率概念，其内涵得到了丰富和拓展。周冰（2012）较早地论述了经济制度的适应性，指出制度的适应性决定了经济的长期发展潜力；王玉海（2005）认为制度适应性应该是围绕“经济剩余”取得的社会关系调整；田湘波、谭丰华（2008）从制度转换方式的选择和制度的建立两个方面来提高制度的效率；黄信（2011）强调制度的适应性效率是经济发展中制度创新的动态目标，是检验制度环境是否良好的动态标准；巫威威（2008）引入“知识”因素，建立制度与经济增长的微观关系，分析了制度适应性效率的机制。罗小芳、卢现祥（2016）探讨了制度适应性效率的影响因素，分析了制度适应性效率对创新的影响。

在关于制度效率的研究中，也有学者用制度质量（institutional quality）来对其进行评价，Kaufmann 等的 WGI（全球治理指标）在研究中使用较普遍。Amin 提出了“制度厚度”（institutional thickness）概念，指出区域制度历史、组织间相互关系的重要性，此外，制度厚度与区域其他经济社会指标的相关性也较强，在区域发展分析中以地方独特的制度组合为工具，成为区域经济发展分析的有效方法。

回顾制度效率相关研究和理论可以发现，已有研究对制度效率关注较多，系统深入研究刚刚起步，内涵、机制及影响因素等研究还不完善。考虑到制度演进趋势下经济发展的复杂性，制度效率研究还存在很多不足，不能对制度效率进行有效的评价。诺斯关于适应性效率的研究为制度效率提供了理论基础，“适应性效率”从“动态”视角去解释制度效率问题，突破了制度效率的“静态”观察，提高了制度对经济增长，尤其是长期增长的解释力。但是，目前许多研究集中在制度效率内涵的界定和制度微观机制的构建上，不能有效地检验个体行为与整体绩效的一致性问题。因此，随着适应性效率研究不断增加，其理论基础逐渐丰富，在经济发展现实中，其分析框架也得到验证，但对制度效率宏观效应形成机制和适应性效率测度的研究却很少，这将成为未来研究的重点。

二　逻辑架构

许多研究对制度进行量化，并对假设进行检验，这些假设认为，这些制度长期地在一个给定的国家或某个地区创造福利是至关重要的。这种研究一开始并不是一件容易的事，这主要是由于数据的缺乏。随着时间的推移，一些数据出现在文献中，这些数据的大部分都在考虑来自世界各地的国家的制度质量。

制度对经济发展至关重要，但二者的因果关系方向不是单向的。经济表现良好的国家和地区，经济增长保持在高水平，并且可以持续增长，因此有能力建立良好的制度，而经济增长较差的国家或地区，由于发展水平较低，可能无法形成良好的制度环境。

社会学制度理论认为认同（identification）和适应（habituation）是决定行为的基本机制，这也是社会学制度理论的一个核心主题。社会成员处在一个制度化的世界里，社会化的行动者追求的目标不是理性计算的，而是包含文化的效用最大化目标，并在制度约束下采取适当的行为模式来追求这些目标。行动者处在不同的组织中，一个组织成员的行动不仅是效用最大化的，而且还受到组织中不同角色相关联身份的影响。因为他们用这些身份来定义自己，他们展开行动不仅是为了获得期望的结果，更是为了获得组织和成员的认同。

考虑到这些地区的正式制度的同质性，这里的问题通常涉及该地区的非正式制度。这里主要强调的是社会资本，考虑到某一特定国家的区域差异，得出的主要结论是，社会资本积累造成了区域间的经济绩效差异。尽管一些实证结果出现在文献和政策研究中，却一直无法超越在一个给定的国家，地区制度问题和地区政策应考虑的制度结构的差异。

以上理论和分析表明，制度效率研究逐渐由“建构理性”向“演进理性”发展，由“配置效率”向“适应性效率”发展。受诺斯“适应性效率”思想启发和指导，这里将“适应性”理论融入制度效率研究，综合制度的宏观和微观机制，将制度分为建构性制度（理性设计的制度）和认知性制度（主体遵从的制度），构建了制度效率评价模型和评价指标。这里的“适应性”体现在制度的内外协调上，制度的内部协调是指为了实现核心目标，将各种制度要素有机地耦合和协调，不存在结构性冲突，使制度的整体功能最大化。制度的外部协调是指制度与经济绩效之间的互动与协调，表现为制度推动经济的长期增长和发展。综上所述，制度效率将由制度系统的内部效率和外部效率构成，这一逻辑是诺斯适应性效率理论在宏观方面的拓展，同时也是马克思主义经济学“生产关系要适应生产力”理论的进一步解释，关注的不是短期生产力，而是制度的长期适应性（逻辑框架见图9－3）。总之，只有当制度的功能符合社会经济发展的方向时，制度的内外协调才能表现出合理的制度安排，并且不断优化与完善，制度才是有效率的，其特征概括为“耦合性、协调性和适应性”。

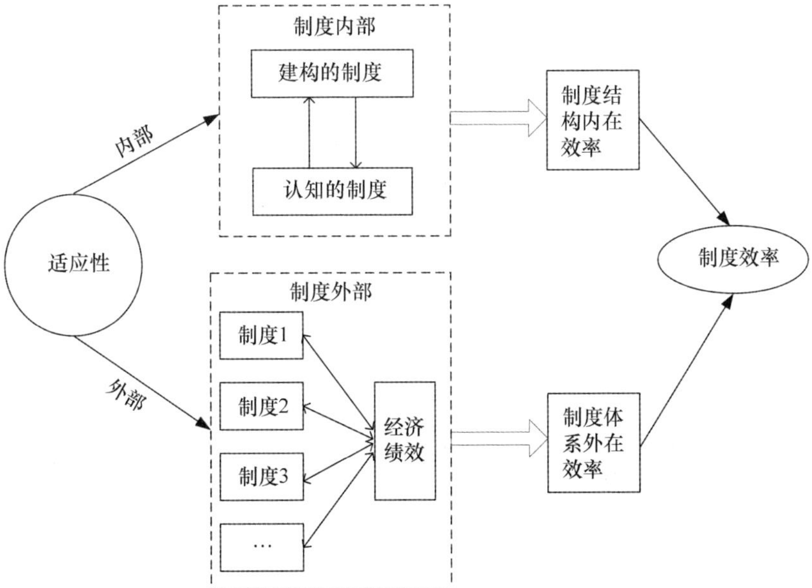

图 9-3　制度效率逻辑框架

第三节　研究方法和数据处理

一　指标体系的构建

有效的制度体现在制度结构的内部协调以及与社会经济运行制度的共同演进。通过指标体系的建立，定量衡量制度结构的内部协调和制度的外部适应性是评价制度效率的关键。这里依据指标选取的科学性、代表性及可获取性原则，从规模和质量两个维度，构建经济绩效指标评价体系（见表 9-2）。参考其他学者研究，建构性制度水平评价主要选取非国有化率、对外开放程度和市场配置作为评价指标，同时，由于制度是一系列人化的机制，在制度演进中，行为主体的主观意识和选择发挥着关键作用，对制度氛围产生重要影响的因素还包括人的素质、思想、学习过程等，因此，认知性制度水平的评价主要采用创新与教育环境作为评价指标。

非国有化率是衡量制度创新的关键指标，主要体现了产权多元化的表现形式；对外开放程度是区域制度变革和创新的重要组成部分，开放包容的经济制度是实现区域繁荣的关键，主要体现在商品贸易和资本利用上；

作为资源配置的主要方式，市场发挥着基础性作用，市场配置率体现了市场经济发展和改革的成果；创新与教育环境体现了当地居民的文化素质以及观念等认知行为，内在和隐性地影响区域制度演化，对建构性制度的实施具有辅助作用，也是对制度自适应学习过程概念的解释。

表 9－2 经济绩效评价指标体系

目标层	准则层	指标层	属性
经济绩效	发展规模	地区生产总值（万元）	正
		地区财政收入（万元）	正
		工业总产值（万元）	正
		社会固定资产投资（万元）	正
		消费品零售总额（万元）	正
	发展质量	人均地区生产总值（元/人）	正
		人均社会固定资产投资（元/人）	正
		城镇人均可支配收入（元/人）	正
		人均居民消费水平（元/人）	正
		农村人均纯收入（元/人）	正

表 9－3 制度水平评价指标体系

目标层	准则层		指标层	属性
制度水平	建构的制度	非国有化率	非国有工业产值占工业总产值比重（%）	正
			非国有工业企业比重（%）	正
		对外开放程度	进出口总额占 GDP 比重（%）	正
			利用外资总额占 GDP 比重（%）	正
		市场配置指标	非财政支出占 GDP 比重（%）	正
			非国有固定资产投资比重	正
	认知的制度	创新与教育环境	人均教育经费支出（元/人）	正
			人均科研经费投入（元/人）	正
			地区大学生人数比重（%）	正

二　指标数据来源与处理

考虑到数据的可得性，以 31 个省级行政区（不含港澳台）为研究对象，选取数据来源于 1998—2015 年《中国统计年鉴》《中国城市统计年鉴》《中国工业经济统计年鉴》以及部分统计公告。为了消除数据量纲的影响，运用极差标准化方法对各评价指标进行无量纲化处理（见公式 1）。通过数据的无量纲化处理，样本矩阵 X 转化为矩阵 $Y=(y_{ij})$，$y\in[0,1]$，因为所选指标均为正向指标，因此指标值越大越好。其中，y_{ij}为归一化指标数值，$\max(x_i)$、$\min(x_i)$ 分别表示样本最大值和最小值。

$$y_{ij}=\frac{x_{ij}-\min x_i}{\max x_i-\min x_i} \quad \text{公式 1}$$

同时，为了避免指标间的信息重叠，本研究采用熵权法对评价指标进行权重赋值，最终通过加权求和得到综合评价值，公式如下所示：

$$f_i=\sum_{j=1}^{n}y_{ij}w_j \quad \text{公式 2}$$

其中，f_i 表示第 i 样本的综合评价值；y_{ij}为无量纲化处理后的指标数据；w_j为第 j 项指标权重。

三　耦合协调度模型

制度结构中单个制度安排的结合状态有三种情形，即制度协作、制度无关与制度冲突。制度协作，指的是制度结构内的各项制度安排，为了实现其核心功能而有机地组合在一起，从不同角度来激励与约束人们的行为，从而更好地发挥制度结构的作用。制度无关，指的是制度结构内的各项制度安排之间没有明显的关联，既不存在协作关系，也不存在结构性矛盾，制度安排之间没有冲突和矛盾，也没有相互影响相互促进，各自独立地发挥制度功能，制度之间的关联不影响制度结构功能的发挥。制度冲突，是指在制度结构内部不同制度安排之间存在一定的冲突和矛盾，同样一种行为，有些制度对其进行激励，有些制度对其进行约束和限制，这些存在冲突和矛盾的制度之间的关联，可能会影响到制度结构功能的发挥。

在一定的制度结构中，可以从不同维度来分析制度的耦合情况，例如正式制度与非正式制度、政治制度与经济制度、基础制度与次级制度等之间的耦合。虽然正式制度和非正式制度的职能范围和程度不同，但它们往往从不同的角度对同一种行为进行规制。如果它们的作用方向相同，它们就是耦合的。如果正式制度和非正式制度对某一行为的约束不一致，二者就不能实现耦合，不能较好地发挥制度的作用。制度冲突经常发生在基础制度与次级制度之间，一些国家和地区的制度结构有效性不高，主要在于其次级制度与基础制度存在冲突，从而使其基础制度难以发挥作用。

制度耦合是制度结构中，各种制度安排高度有序、协调一致的状态。制度冲突和制度真空是制度结构中存在制度安排冲突和不足的状态。如果制度结构中存在大量的制度冲突和制度真空，就会对制度结构有效性带来较大的影响。因此，要提高制度结构有效性，关键在于良好的制度配置，使制度实现更多的协作，尽量减少制度冲突和制度真空。

我们采用 Johansen 共同测试与结构性破坏的创新实证方法（Johansen et al.，2000）。这种方法允许我们同时估计制度因素和经济指标之间的长期关系（Johansen，2005）。通过这种估计方法，我们同时估计两种不同的方程式，这些方程式表示制度和经济绩效的关系。协整分析估计了存在于结构性破坏的两个方程中的变量之间的同步关系，使我们能够揭示显著的结构，制度和经济变化的影响如关键结构改革，政府类型，政府结构的变化和在估计模型中使用的经济变量的危机。另外，我们估计了从经济绩效到制度的因果关系。因此，本文使用的实证方法使我们摆脱了在研究时间序列数据上的传统问题。事实上，我们使用这种实证方法可以通过国家一级的汇总数据研究所有那些同时的长期关系。

耦合协调度是由耦合度和协调度构成的综合概念。耦合是一个物理概念，是指两个或多个系统相互影响和相互作用而聚集在一起形成的动态相关关系；协调度是指系统之间或系统要素之间在发展过程中的协调程度，反映了系统从无序到有序的发展趋势。根据制度效率的概念，制度效率不仅表现为制度与经济系统的互动耦合，而且反映了制度与经济的整体协调发展趋势。因此，建立耦合协调度模型可以很好地分析制度外部性与经济之间的耦合协调关系，也可以更好地验证建构性制度与认知性制度之间的关系，从而全面分析制度在可运用领域的效率。

基于物理学的容量耦合概念和容量耦合系数模型，建立了多系统相互作用的耦合模型：

$$C = n[(f_1 * f_2 * f_3 * \cdots * f_n) / \prod (f_x + f_y)]^{\frac{1}{n}}, (x, y = 1, 2, \cdots, n \text{ 且 } x \neq y)$$

公式 3

其中，C 为耦合度；f_1，f_2，$f_3 \cdots f_n$ 表示各子系统的评价值；n 代表子系统个数。当 C 值越接近 0 时，表明耦合度越低，两者关联性越差；C 值越接近 1 时，表明耦合度越高，两者关联性越好。

进一步引入耦合协调度模型，用于反应内外两个系统之间交互耦合的协调程度，公式表述为：

$$D = \sqrt{C \times T}, T = \alpha f_1 + \beta f_2, (0 \leqslant T \leqslant 1, 0 \leqslant D \leqslant 1) \qquad \text{公式 4}$$

其中，D 表示耦合协调度，T 为协调状况的综合评价指数；α，β 分别表示权重，α 和 β 为待定参数，在本文中取 $\alpha = \beta = 0.5$；D 数值越小，表示耦合协调水平越差；D 越接近 1，则表明二者高度耦合协调。

同时，为了更直观详细分析制度效率水平，在历年数据的基础上，运用聚类分析法分别对制度效率及内在效率和外在效率进行等级划分，划分标准见表 9 －4：

表 9 －4　制度效率指数级别判别标准

级别	制度效率值 D	类型	外在效率值 $D_{内}$	类型	内在效率值 $D_{内}$	类型
Ⅰ	$0.51 < D \leqslant 1$	高	$0.65 < D_{外} \leqslant 1$	优质	$0.53 < D_{内} \leqslant 1$	优质
Ⅱ	$0.43 < D \leqslant 0.51$	较高	$0.45 < D_{外} \leqslant 0.65$	良好	$0.38 < D_{内} \leqslant 0.53$	良好
Ⅲ	$0.26 < D \leqslant 0.43$	较低	$0.31 < D_{外} \leqslant 0.45$	中级	$0.24 < D_{内} \leqslant 0.38$	中级
Ⅳ	$0 < D \leqslant 0.26$	低	$0 < D_{外} \leqslant 0.31$	合格	$0 < D_{内} \leqslant 0.24$	合格

第四节　实证检验与结果分析

一　中国制度效率的空间比较

1. 各省域制度效率指数

为了更加全面地分析制度效率状况，从空间上对比全国 31 个省、直辖市及自治区间的制度效率指数。由表 9 －5 可知，制度效率较高的有：北京、上海、天津、江苏、浙江及广州等，属于制度效率的高级，其中北京和上海的内在效率和外在效率均为优质型，天津、江苏、浙江及广州次之，属于良好型；相比而言，东北三省制度效率差距明显，虽然辽宁制度效率指数属于Ⅱ级，但与Ⅰ级差距较大；特别是内在效率，三省效率值均为Ⅲ级，表明在制度体系内部，建构性制度和认知性制度耦合协调度不高，与效率优质型省份相比，制度内在效率是制约东北三省制度实施效率、经济发展的重要影响因素；东北三省中，黑龙江的制度效率最低，各项制度效率指数均为Ⅲ级，在东部省份排名靠后，在发展战略、政策的制定上，应该注重制度体系的维护，保持制度体系的灵活性和适应性，同时，更加注重次级制度的实施，营造良好的制度环境。

表 9－5　　31 个省、直辖市及自治区制度效率指数

指数	D		$D_{外}$		$D_{内}$		指数	D		$D_{外}$		$D_{内}$	
北京	0.657	Ⅰ	0.769	Ⅰ	0.545	Ⅰ	湖北	0.387	Ⅲ	0.483	Ⅱ	0.290	Ⅲ
天津	0.611	Ⅰ	0.713	Ⅰ	0.509	Ⅱ	湖南	0.341	Ⅲ	0.446	Ⅲ	0.235	Ⅳ
河北	0.337	Ⅲ	0.462	Ⅱ	0.213	Ⅳ	广东	0.609	Ⅰ	0.768	Ⅰ	0.450	Ⅱ
山西	0.329	Ⅲ	0.399	Ⅲ	0.259	Ⅲ	广西	0.310	Ⅲ	0.383	Ⅲ	0.237	Ⅳ
内蒙古	0.390	Ⅲ	0.493	Ⅱ	0.287	Ⅲ	海南	0.347	Ⅲ	0.383	Ⅲ	0.312	Ⅲ
辽宁	0.495	Ⅱ	0.613	Ⅱ	0.378	Ⅲ	重庆	0.404	Ⅲ	0.482	Ⅱ	0.326	Ⅲ
吉林	0.380	Ⅲ	0.457	Ⅱ	0.302	Ⅲ	四川	0.350	Ⅲ	0.457	Ⅱ	0.243	Ⅲ
黑龙江	0.325	Ⅲ	0.398	Ⅲ	0.253	Ⅲ	贵州	0.264	Ⅲ	0.299	Ⅳ	0.228	Ⅳ
上海	0.677	Ⅰ	0.787	Ⅰ	0.568	Ⅰ	云南	0.274	Ⅲ	0.335	Ⅲ	0.213	Ⅳ
江苏	0.618	Ⅰ	0.771	Ⅰ	0.464	Ⅱ	西藏	0.247	Ⅳ	0.281	Ⅳ	0.214	Ⅳ
浙江	0.553	Ⅰ	0.689	Ⅰ	0.417	Ⅱ	陕西	0.366	Ⅲ	0.443	Ⅲ	0.288	Ⅲ
安徽	0.417	Ⅲ	0.467	Ⅱ	0.367	Ⅲ	甘肃	0.225	Ⅳ	0.261	Ⅳ	0.190	Ⅳ
福建	0.446	Ⅱ	0.556	Ⅱ	0.336	Ⅲ	青海	0.294	Ⅲ	0.344	Ⅲ	0.243	Ⅲ
江西	0.368	Ⅲ	0.442	Ⅲ	0.295	Ⅲ	宁夏	0.321	Ⅲ	0.370	Ⅲ	0.272	Ⅲ
山东	0.481	Ⅱ	0.635	Ⅱ	0.328	Ⅲ	新疆	0.322	Ⅲ	0.382	Ⅲ	0.262	Ⅲ
河南	0.371	Ⅲ	0.491	Ⅱ	0.251	Ⅲ							

注：数据为 2012—2014 年效率指数的算数平均值。

2. 空间相关性检验

(1) 全局空间自相关

作为一系列人化的机制，行动者的思想、意识和选择在制度演进中发挥着重要作用，人的素质思维的学习过程等因素对制度氛围有着重要的影响，因此，具有相似地理邻近性和文化的地区之间可能存在一定的空间自相关。这里首先检测制度效率的全局空间自相关，以更好地考察各个省域制度效率的空间依赖关系。通过空间自相关全局莫兰指数（Global Moran's I）检测各省域制度效率的空间依赖。根据要素位置和要素值，度量空间自相关的全局 Moran 公式为：

$$I = \frac{n\sum_{i=1}^{n}\sum_{j=1}^{n} w_{ij}(x_i - \bar{x})(x_j - \bar{x})}{\sum_{i=1}^{n}\sum_{j=1}^{n} w_{ij}\sum_{i=1}^{n}(x_i - \bar{x})^2}$$

其中，I 即为 Moran's I 指数，n 为区域单元个数，y_i以及 y_j分别为第 i 和第 j 个区域内的属性值，y 为所有区域属性值的 j 平均值，w_{ij}为区域单元之间的空间权重矩阵，用以衡量区域之间的相互邻近关系，以常用的二元邻接矩阵为例，若区域 i 和区域 j 相邻，则 $w_{ij}=1$，否则 $w_{ij}=0$。一般情况下 w 为对称矩阵，$w_{ij}=0$。

如果 Moran's I 指数为正则倾向于属性的高值集聚，如果是负值则是低值倾向于集聚，指数为 0 则空间分布呈现随机分布。如果 p 值不具有统计学上的显著性，则不能拒绝零假设，要素值的空间分布很有可能是随机空间过程的结果。总体说，p 值代表数据来源的可靠性，Moran 指数表示此数据是否有明显的集聚规律。只有经过 Moran 全局检验的变量，才能考察它是否受到空间依赖关系的影响。

为了判断全国各省域制度效率的空间集聚情况，首先进行全局 Moran 分析，得到制度效率差距的 Moran's I 系数如表 9 - 6 所示。其中各个年份的 p 值均小于 0.01，Moran 指数为正数，说明各省的制度效率情况呈现出空间正相关，即存在着较强的空间依赖关系。

表 9 - 6　**制度效率空间自相关分析结果**

变量	D		D 外		D 内	
	莫兰指数	P 值	莫兰指数	P 值	莫兰指数	P 值
制度效率	0.448	0.000	0.453	0.000	0.394	0.000

（2）局部空间自相关

全局空间自相关解释了研究区域到底有无集聚，集聚的判断是基于变量数值的平均程度而言的。可能就某个具体区域来说，它所对应变量的空间集聚关系并不是那么明显。局部空间自相关则解释了具体区域的集聚显著度，不符合空间统计显著的区域则认为它们的空间关系是随机产生的，这样局部空间自相关分析就更精确地探查出了哪些区域是高值区域，哪些是低值区域。精确地识别出制度效率所在的高值区域和低值区域，对分析制度效率差距的成因有很大帮助。空间统计中涉及到局部空间相关性指数的有局部 Geary 指数、局部 Moran 指数、Moran 散点图。局部 Moran 指数

（Local Indicators of Spatial Association，LISA）已经在空间统计中获得了广泛的接受，本书在测度具有空间显著性的制度效率时使用局部 Moran 模型。公式如下：

$$I(i) = \frac{n(x_i - \bar{x}) \sum_j w_{ij}(x_j - \bar{x})}{\sum_i (x_i - \bar{x})^2}$$

w_{ij}是地区 i 和地区 j 的空间权重，n 等于地区总数，$x = \ln \sum n_i = 1x_i$，x_i 为地区 i 的观察值制度效率。每个区域单元的局部 Moran 指数描述该区域单元与周围显著的相似性区域单元之间的空间集聚程度，而且局部 Moran 指数的均值是全局 Moran 指数。

全局空间相关性测度强调的是整个区域的均值空间依赖，变量每个位置上的空间特征未必具有显著的空间依赖特征。为了更精确地测度变量每个位置的空间特征，需引入局部空间相关性探测，局部 Moran 指数是常见的探测局部空间相关性的手段。为了探测制度效率在各区域的空间演化，我们计算出局部 Moran 指数。

从表 9 -7 我们可以看出江浙沪区域的制度效率存在着显著的空间自相关。长江三角洲自古受吴越文化的影响，是中国最富庶的地区之一，商业气息浓厚。长三角地区在改革开放以来，实现了经济的快速增长，经济发展水平在全国各区域一直处于领先地位，这与当地文化的影响是分不开的。长三角地区有着相似的地域文化、密切的经济往来和分工，同时与西方现代工业文明不断交流与融合，形成了较为开放、自由的商业文化氛围。在整个区域内，制度结构呈现出相互影响、相互促进的关系，不断提高制度效率，进而促进了区域经济的增长。

二　东北三省制度效率的时间序列分析

改革开放以来，东北地区经济发展逐渐落后于东部沿海地区。21 世纪初，中央政府提出了振兴老工业基地的战略，东北地区经济增速有所回升，但未能实现根本性的逆转。特别是 2013 年以来，东北地区经济急剧下滑，东北振兴再次成为社会各界关注的焦点。面对区域发展问题，越来越多的学者把关注点从传统的“资源论、资本论”转向制度领域，如 Rodriguez-Pose（2013）、Yu 和 Zhang（2009）、杨友才（2015）等学者从不同视角探讨了制度与经济增长之间的关系，并证实了“制度至关重要”的命题，制度内生要素的引入解决了一些以往理论所不能解释的经济问题。但是，面对东北经济增速下降和老工业基地“振而未兴、振而不强”等问

表 9－7 31 个省、直辖市及自治区制度效率局部莫兰指数

城市	D		D外		D内		城市	D		D外		D内	
	莫兰指数	P 值	莫兰指数	P 值	莫兰指数	P 值		莫兰指数	P 值	莫兰指数	P 值	莫兰指数	P 值
北京	0.369	0.229	0.394	0.216	0.270	0.286	湖北	0.029	0.432	0.012	0.450	0.055	0.403
天津	1.284	0.026	1.196	0.035	1.240	0.028	湖南	0.056	0.403	0.033	0.428	0.089	0.367
河北	-0.432	0.137	-0.168	0.356	-0.696	0.033	广东	-0.511	0.150	-0.430	0.196	-0.536	0.136
山西	0.187	0.316	0.082	0.402	0.315	0.223	广西	0.198	0.308	0.145	0.350	0.266	0.256
内蒙古	0.052	0.389	-0.002	0.459	0.131	0.292	海南	0.000	.	0.000	.	0.000	.
辽宁	-0.211	0.372	-0.114	0.441	-0.302	0.308	重庆	-0.001	0.468	0.030	0.438	-0.063	0.471
吉林	0.001	0.475	-0.014	0.486	0.012	0.466	四川	0.354	0.143	0.204	0.258	0.490	0073
黑龙江	0.098	0.423	0.071	0.439	0.130	0.403	贵州	0.571	0.095	0.528	0.113	0.536	0.106
上海	3.299	0.000	3.079	0.000	3.181	0.000	云南	0.834	0.100	0.789	0.113	0.821	0.101
江苏	1.825	0.000	1.865	0.000	1.565	0.000	西藏	0.976	0.014	1.046	0.010	0.765	0.040
浙江	1.006	0.000	0.971	0.007	0.927	0.008	陕西	0.142	0.281	0.136	0.29	0.139	0283
安徽	0.052	0.407	-0.103	0.424	0.133	0.322	甘肃	0.907	0.001	0.976	0.000	0.716	0.006
福建	0.158	0.339	0.219	0.293	0.072	0.409	青海	0.858	0.027	0.957	0.016	0.641	0.070
江西	-0.080	0.443	-0.109	0.409	-0.036	0.496	宁夏	0.422	0.201	0.501	0.164	0.263	0.291
山东	0.164	0.334	0.348	0.205	0.011	0.462	新疆	0.806	0.061	0.953	0.035	0.534	0.145
河南	0.038	0.422	0.001	0.463	0.158	0.297							

题，仅从制度要素投入与供给角度仍不能得到有效解释，因为其本身无法摆脱“收益递减”规律的束缚（Thaler，2016），更需要将焦点集中于制度的实施效果，即将思维收敛于“制度与效率”的关系上。

依据所构建的耦合协调评价模型，结合标准化处理的数据，可以得到1997—2014年东北三省的制度效率具体指数。由表9-8可知，自1997年以来，东北三省的制度效率提升显著，从均值来说，东北三省制度效率在18年间提升了约1.42倍，这得益于改革开放以来，一系列老工业基地振兴战略、国家东北转型发展的政策措施，在一定程度上提升了东北地区的制度效率，延续了东北三省的中高速发展。但具体而言，东北地区的整体制度效率仍较低，尤其是吉林和黑龙江的制度效率长期处于较低状态，这也是东北“振而不兴、短暂繁荣”的重要原因。

表9-8　1997—2014年东北三省的制度效率指数

年份＼省份	辽宁	吉林	黑龙江	年份＼省份	辽宁	吉林	黑龙江
1997	0.33935	0.24015	0.23815	2006	0.41609	0.33293	0.29091
1998	0.43265	0.32329	0.30040	2007	0.45067	0.34323	0.29965
1999	0.42387	0.31692	0.30369	2008	0.47096	0.35892	0.31324
2000	0.43134	0.30856	0.31786	2009	0.45954	0.34317	0.30318
2001	0.41137	0.31226	0.30910	2010	0.46954	0.33711	0.29920
2002	0.41355	0.31589	0.29970	2011	0.50264	0.35653	0.32255
2003	0.43037	0.31684	0.30179	2012	0.50948	0.38133	0.33457
2004	0.43855	0.32939	0.31050	2013	0.50523	0.38499	0.32606
2005	0.42234	0.32642	0.29208	2014	0.47169	0.37280	0.31581

为了详细分析东北三省历年的制度状况，这里分别从内在效率和外在效率探讨东北三省制度效率，从图9-4可知，三省内在效率在1997—1998年均有较大增幅，辽宁省内在效率值一直保持在0.32—0.36，2011—2013年，制度效率水平提升到良好级，但2014年又回落到中级；吉林省内在效率在1999—2011年始终保持在0.25—0.28，在2012年突破0.3，但始终处于中级水平；自1999年以来，黑龙江的制度效率值位于0.22—0.26，属于合格和中级，近些年维持在中级水平。长期以来，吉林省和黑龙江省的内在效率水平均低于全国平均水平。

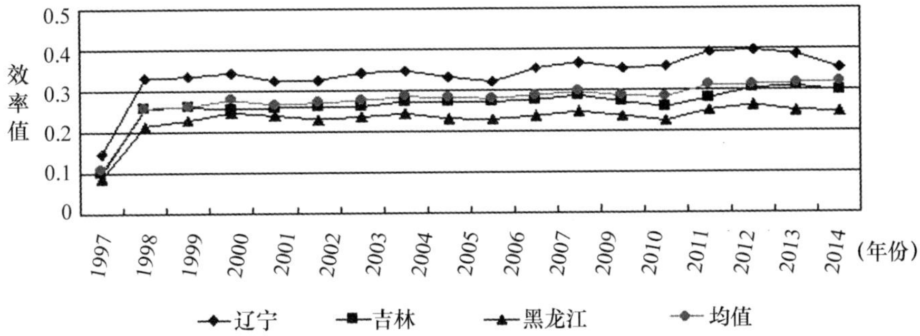

图9－4　东北三省内在效率指数

图9－5显示，辽宁、吉林和黑龙江3省外在效率均在0.35以上，效率级别处于中级水平以上，1997—2014年，辽宁一直处于良好级别；吉林外在效率在2012年和2013年达到良好，但在2014年降至中级水平。同样，吉林和黑龙江的外在效率低于全国均值。

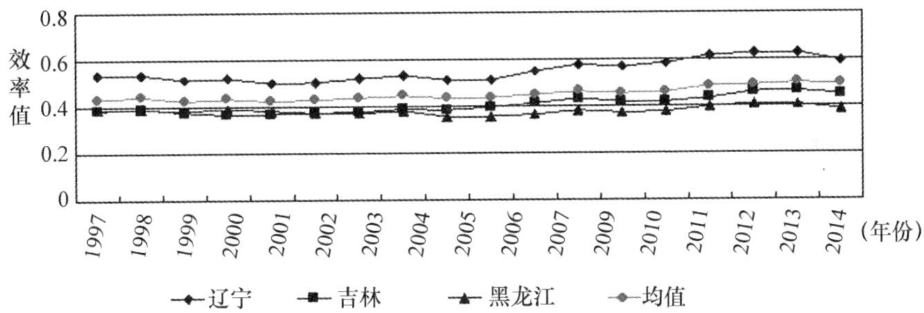

图9－5　东北三省外在效率指数

针对东北三省经济下行、老工业基地“振而不兴”的现状，本部分在“适应性”视角下探讨地区制度效率，应用耦合协调模型对制度效率进行实证分析。结果表明，东北三省的制度效率指标得到了明显改善，辽宁省属于较高的一类，吉林和黑龙江属于较低的一类，两省的内外效率指标均低于全国平均水平；在东部地区，东北三省的制度效率处于较低水平，内部制度效率远远落后于北京、天津、江苏、浙江等省市。

经济增长实质上是一个资源、要素以及制度等有效利用的过程。从长期来看，制度有效性是促进经济增长的关键因素，而制度有效性的根源在于制度环境与制度安排，及正式制度与非正式制度安排的匹配程度。

制度效率是区域经济发展的关键，内部效率也是影响制度效率的重要因素。要实现经济快速增长，培育适应现代经济运行的社会文化是当务之急。因此，东北振兴不能一蹴而就，实现东北三省制度内在效率的提升，破除体制障碍，将是一项需长期坚持的任务。当前，应该更加注重制度体系中建构性制度和认知性制度间的耦合协调性，加强舆论导向和政策引导，尽快把竞争意识、重商精神升华为实业精神。更加注重提升地区政府、企业、个人的认知水平，更加注重搭建东北地区人才培养、人才聚集平台，逐步改善并营造良好的制度氛围。全社会逐步形成尊重科学、技术和法治的精神，并升华为经济行为的动力，为经济发展提供不可或缺的非正式制度支持。

正式制度可以通过理性设计或者外部移植，实现变迁速度快。但非正式制度受历史文化、传统的影响，变化速度较慢。正式制度可以进行人为设计，但正式制度实施的效果要受到非正式制度的影响。社会层面的非正式制度主要指社会意识、共享价值观等。个人层面的非正式制度，主要指信仰、习惯、道德等。

作为后发国家，我国的正式制度变迁通过借鉴国内外经验，结合本国情况，进行理性设计，可以在较短时间内完成。但正式制度的实施离不开与非正式制度的契合。非正式制度的变迁需要更长的时间。如社会意识形态与正式制度有差距，并且逐渐多元化，意识形态调整需要较长的时间，个人的信仰、价值、行为取向调整也需要一定的时间。意识形态在一个国家获得主导地位，可以作为正式制度安排的理论基础、标准和指导思想。价值取向的多元化也可能导致社会意识碎片化，难以有效发挥意识形态的整合作用，在一定程度上制约经济发展。

中国经济转型的过程中，正式制度发挥了关键作用，尽管非正式制度变迁缓慢，但意识形态的整合与正式制度契合，提高了正式制度的实施效率。非正式制度变迁需要更长的时间才能达到新的平衡，所以当前意识形态的整合及社会资源的动员能力还有很多的上升空间。社会意识的多元化和一定程度上的信仰缺失，使正式制度与非正式制度可能存在冲突和矛盾，增加了正式制度的实施成本，制约了经济效率的提升和经济增长。

中国在改革过程中采取的试错机制，成功规避和减少转型的不确定性，实现社会平稳转型。改革开放初期，外部发展环境复杂、资源要素配置关系没有理顺，意识形态缺乏整合。制度变迁面临着种种不确定性，要想设计出适合国情的正式制度，存在很大的困难，制度实施过程当中，与非正式制度存在很多的冲突和矛盾，这些都会对制度实施的效率带来很大的影响。在这种情况下，邓小平提出了“摸着石头过河”的改革策略。首先，解决了不完全信息的不对称性和不确定性，降低了获取信息的成本和风险，其决策方法是渐进的，但也具有一致性和连续性。其次，这种渐进的改革，也可以利用成功的试点发挥示范效应，在社会达成共识，为推动进一步的改革或者在全国推动改革奠定基础。

中国的改革试点以政府为主导，贯彻发展、改革、稳定三位一体的方针。面对改革的不确定性影响，政府将采取的试验和错误限制在一个小范围内，获得经验，然后推广它，立即废除不令人满意的实验效果，以获得有用的经验，减少经济和社会不稳定。然而随着改革逐渐进入深水区，改革领域相对过窄，缺乏整体性和系统性的问题开始凸显。经济改革初期，由于合理的政策设计和基层行动者的积极参与，改革取得了较好的成效，对其他地区和人群起到了很好的示范效应，也为进一步推进改革奠定了基础，降低了阻力和难度。但随着经济体制改革的不断深入，遇到的阻力越来越大，既有一般性的既得利益阻碍，也涉及制度设计问题，更深层次改革的必要性逐渐显示出来。

第十章　制度有效性前因组态及影响效应

有效的制度结构可以协调各项制度安排，制度环境与制度安排协调性好，正式制度与非正式制度适应性好，可以为行为主体提供高效的约束和激励框架，进而提高社会运行效率，促进区域经济增长。制度安排与政策之间可能存在一定的因果关系，但这种关系非常复杂，往往是长期的、间接的、有条件的。制度可能促进或限制政策的实施，也可能不发挥作用。另外，制度安排对政策的影响，还要考虑制度环境、行为主体、政策条件等因素，同样的制度安排在不同的条件下会产生不同的结果。在多中心、多层次的制度背景下，准确分析制度的作用是非常不容易的，因为制度体系中存在多个自主过程的相互作用。

制度的选择和采用还受到历史、地域、文化、认知等条件的限制。随着全球经济迅速发展，国际分工不断深入，全球化和地方化的复杂经济问题不断涌现，诺斯在对制度变迁理论的研究中，将关注点逐渐指向了制度能否产生持续的经济绩效，认识到经济持续增长的关键是制度的适应效率，而不是资源配置效率，适应性效率是指制度下的个人或组织对制度的适应程度。诺斯提出的适应性效率理论受到各界的普遍关注，很多学者从不同角度、基于不同方法对适应性效率进行了探讨。

适应性效率从动态角度解释制度有效性，增强了制度分析深度，以及对经济持续增长的解释力。制度有效性研究逐渐由建构理性向演进理性发展，由配置效率转向适应性效率。现有的研究更多地关注外部制度效率，如区域市场化水平、法制化水平和政府质量等，较少关注适应性效率系统分析。本研究认为，制度效率体现在制度结构的内在耦合和制度与社会经济运行体系的共同演进，并将制度分为两类：建构性制度（理性设计的制度）和认知性制度（主体遵从的制度），制度的内在效率体现在二者之间的耦合与协调；制度的外部效率是指制度与经济绩效之间的协调与互动，表现为制度对经济发展的长期有效促进。

随着市场经济和改革开放的深入，不同地区发展呈现出区位差异性，单独因素很难对制度效率做出有效的解释，本文以“适应性理论”为切入点，系统思考制度效率评价及前因条件，并利用我国31个省域相关数据进行实证检验，分析了不同条件组合对制度效率的影响，以更好地解释制度效率的共性。

第一节　理论分析与研究假设

适应性效率是制度结构在应对社会不确定性过程中，通过实现制度环境与制度安排的协调，正式制度与非正式制度的协调，以及不同制度安排之间的耦合协调，在发展中建立高效的激励和约束框，更好地引导社会意识和个体的行为模式，促进区域和组织知识的学习、利用和更新，推动区域创新，从而促进经济社会长期发展。有效的制度可以促进经济社会发展，因此，提升制度有效性也是促进经济增长、转变发展方式的重要手段。从古典经济学开始，人们从不同视角，将要素、教育、技术、贸易、资源配置以及制度等许多因素纳入经济增长框架，制度因素的引入经历了很长的历程。然而，制度对于不同主体的作用是不尽相同的，并且制度的投入和产出并不总是正相关，因此，制度效率就成为经济社会发展面临的重要问题。制度能够减少各种行为之间的交易成本，在很多区域已经内化为一种社会行为“习惯”，在集聚要素、决定经济发展方面发挥着重要作用。随着经济一体化持续加深，区域经济发展差异的根源已经从外生变量逐渐凝结于内生变量，其核心就是制度。制度效率不同造成了区域经济差异，因此制度效率也成为决定区域发展潜力、促进区域协调发展的关键因素。

制度与组织是相辅相成的，组织是制度的载体，没有组织就没有制度。政府组织作为一个关键的机构，在制度的形成过程中发挥着核心作用，其基本的职能就是提供市场经济体系正常运转所必需的制度、规则和安排，即政府是制度的直接创造者和提供者。能够提出具有适应性的制度，从而为社会提供高效便捷的公共服务，维持社会稳定发展等职能构成了地区政府能力的重要组成部分（刘孝萍，2014），这种制度生成能力是政府行动的基础，是影响制度实施效果的关键因素。故提出假设一：区域制度效率与地方政府的管理能力直接相关。

制度与人的动机行为有着内在的联系。在本质上，任何历史制度都是人的利益和选择的结果（李怀、赵万里，2010）。因此，制度、制度的实施以及实施效果都离不开人的影响，虽然制度依赖于个人的选择，但并不是孤立的个人，个人的选择根植于社会和文化的结构中。如果意识形态、价值取向等文化因素与制度兼容，那么制度创新和制度转型都会降低制度变迁的成本，这一观点契合了“适应性”的理论构念。从经济史的角度看，制度的形成离不开历史和习俗的影响。由此可知，历史、观念、区域企业家精神（赵维良、荆涛，2016）等环境因素是影响制度效率的重要因素，并且是长期延续的影响因素。基于此，提出假设二：制度实施环境越好，区域制度的适应性效率越高。

制度系统由建构性制度和认知性制度构成，制度安排的组合与协调性和制度效率密切相关。袁庆明（2002）认为制度可以指一种制度安排，也可以指由多种制度安排构成的制度结构。制度都嵌入在制度结构中，与其他制度相互影响，可能相互支持，也可能相互制约，因此，每个制度的效率也取决于与其他制度的关联，以更好地发挥作用，很少有制度单独地发挥作用。而制度结构的效率取决于单项制度的耦合关联，共同发挥作用。黄信（2010）进一步说明在制度体系内，制度之间的结构也并不一定合理，这就需要通过协调各种制度间的结构关系及相互作用，提升制度结构的功能和秩序，进而提高制度的效率。基于此，提出假设三：不同的制度内容组合是产生高制度效率的必要条件。

综上所述，影响制度效率的因素和条件呈现多样性、复杂性的特点，不仅是数量多少的问题，更是制度的组合问题（Rodríguez-Pose，2013）。本部分围绕“主体—环境—内容”的分析逻辑来界定制度效率的前因条件，从主体来讲①，政府在制度的形成和实施中起着关键的作用。制度经济学认为制度可以降低交易成本，促进经济增长，有效的制度是经济增长的关键，而政府来提供保护和实施才能使制度发挥高效的作用，因此，政府效率是制度效率的重要组成部分，是实现经济增长的源泉。政府是企业外部环境中的主要参与者之一。政府及其行政部门掌控着一些重要资源的分配权，被认为是最重要的制度因素。Xin 和 Pearce（1996）将政府支持分为正式制度支持（法规条例）和非正式制度支持（企业与政府的关系）。政府的行政能力可以有效降低政府监督控制的成本（Esfahani，2004），即降低制度成本，提高制度效率，因此，可以将政府管理能力界

① 从主体角度来讲，公民和非政府组织也可看作制度形成和执行主体，即制度是政府、非政府组织及公民三者“非零和博弈”的结果，但根据具体发展情境及研究思路，本文重点关注的是民众的素质和意识、非政府组织的文化精神和价值观等对制度效率的影响，故将其归入环境层面的分析。

定为制度效率的一项解释条件。从环境角度来讲，这里的环境是指在制度从形成到实施的一系列过程中，对其产生影响的社会环境，其中包括历史文化、传统习俗、民众认知、城市精神等，对制度效率产生潜移默化的影响和作用，故将创新与教育环境、社会和谐程度以及文化精神氛围作为制度效率环境层面的解释条件；从内容层面来讲，制度效率与制度内容本身直接相关，高质量的制度设计本身就是高效率的体现，因此，以非国有化率、对外开放程度和市场配置率作为制度效率的解释条件，提出假设四：至少存在一个同时包含“主体—环境—内容”条件的组合是高制度效率产生的前因条件组合。

表 10－1　　　　制度效率前因条件概述

研究层次	解释变量
主体	政府管理能力
环境	创新与教育环境
	社会和谐程度
	文化精神氛围
内容	非国有化率
	对外开放度
	市场配置率

第二节　研究方法选择

运用定性比较分析方法探索区域制度效率的前因条件，识别出结果变量和条件变量。主要采用 Ragin 提出的定性比较分析方法（QCA），该方法具有定性研究和定量分析的双重特征，主要用于从众多解释变量中识别出哪些因素组合可以导致结果变量的出现，这是传统统计方法所不具备的。本研究以 31 个省、直辖市及自治区作为分析对象，属于中小样本，而定性比较分析处理中小样本量的案例具有先天的优势，因此，采用模糊集定性比较分析（fsQCA）辅助本研究展开对制度效率影响因素的识别，同时揭示各影响因素是如何相互耦合、共同影响制度效率的过程“黑箱”。

一 定性比较分析的原理

定性比较分析主要基于布尔代数算法和集合论思想，形成对问题分析的逻辑过程，并将个案的发生理解为多重原因条件和结果的结合体，又被称为“集合论方法”。随着 QCA 方法不断应用和改进，其主要被划分为：清晰集定性比较分析、模糊集定性比较分析、多值集定性比较分析以及时序分析，其中，清晰集分析（csQCA）是定性比较分析的基础，其他分析类别是清晰集分析在具体应用上的推广和改进。在具体分析中，“条件存在”用大写字母表示，“条件不存在”用小写字母或在大写字母前加“¬ ”符号（即逻辑上的“非”）表示。同时，布尔最小化原则是定性比较分析的核心，该原则指：“如果两个布尔代数表达式存在同一条件但取值不同，且得出相同结果，那么这两个表达式中取值不同的条件就是冗余的，既可被删除，从而得到一个精简的布尔代数表达式”。

二 模糊集定性比较分析（fsQCA）

清晰集分析只能处理结果变量和条件变量均是二分变量的样本，在现实中，变量集合间的关系并不存在明显的界限，而多数是介于“存在和不存在”之间的模糊地带。为此，拉金（2008）对清晰集分析方法进行了改进和拓展，开发了模糊集定性比较分析方法。使用模糊集分析时，可以采用 0 到 1 之间的任何数值来刻画变量特征，这些数值被称之为隶属度。模糊集特有的过程就是通过校准来标准化各个变量的隶属值，校准最重要的工作就是确定定性锚值，即赋值标准，通常使用三值锚值（0、0.5、1）、四值锚值（0、0.4、0.6、1）甚至多值锚值等，赋值过程通常是依靠研究人员的判断和理论支撑，具有较强的灵活性。

同清晰集分析一样，根据条件变量隶属特征生成模糊集分析真值表。接下来，根据一致性和覆盖率判定某些条件变量或条件组合是否是结果变量的充分条件或必要条件。在模糊集分析中，如果某些条件或条件组合一致性程度高，则在集合上表现为这些条件（组合）的隶属度值小于结果变量，即构成了结果变量的充分条件；反之，条件（组合）的隶属度值大于结果变量的隶属度值，即构成结果变量的必要条件。

三 结果变量界定与赋值

不同地区的制度效率指数被当成结果变量。在定性比较分析中，需要对原始数据进行校准来确定每一变量的隶属度。其中，首要问题是定性锚值的选定，本书采用定性比较分析常用的三值锚值，即 1、0.5 和 0 三值，以制度效率评价值为基础，将结果变量的校准锚值设定为 0.677、0.368 和0.225，即：将0.677 设定为一个锚值，校准为1，表示高制度效率；将 0.225 校准为 0，表示低制度效率，将 0.368 校准为 0.5，表示制度效率介于高和低之间的模糊状态。校准后所求的模糊值就可直接用于进一步的分析。

四　条件变量界定与赋值

根据条件变量的界定，从“主体、环境、内容”三个层次共得到 7 个条件变量。根据惯例（黄荣贵、贵勇，2009），中等大小的样本（10—40 个）解释变量的数量最好是 4—7 个，本研究针对 31 个样本，选择 7 个变量。下面对具体条件变量进行界定与赋值。

（1）主体层面，主要从政府管理能力这一条件变量进行分析，采用由清华大学发布的《2016 年中国互联网 + 政务服务调查评估报告》和《2016 年中国政府网站绩效评估报告》的调查结果作为评判政府管理能力的主要依据。前者主要基于事项清单目录化、服务功能网络化、办事资源标准化、便民服务实用化及服务渠道便捷化等五个维度对各省域政府服务平台建设和应用进行评估，其评估结果划分为五个阶段：卓越、领先、发展、起步和准备；后者主要从信息发布、解读回应、开放参与、平台支撑、网站应用等五个维度来评估政府门户网站的建设管理水平，其评估结果划分为五个层级：卓越、优秀、良好、中等和待改进，这两份报告较客观地反映了政府的行政效率和管理水平。从两份报告可知，由于“卓越”层级处于空缺，即没有符合该层次的样本对象，因此，本文重点通过“优秀、良好、中等和待改进”四个阶层来综合评价各省域的政府管理水平。本文根据两份报告整理编制了政府管理能力综合评价表（见表 10－2），将至少有一项属于领先或优秀的样本赋值为 1；将至少有一项属于发展或良好的样本赋值为 0.5；除此之外，赋值为 0。

（2）环境层面，主要考察区域环境对制度实施的影响，从区域创新与教育环境、社会和谐程度以及文化精神氛围三方面来评价。创新与教育环境反映各地区人口素质、教育水平以及对科研创新的投入状况，是非正式制度的客观反映，对制度实施具有潜在影响。求得创新与教育环境指数，进一步对该评价指数校准，在创新与环境评价指数中，最大值为 0.429，校准为 1；最小值为 0.015，校准为 0；将指数 0.065 校准为 0.5。

表 10－2　　　　　　　　　　**政府管理能力综合评价**

层次＼阶段		互联网＋政务服务调查评估			
		领先	发展	起步	准备
政府网站绩效评估	优秀	上海	北京　广东　四川		
	良好	浙江　贵州	天津　山西　江西 山东　湖南　海南	河北　江苏 福建　湖北	河南　安徽
	中等		吉林　重庆 甘肃　宁夏	内蒙古　辽宁 广西云南青海　黑龙江	陕西　新疆
	待改进				西藏

注：　表示赋值为1；　表示赋值为0.5；　表示赋值为0。

社会和谐程度这一指标代表了区域的良性运行与协调发展的状态，我国处于社会的转型期，社会体制的改革、经济的转型发展以及具体制度的落实势必对地区社会和谐程度提出更高的要求。基于倪鹏飞主编的《中国城市竞争力报告》中有关中国和谐城市竞争力指数，整理求得31个省域［《中国城市竞争力报告》中有关西藏的数据缺失，采取了SPSS20.0的缺失值分析中的EM（期望—最大似然估计法）进行处理补充］的社会和谐程度指数，该指标主要包含了社会公平、社会安全、社会保障等关乎民众切身利益及整体社会稳定的社会综合评价指标。最后，将社会和谐程度变量的校准锚值设置为0.631、0.341和0.169，即社会和谐程度为0.631时，校准为1；0.341校准为0.5；0.169校准为0。

文化精神氛围，表现为各地区的城市性格和民众的精神风貌，兼收并蓄、自由开放的城市文化氛围更有利于改革的实施和政策的落实。文化精神是一个地区持续发展的永动力，特别是表现为传统的优秀精神和文化精髓在传承中同现代文化的不断交互融合。参考倪鹏飞主编的《中国城市竞争力报告》（2014）有关中国文化城市竞争力的研究，该报告使用历史文化、现代文化、文化多元性和文化产业四个指标得出文化城市竞争力指数，将其整理筛选得出31个省、直辖市及自治区的竞争力指数。在校准赋值时，发现排名前两位的文化城市竞争力指数远远大于其余29个样本，本文将变量指数0.862校准为1，0.266校准为0.5，0.133校准为0。

（3）内容层面，主要分析制度内容的设定对制度适应性效率的影响，从非国有化率、对外开放度和市场配置率三个内容变量进行探讨，分别从产权、经济自由度及市场发展成熟度反映了地区制度状况，在经济社会体制转型情境下，这些变量往往是评价各个地区发展“效率”的主要指标。本文中，这三项条件变量的具体界定主要依据前文的评价体系和方法，就非国有化率而言，校准锚值设定为0.089、0.054和0.008；对外开放度，校准锚值设定为0.338、0.049和0.001；市场配置率，校准锚值为0.039、0.0315和0。

综上所述，除主体层面的政府管理能力手动赋值外，其余连续型条件变量在校准锚值标准确立以后，采用fsQCA2.0软件对样本的条件变量进行校准，校准后所求的模糊值就可直接用于进一步的分析。

第三节　实证检验与结果分析

分别从单项解释条件的必要性分析和充分条件组合分析两部分展开讨论。结果分析的主要判断标准分别是一致性（Consistency）和覆盖率（Coverage），其中，一致性表示条件变量对结果变量的解释程度，覆盖率表示条件变量能够解释的样本数量。

一　制度效率的必要条件分析

基于结果变量、条件变量的赋值及校准数据，首先分析单项解释条件与结果变量的关系，考察单项条件变量对结果的必要性。根据拉金的解释，必要条件的判别阈值为0.9，即必要条件分析的一致性达到0.9，才能将解释条件看作结果的必要条件。本部分将结果变量划分为高制度效率和低制度效率，分析结果见表10-3。

表10-3　　制度效率的必要条件分析

结果变量 / 解释度 / 解释变理		高制度效效率		低制度效率	
		一致性分析（Consistency）	覆盖率（Coverage）	一致性分析（Consistency）	覆盖率（Coverage）
主体	政府管理能力	0.7354	—	0.5597	—
	¬ 政府管理能力	0.6479	—	0.8196	—
环境	创新与教育环境	0.7296	—	0.5462	—
	¬ 创新与教育环境	0.6816	—	0.6816	—
	社会和谐程度	0.8067	—	0.543	—

续表

解释变理 \ 解释度 \ 结果变量		高制度效效率		低制度效率	
		一致性分析（Consistency）	覆盖率（Coverage）	一致性分析（Consistency）	覆盖率（Coverage）
§	¬ 社会和谐程度	0.6401	—	0.8992	0.8246
	文化精神氛围	0.8820	0.7147	0.6739	—
	¬ 文化精神氛围	0.4468	—	0.6515	—
内容	非国有化率	0.7853	—	0.5584	—
	¬ 非国有化率	0.6135	—	0.8363	—
	对外开放程度	0.8022	—	0.4685	—
	¬ 对外开放程度	0.6239	—	0.9531	0.8296
	市场配置率	0.8761	0.8143	0.6489	—
	¬ 市场配置率	0.5798	—	0.8023	—

注：先考虑一致性再看覆盖率，若一致性未达到0.9的阈值标准，覆盖率无意义，用“—”表示。

（1）高制度效率中，政府管理能力的必要一致性分析为0.7354，小于0.9的阈值标准，不是高制度效率的必要条件，从而否定了假设1；在环境层面，文化精神氛围的一致性为0.882，略小于0.9的标准，可近似看作高制度效率的必要条件，其覆盖率为0.7147，表示可解释71.47%的样本，而其余条件均不构成制度效率的必要条件，这部分验证了假设2；在内容层面，市场配置率的必要一致性为0.8761，覆盖率为0.8143，可近似看作高制度效率的必要条件，可解释81.43%的样本。

（2）低制度效率中，¬ 社会和谐程度和¬ 对外开放程度的解释力度较高，一致性分别为0.8992和0.9531，二者的解释覆盖度均超过82%。可以理解为，一个地区低制度效率的产生极大可能伴随着社会和谐程度低和对外开放度不高的现象，特别是在全球经济一体化、区域发展一体化以及对外开放的情形下，较低的对外开放度及较差的区域对外交流状况会限制地方制度的实施效率。

综上可知，文化精神氛围和市场配置率是高制度效率的必要条件，即在高制度效率的地区中必然存在以上两种条件，表达了“市场”和“区域精神”的重要性。但是，具有以上两项条件并不必然会导致高制度效率的产生，同时，需要考察到地区制度的复杂性，仅考虑单项解释条件不足以解释制度效率。

二　制度效率的充分条件组合分析

在充分条件组合分析中，最关键的一个步骤就是模糊真值表的构建，通过样本案例数量阈值标准的设定来删除反事实条件组合（即逻辑余项），并通过原始吻合度阈值标准对结果变量进行编码赋值，进而建立精简的真值表。本书选择被其他学者广泛采用的中间解作为分析的主要依据。

在具体操作中，首先分别选取主体、环境和内容三个层次所对应的各组条件作为结果的解释变量，来探讨各层次条件组合对制度效率的充分性（结果见表10－4），由表10－4可知，主体层面不足以解释制度效率。在环境层面的分析中，有两个条件组合可促使高制度效率的产生：（1）在不具备良好的创新与教育环境的背景下，存在高度社会和谐；（2）同时存在好的文化精神氛围和高的社会和谐度。这两个条件组合进一步简化为“社会和谐程度”，即社会和谐可以导致高制度效率的发生。环境层次的前因条件组合的覆盖率为0.8922，即可解释89.22%的案例。与此对照，由表10－3得知，低的社会和谐程度是区域制度低效的必要条件，因此，“社会和谐程度”对制度效率至关重要。在内容层面的分析，同样有两个条件组合路径：（1）同时存在高的市场配置率和对外开放程度；（2）同时存在高的对外开放程度和非国有化率。两组路径共可解释75.23%的样本案例，并进一步验证了假设三，其中，“对外开放度”这一条件属于内容层面的核心变量，表10－3显示低的对外开放度是区域制度低效率的必要条件，进一步证明了对外开放的重要性。

表10－4　**各层次条件组合的模糊定性比较分析**

	条件组合	一致性	覆盖率	净覆盖率
主体	IS	—	—	—
环境	SOCIAL HARMONY * innovation & education	0.8756	0.5837	0.0811
	CULTURAL SPIRIT * SOCIAL HARMONY	0.9045	0.7244	0.2218
	solution consistency：0.8054	solution coverage：0.8922		
	案例阈值：1.0000	一致性阈值：0.8898		
内容	MARKET DISTRIBUTION * OPENING-UP	0.9687	0.7419	0.0694
	OPENING-UP * NON-NATIONALIZATION	0.9841	0.6829	0.0104
	solution consistency：0.9611	solution coverage：0.7523		
	案例阈值：1.0000	一致性阈值：0.9550		

注：大写字母表示该条件存在或水平较高，小写字母则表示不存在或水平较低；IS表示不足以构成充分条件，一致性指标无意义；solution consistency表示所有条件的一致性，solution coverage表示所有条件的覆盖率。

对比分析环境层次和内容层次的条件组合，前者的覆盖率（0.8922）远大于内容层面（0.7523）。同样，从各条件组合的净覆盖率可知，更多的样本案例只能通过环境层面的条件来解释，据此推断，在促进区域制度效率提高上，与内容相比，环境更重要。但是，根据现实情景的复杂性，分别从各个层次分析不具有强的说服力，而且与现实不符，因此，需要进一步综合探讨。

基于此，进一步综合“主体、环境和内容”三个层次的条件进行组合研究，在分析中，将表10－3中未达到必要条件阈值标准的变量进行综合分析，而上文得出的必要条件不再纳入分析。因此，选取政府管理能力、创新与教育环境、社会和谐程度、非国有化率和对外开放度这五个条件变量来分析对结果变量的解释程度。在分析过程中，本书选择的样本案例阈值标准为1，将没有样本案例的条件组合移除，同时在真值表中对结果变量编码赋值时，将原始吻合度的阈值设定为0.95，即将一致性大于0.95的条件组合所对应的结果变量编码为1，小于0.95的编码为0。通过以上操作，进一步得出简化后的真值表（见表10－5）。

表10－5 **模糊真值表**

政府管理能力	创新与教育环境	社会和谐程度	非国有化率	对外开放程度	案例数	制度效率	原始吻合度
1	1	1	0	1	1	1	1.0000
0	1	1	1	1	1	1	1.0000
1	1	1	1	1	3	1	1.0000
1	0	0	1	1	1	1	0.9852
0	1	0	0	1	1	0	0.9404
0	0	0	1	0	1	0	0.9295
0	1	0	0	0	3	0	0.8139
1	0	0	0	0	1	0	0.7656
0	0	0	0	0	2	0	0.7217

根据真值表，本书得到的中间解包含3种不同的条件组合（见表10－6），其覆盖率达到0.6738，表示这些条件组合覆盖了67.38%的样本案例。该分析结果表明有3种条件组合导致高制度效率发生，分别为：（1）政府管理能力＊对外开放程＊社会和谐＊创新与教育环境；（2）对外开放

度＊非国有化＊社会和谐＊创新与教育环境；（3）政府管理能力＊对外开放＊非国有化＊¬ 社会和谐＊¬ 创新与教育环境。在这 3 组条件构型中，第一构型“政府管理能力＊对外开放程＊社会和谐＊创新与教育环境”的覆盖率是最高的（覆盖率为 0.4773），表明具有较强的解释力，这也进一步验证了假设 4（至少存在一组同时包含“主体—环境—内容”条件的构型是制度效率的充分条件）。

表 10－6　　　　　　　　**条件组合的充分性分析**

	条件组合	一致性	覆盖率	净覆盖率
模糊定性比较分析	C1：GOVERNMENT MANAGEMENT * OPENING-UP * INNOVATION & EDUCATION * SOCIAL HARMONY	1.0000	0.4773	0.0739
	C2：OPENING-UP * INNOVATION&EDUCATION * NON-NATIONALIZATION * SOCIAL HARMONY	1.0000	0.4741	0.0707
	C3：GOVERNMENT MANAGEMENT * NON-NATIONALIZATION * OPENING-UP * social harmony * innovation & education	0.9852	0.4319	0.1258
	solution consistency：0.99046　　solution coverage：0.673800			
	案例阈值：1.0000　　一致性阈值：0.9852			

注：结果变量取值为 1，即研究条件组合对高制度效率的解释。

综上分析，将充分条件组合与必要条件结合分析，本研究得出如下高制度效率产生的简化逻辑组合：

高制度效率＝（文化精神氛围＋市场配置）＊（对外开放程度＊社会和谐＊创新与教育环境）＊（政府管理＋非国有化）＋（文化精神氛围＋市场配置）＊（政府管理＊对外开放＊非国有化）＊（¬ 社会和谐＊¬ 创新与教育环境）

具体而言，良好的区域文化精神氛围或较好市场配置制度是制度产生高效率的必备条件，除此之外，本书将以上路径组合分为两种类型。（1）理想型路径：a. 同时存在较高的对外开放度、较高的社会和谐程度、较好的创新与教育环境以及政府拥有较好的管理能力；b. 与此同时，中国的对外开放程度和社会和谐程度更高，创新和教育环境更好，非国有化率也更高。（2）探索型路径：在社会和谐程度较低、创新教育环境较差的情况下，需要政府更强的管理能力、更高的开放程度和更高的去国有化率。在这两类路径组合中，“对外开放”都是必不可少的前因要素，由此可知，对外开放政策在地区发展中的重要性。同时，由探索型路径推断得知，在制度实施环境较差的地区，政府的管理能力、对外开放政策以及推动民营经济政策尤为重要。

第四节 结论与思考

本章从制度效率角度探讨了区域发展问题，分别进行了不同省域制度效率的实证分析和影响制度效率的前因条件及其组合的探讨。在实证研究中，不同地区表现出的制度效率差异明显，东部沿海地区的制度效率表现较好，中西部地区省域之间差距不大，其中，不乏有像重庆、四川等表现出具有潜在高制度效率的地区。基于制度效率的实证分析，对“为什么在相同的背景下，不同的地区会产生不同的制度效率”的问题进行进一步探讨。依据定性比较分析的研究步骤，从主体、环境和内容三个层面界定出了制度效率的前因条件，进而分别展开了单项条件的必要性分析和条件组合的充分性分析。最终，得出良好的区域文化精神氛围或较好的市场配置制度是产生高制度效率的必然要求，同时归纳了理想型和探索型两类制度效率前因条件的简化逻辑构型。

通过对制度效率前因条件及其组合的实证研究，对区域制度转型发展路径进行主体、环境和内容三个层面的思考。

主体层面，在制度的制定和实施中，政府发挥着关键作用，尤其是地方政府的管理能力更加重要。各级政府要转变传统的政府管理理念、管理方式和目标，并且逐步改变政府的绩效评价模式，将传统的注重政府的“政治绩效”“经济绩效”的单一模式转变为更加关注政府对地区可持续发展的领导能力、服务能力及协调能力的考核，使各级政府的多重目标结构与经济发展的阶段性特征相适应，培育政府优化资源配置效率的能力，从而提升各级政府的管理水平。

环境层面，环境在制度效率中发挥着潜移默化的作用。文化精神氛围是产生高制度效率的必要条件，应当在维护并发扬地区优良传统文化精神的同时，积极吸纳具有现代意义的优秀品质，从个人、企业或政府乃至整个地区逐步形成企业家精神。社会和谐是产生高制度效率的重要条件，应当继续加大公共基础服务的投入，完善社会保障体系，不断开展系统性的惠民工程。创新与教育环境是提升制度效率，促进区域经济增长，实现区域现代化的重要内容。应当在加大资源投入，打造教育和创新的基础上，积极培养和引进人才，形成尊重人才、尊重创新的环境，增强人才集聚效应，实现“人—环境—制度”的良性互动。

内容层面，制度内容是制度效率的直接体现，提升制度效率就要不断制定并优化制度的内容。市场配置是提高制度效率的必要条件，但不是充分条件。仅仅强调市场化并不能有效提高制度效率，需要营造良好的市场环境，进一步明确政府与市场的界限，减少政府的不合理干预。加大对外开放力度，打破地方保护主义，开展对外交流，实施引进来、走出去战略。鼓励中小民营企业发展，在后福特主义生产模式下，中小企业的灵活性更具优势，可以通过形成产业集聚，活跃区域经济，进一步提升区域竞争力。

第十一章　有效制度的生成与演进

在区域经济发展的制度研究中，最重要的问题是寻找制度影响区域经济的机制，以及制度的生成、有效性和发展变化。为什么有些制度促进经济增长，有些制度与经济增长没有关联，而另一些制度阻碍经济增长，并长期存在？

一个有效的制度可以更好地激励和约束社会成员，充分调动全社会的积极性和发展潜力，提高生产力，促进经济发展。如果制度和经济增长不协调，如何通过制度变迁促进经济成长？无论是从制度供求失衡的角度，还是从马克思关于生产力和生产关系的角度，都对制度变迁进行了探讨，不同制度间的更替是一个复杂的政治经济过程，其原因、路径将决定经济增长的方式和效率。Sobel 和 Hall（2008）认为，制度质量是各区域企业家水平和创新水平存在差异的决定因素之一，也因此造成了各地区经济增长的差异。在经济运行中制度可通过协调约束机制、信息机制和激励机制等来引导经济主体的行动方向，抑制机会主义行为、维持秩序和减免风险、减少交易费用以及激发创新活动，使创造思想和企业家精神不断地影响着社会经济的运行和发展，从而促进经济的繁荣发展。

在由“基础—派生”关系形成的制度结构中，各项制度相互融合，形成一个具有若干层次的系统。从动态的角度来看，这种系统结构不是一成不变的，随着政治、经济以及社会环境的变化，某些制度可能发生变迁。由于制度之间具有广泛的连接关系，某一制度的变迁可能引起其他制度共同调整，进而推动局部甚至整体制度结构发生变迁，这就是制度结构的协同式变迁。

第一节　制度的存续与均衡

在运行和变迁过程中，制度具有一定的长期存续特征。随着内外部环境的变化，现有制度可能与环境的关联下降，效率也可能降低；新制度应考虑与环境的契合，实现潜在利益与动态不确定性的平衡，而动态不确定性的根源在于时间与空间的平衡。

一 制度存续的原因

政治、经济和社会等环境一直处于不断发展变化中，制度存续的稳定性和路径依赖性，决定了制度变迁具有较强的惯性，正式制度通过理性设计可能快速适应环境的变化，而非正式制度适应环境变化需要很长的时间。另外，即使不同的制度具有不同的效率，但是高效率的制度不一定替代低效制度，二者可能同时并存。无效的制度可能还会阻碍经济社会发展，制度的长期存在主要由于以下几个方面原因。

1. 路径依赖

诺斯认为，制度之所以能够长期存在，正是因为制度变迁的路径依赖通过社会制度的延续性将现在与未来与过去联系起来，过去的行为决定了今天与明天的选择。借鉴布莱恩·阿瑟的“技术自我强化理论”，诺斯提出“制度自我强化理论”。阿瑟认为，由于降低平均成本、学习效应、协调效应、适应性预期等，技术具有收益递增的特征，技术结果可能会被偶然事件锁定在特定的路径上，这种自我强化规律同样适用于制度。

制度变迁之所以困难，主要是因为在一定程度的制度均衡中，考虑到参与者的议价能力和构成整体经济交换的一系列合同，没有参与者有动力花费资源重新谈判。在这样的状态下，制度是稳定的，不易改变的。因此，制度处在均衡状态，不一定表明制度是有效的。即使是无效甚至低效的制度均衡，要想打破均衡状态也需要较大的内外部力量。即使有行动主体想打破制度均衡，但改变制度的成本可能高于预期的收益，所以会放弃改变的意愿和行动，制度仍然保持在均衡状态。

制度的自我强化与平衡主要通过以下四种机制来实现：第一，平均成本递减，即规模效应，一项制度在最初的设计和使用中，投入大量的资源，但随着制度逐步推广，对资源需求减少，平均成本下降；第二，学习效应，制度在运行过程中，不断发现问题和不足，进而不断地进行改进与完善，在环境协调运行中，成本也不断下降；第三，协调效应，从长远来看，一个制度的诞生，将伴随着一系列其他正式制度和非正式制度的产生，也将形成一些具体的组织。这些都与该制度兼容，进一步降低制度的运行成本；第四，适应性预期，随着制度运行时间和范围的延长，人们对制度的适应程度越来越高，这将加强人们对现有制度的继续保持的习惯。

由于这四种机制的存在，制度具有收益递增的特点，社会一旦选择一种制度就很难改变。

2. 利益集团

制度比技术更复杂，因为制度本质上表达的是人与人之间的关系，因此制度必然受到人与人之间利益关系的影响，这涉及利益集团和设计制度的权利。不同的制度决定了与这些制度相关的利益相关者的盈亏差异，尽管其中一个制度的整体效率高于另一个制度，但是在这个制度中，一些人的利益低于前一个制度的利益，所以他们可能成为从低效制度向高效制度转变的反对者。

制度面临的多样性问题，需要以不同的方式来处理这些问题。制度的专业化、分离化、自主性、对理性的持续关注和冲突规避措施等缓解了各种矛盾。一个运作良好的公共领域，问题和矛盾可以公开讨论，这被认为是制度能够处理好各种各样问题的前提条件。随着经济社会的发展和价值的多元化，现代公民对传统权威简单的尊重和喜爱逐渐减少，相互竞争的原则和结构的合法性必须建立在交往理性和有效诉求的基础上，需要集体理性检验和证明它们的相对优点。

Acemoglu（2015）认为政治权力和政治制度的变化，在很大程度上决定了经济制度和经济绩效的变化。任何个体都有不同的利益，任何社会都有不同的利益集团，他们代表社会各个方面的利益，这些个体和利益集团之间的争端和冲突，就是社会矛盾的具体反映。利益集团通过游说、投票等多种形式，在制度的制定和变革中发挥重要作用。利益集团之间的竞争和博弈或制度的制定权掌握在谁的手中是非常重要的。集体理性追求的是群体成员公平运作的高效率和稳定性，而个人理性追求如何实现个人利益的最大化。一旦这个制度出现，打破它并重新设置它的成本是巨大的，既得利益者将利用他们的能力和权力来捍卫它。但是，当利益相关者的制度变迁收益小于成本时，这些利益相关者和利益集团就没有动力推动制度变迁，这样即使制度是低效的，也会长期存在。

3. 有限理性

制度变迁理论主要在抽象的基础上形成，与社会发展实践相比，这种抽象过于简单。而实际上，制度运行的环境非常复杂，不仅有单个的制度安排，制度结构中还充满着按照不同原则和逻辑联系在一起的各种制度。一个国家或地区没有一套统一的原则、理论和结构。因此，与其关注特定的制度是如何影响变化的，还不如从相互竞争的制度结构、规范、规则、身份和实践之间的组织互动和冲突来理解动态的变化。在社会一整套共同的普遍价值和信念内部，现代性涉及具有不同组织结构、道德信仰、话语资源、历史和动力的制度领域之间的大规模制度分化。各制度之间的相互关系是不同的，并可能发生变化。

在设计制度时，决策者和利益相关者要掌握充足的信息，又要考虑所在的制度环境，这样制定和设计出来的制度，才能具有较高的有效性。在区域发展的实践中，经济体制主要是由政治家来制定的，信息的获取是有成本的，他们倾向于在不完全信息的基础上制定制度，这样的制度从整体上不合理，具有较大的局限性，实施过程当中，可能会遇到更大的阻力，导致制度效率较低。此外，政治家在制定制度时不完全理性，无法避免主观因素的影响，制度制定者也可能制定出效率低下的制度。

4. 其他原因

制度本身的特点和影响也会使其长期存在和难以改变。一项制度设计出来以后，必须要考虑与之配套的制度体系，既包括正式制度，也包括非正式制度，只有制度之间协调配合，才能发挥出来更高的效率。

非正式制度会影响正式制度的发挥和作用过程，因为在制度实施过程当中，利益相关者和社会成员的价值、信仰、文化等形成的偏好，会对制度产生较大的影响。制度分析既注重演绎分析，也要注重归纳分析，这种基于特定背景的交互分析，可以根据理论逻辑进行演绎分析，也可以将历史、知识、文化进行归纳分析，通过综合演绎分析和归纳分析来界定制度的内容。制度对个体行为具有约束和激励作用，个体行为对社会意识、认知、习惯等因素的反馈作用，也会对制度产生影响。制度和文化在很大程度上共同促进了行为秩序所需要的信仰体系、内化规范等的形成，这些体系和规范具有人为的、非物质的特点。因此，当文化偏好作为经济变量纳入经济模型时，制度与文化的关系实际上是相互影响、相互作用的。制度对文化的影响可能导致整个社会对制度的认可和维护，文化偏好对制度的影响可能是使制度长期存在，即使制度无效也难以改变。

二　制度结构的均衡

诺斯等（1994）认为制度变迁是一个制度从均衡、非均衡到均衡的过程，对制度结构变化的考察也可以从整体均衡和非均衡的交替过程来进行。

张曙光（1992）认为，制度均衡是指人们对既定的制度安排和制度结构感到满意的一种状态，因此他们没有改变现有制度的意愿或能力。张旭坤（1993）从供给和需求的角度定义了制度均衡，如果制度的供给能够适应需求，制度结构就是均衡的。制度结构的均衡本质上是制度供给与需求的稳定状态和相互关系。主要包括以下几层含义。

1. 制度结构处于暂时稳定状态

从供求的角度来看，整个结构处于暂时的稳定状态。包括两种可能情况：一是制度的供给满足需求，行为主体能够做出最优选择并实现预期目标；二是制度结构中存在一定的制度需求，但这种需求意愿和行动不强烈，对制度结构的影响较小，制度结构仍处于稳定状态。

2. 制度结构均衡是多层次均衡

从结构层次来看，制度结构的均衡不是一项制度，或者少数制度的均衡，而是多层次的均衡。在这些均衡关系中，制度环境与制度安排之间存在均衡关系，不同层次的制度在纵向基础——派生关系中实现均衡，横向制度之间实现均衡，从而达到多重均衡的状态。

3. 制度结构均衡是全面均衡

制度结构的均衡是一种系统全面的均衡，不仅包括制度之间的协作关系，而且包括制度之间的排斥关系和虚无关系。制度之间存在互斥关系并不意味着制度结构不均衡，由于制度与制度稳定性之间的各种关系，少量互斥关系并不会影响制度结构的均衡，制度结构仍然处于均衡状态。

4. 制度结构均衡是适应性均衡

制度结构的均衡是制度之间暂时的稳定状态，在当前环境下，主要行动者没有动力和意愿推动制度变迁。但这种均衡状态并不意味着生产效率达到最高，只是制度结构对发展环境的适应，制度之间的比较协调。因此，即使在制度结构处在平衡的状态下，也可能出现由少数制度创新推动的制度变迁趋势，只是当前还没有全面推进。

第二节　制度变迁的动力与过程

由于背景环境等相关因素的变化，制度实施后必然会在时间上发生变化，以满足动态社会环境对制度的新需求。制度变迁是社会行为主体交易交往方式改变的过程。资源配置方式发生改变，社会秩序发生变化，社会主体之间的关系重新构建，不同组织之间的利益也重新分配。制度变迁理论主要研究制度变迁的动力、原因和过程，以及制度交易和演化轨迹。

North（1990）提出制度变迁的代理人是组织及其企业家，他们在追求目标最大化的过程中，逐渐改变着制度结构。制度变迁前后的预期价格和偏好不同，不同行动主体的收益和成本不一样，这种相对价格和偏好的变化逐步累积，使行动者选择新的制度，产生制度变迁。不同制度的交易交往可能存在相对价格的长期、根本性变化，这种变化会使人们的行为模式和偏好发生改变，并推动进一步的制度变迁。

一　制度变迁的动力

制度变迁有许多原因和动力，其中最主要的两类，一是各种影响因素的竞争性作用，二是外部偶然事件带来的冲击。制度包括各种规范、规则、传统、惯例等，这些都是实现制度稳定的工具。同时，这些因素的变化也会导致制度变迁。也就是说，他们既是制度稳定的工具，也是导致制度变迁的原因。在任何领域变化都是永恒的。现在的制度安排影响着制度因素产生和发挥作用，这些制度可以指导或者影响变化的发生。理解这些因素作用的过程，可以更好地理解制度变迁的动力和过程。

如果排除外部障碍，制度结构将保持不变的观点低估了制度内部和制度之间变化的动力和来源。制度理想和实践之间的持续差距常常会带来变革的压力。由于道德和因果信念的变化，一个制度将形成一个新的内部一致性，整套标准实施程序和制度的各种结构之间将发生各种传统的转变。资源的重新分配也影响到遵守和执行不同规则的能力，因此也影响到备选结构的相对重要性。

诺斯（2008）认为，竞争是制度变迁的关键，当组织中的企业家面临稀缺性经济的竞争时，可能会引起制度上的变化。制度变迁的动力主要包括：

单个行为者的制度设计，在这一过程中，作为单一行动者的个体或群体将制度设计具体化，以实现一些相对具体的目标；

冲突设计，不同的制度发挥着不同的作用，在制度过程中，可能会导致行动目标的冲突，不同行动者追求的目标发生冲突，就有动力来改变现有制度，逐步累积就会发生制度变迁；

学习，制度设计也是一个学习的过程，行动者和决策者通过学习设计制度，也通过反馈和进一步地学习来修改制度；

竞争性选择，在这个过程中，随着时间的推移，以及不变的规则和其他制度因素的竞争，规则的组合会发生变化，从而得以保留和复制。

每一个过程在理论上比在实践中更容易理解，即使面对迅速的社会经济、技术和文化变化，制度也表现出相当大的稳定性。人们常常认为在选择或减少政治制度方面，环境的作用有限，然而，制度有时候鼓励，有时候又阻碍着反思、批评和反对，因此，即使是竞争体制下的政党结构也会变得僵化。

二 制度变迁主体

制度变迁是行为主体相互作用的过程，由于预期收益大于成本，所以一些行为主体有动力寻求制度变迁。在制度变迁过程中，制度的需求者和供给者都会对变迁的方式、内容、过程和结果产生影响和作用，但不同的主体对变迁的驱动力、方式和程度等具有不同的影响。黄少安（1999）认为，在狭义上，制度变迁的主体指的是直接改变或创新制度的行动者，而广义上，制度变迁的主体是指与制度变迁相关的所有主体表现出的态度、行为和发挥的作用。

制度结构和制度变迁主体之间存在相互影响的关系，各主体将其决策行为嵌入结构内部进行。制度是行为主体之间相互影响和作用产生的结果，制度结构的形态及其变迁直接受到主体决策行为的影响。行为主体可以是单个独立的个体，也可以是局部个体的集合体。行为主体之间具有关联关系，是将分散的主体连接成整体的关键手段，行为主体之间的关联关系既可以是无形的社会关系，又可以是有形的组织关系。良好的关联关系能够整合各主体功能，进而提升制度变迁决策的效率和效果。

在制度变迁主体的结构中，主体之间的特定关系及地位构成具有层次性，每一层级或每一局域群体代表具有一类共同特征的主体集合，他们具有独特的制度变迁动力、目标和利益。行为主体具有自组织、自适应和自我调节功能，行为主体为追求自身利益将自发调节、变换甚至建立新的关联，从而使整个结构具有动态自变性。制度结构突出变迁主体之间存在的广泛联系，以及这种关联关系对制度变迁决策活动的影响作用。虽然主体在制度变迁及创新过程中具有不同地位、角色及作用，但任何主体的决策行为必然嵌入在整个结构中进行，这种制度变迁受其他相关主体的影响，是多主体协同参与决策的结果。

诺斯（2003）把制度创新活动分为国家推动的、团体推动的和个人推动的。在区域发展中，制度变迁的主体包括中央政府、地方政府和微观个体。中央政府作为正式制度变迁的初级行动团体，地方政府作为次级行动团体，作为微观个体的企业和居民的作用主要体现在两个方面：一是自发演进过程中，产生一些好的制度，逐渐得到各界认可，尤其是中央政府的认可，进而在更大范围内设计正式制度；二是在正式制度变迁过程中，居民和企业是基层的制度变迁参与者，在制度变迁中发挥着日益重要的作用。

1. 中央政府

中央政府作为一国最高的制度供给主体，凭借法律规范、行政命令等形式，通过自上而下的路径推动制度变迁。对制度结构的构建起到主导性和决定性的作用，奠定制度结构的基础框架及派生轨迹。

中央政府在制度变迁中的优势在于：中央政府具有保证制度变迁运行的强制力，并能迅速实施。由中央政府主导的制度供给可以解决没有人愿意支付制度供给成本的问题，又可以通过征收税和费等形式将制度的供给成本在不同主体身上分摊，从而克服制度供给不足，进一步满足制度需求，保证制度的充分供给。中央政府供给的制度具有权威性和普适性，是其他派生性制度变迁及创新的基础，具有高频使用性和规模经济效应。

中央政府在制度变迁中的不足主要表现在：无法全面、准确地掌握社会实践活动的具体情况以及不同制度变迁的真实需求，缺乏全面真实的决策信息。中央政府主导的基础层次的制度变迁，决策过程更为复杂，需要的供给成本巨大，在制度变迁过程中表现出惰性。中央政府对制度结构有很大的影响，一旦变迁决策不符合实际需要，就会对制度结构造成很大的破坏，风险也很大。

中央政府主导的制度变迁既可以将其优势充分发挥，但同时也存在一些缺陷，需要通过其他主体参与变迁进行弥补。

2. 地方政府

地方政府处于中间层次，在既定的基础性制度范围内进行决策，其供给的制度成为微观个体经济社会活动实施的重要依据，因此，制度质量将对个人执行效果产生重要影响。

地方政府作为与中央政府和微观个人相联系的中介机构，对地方信息有更全面的把握。与中央政府相比，地方政府具有鲜明的地方利益偏好，以及为了获得地方利益最大化而积极进行变迁实践的动力。地方政府的制度变迁路径是从中间向两端延伸。

地方政府在制度变迁中的优势主要有以下几个方面：由地方政府供给的制度具有明显地域性，能够结合本地实情因地制宜的供给符合本地需要的制度，满足地方差异化的制度需求。地方政府供给的制度实施范围小，决策的风险也相对较小，地方政府进行的制度变迁及创新试验，可以最终为基础性层面的变迁决策积累实践经验。地方政府与微观个人有直接的联系和沟通渠道，能够有针对性地利用制度结构提供激励，具有较强的责任意识和可信的承诺。

地方政府主导的制度变迁也存在一些不足：地方政府面临的地区环境存在差异，这导致基于同一基础性制度做出的地方制度供给产生差异化的地方制度，以差异化地方制度为基础进行的制度派生会将这种差异进一步扩大，导致地区发展不平衡、不公平，在全国范围内，可能导致区域不协调发展。地方政府过分注重经济增长等政绩指标，在经济增长方面具有强烈的制度供给动力。忽视其公共服务职能，也是寻租及地方保护主义现象产生的根源。

3. 微观个体

微观个体，包括个人和企业，是经济社会活动的基本单位。他们作为基本行动者，直接参与各种社会活动，并在实践和自发演进过程中，探索获得潜在利益的机会。当他们发现制度创新的收益大于成本时，就会推动制度变革，这些好的制度，逐渐得到各界认可，尤其是得到各级政府的认可，就会在更大范围内设计正式制度。

微观个体是社会活动的直接参与者，他们的活动和行为也受到制度直接规范和约束。在正式制度变迁过程中，居民和企业是基层的制度变迁参与者，在制度变迁中发挥着日益重要的作用。正式制度和非正式制度通过激励和约束框架，确立了个体行为的基本范式。通过参与社会活动，他们在现有的制度框架内进行行动和选择，同时由于环境或者偏好的变化，也可能产生制度变迁的需求，以更好地实现自身效用最大化，成为推动制度变迁的基本力量。如果这种制度变迁逐渐得到各界认可，也可能成为制度变迁的主要力量，推动自下而上的制度变迁路径形成。

微观个体在制度变迁中的优势主要在于：对制度需求具有高度的灵敏性，能够反应客观环境下的真实需要，为制度变迁决策及时提供决策依据。微观个体了解社会活动的真实需要，经过不断试错和改正的漫长过程，有效降低制度决策的风险。

微观个体在制度变迁中的缺陷在于：微观个体对制度结构变迁的推动作用比较微弱，而且缓慢，变迁的效果较低。搭便车的思想是普遍存在的，在制度变迁决策过程中，微观个体缺乏参与的意识和积极性，从自身利益出发对制度变迁有差异化的需求。这种分散的异质性需求在微观层面形成差异化的制度供给，不利于汇集成统一的群体合力，对制度结构变迁的推动力不大。

三　制度变迁的过程

制度变迁是一个漫长、复杂的过程，通常包括对构成制度框架的规则、非正式约束、实施形式的边际调整等，但很多时候非正式制度的变迁与正式制度并不同步。偶然事件、学习以及自然选择对非正式约束的变迁发挥着作用（Boyd、Richerson，1985）。大多数制度变迁是渐进的，而且由于非正式制度往往具有弹性，因此建立新均衡的过程并不总是容易的。制度变迁通常都具有路径依赖的特点，由于历史偶然或者小事件的收益递增，路径更容易按照历史轨迹演变。同时随着网络性以及组织学习等影响，发展设定在某个路径上就会不断得到强化，并且由于有限理性、环境不确定性、信息不完全等因素，要改变现有路径，可能需要较大的成本，因此原有的路径更容易得到行为主体的选择。

制度与经济社会环境之间相互作用、相互影响，也可以对制度变迁进行解释。随着外部环境的变化，原有的制度不能有效地发挥功能，一些行为主体基于收益成本的考虑，就会进行制度创新，这些制度创新不断积累，打破原有的平衡状态，推动制度变迁。当制度创新由小到大推动大规模制度变迁时，也会对社会环境产生影响。新的制度会形成新的规范，对行为主体进行新的约束，从而推动社会环境的变迁。

制度变迁可以划分为如下几种方式。

根据制度变迁的主体不同，制度变迁分为强制性制度变迁和诱致性制度变迁（拉坦，1978；林毅夫，1989）。强制性制度变迁是由政策和法令引起的，其过程是自上而下的。这种变化的特点是变化的驱动力大，变化的速度较快。诱致性制度变迁是自发的，变迁的主体来自个人或群体，过程是自下而上的路径，变迁的方式往往是渐进的，变迁的遵从率较高。

根据制度创新的程度，制度变迁可分为创造的制度变迁和移植的制度变迁（曹元坤，1997）。创造的制度变迁是一种新的制度设计与建构，是决策者基于理论的期望分析，进行目标函数设计、试验以及反馈调整，创设式制度变迁速率慢且具有一定的风险。移植制度变迁是对其他已经产生、运行并通过实践证明具有一定效率的制度变迁的模仿和移植。移植式制度变迁可以结合客观环境进行适当改进，有效地降低风险。

根据制度变迁的规模，可以把制度变迁分为整体制度变迁和局部制度变迁（卢现祥，2004）。整体制度变迁是一个国家或地区制度体系的变革，几乎涉及所有制度，也可以称为宏观制度变迁。在整体的制度变迁中，各种制度变迁相互交叉促进，包括领域广泛、影响范围大、需要各类制度相互协调，考虑到制度之间的关系和相容性，因此变迁的过程是漫长的。局部制度变迁是指在整个制度结构中某一特定制度的一个或一部分的变迁，它独立于其他制度，只涉及一个影响小、变化快、效率高的单一领域。

布罗姆利（1989）认为，制度变迁理论可以分为三个层次：首先是与制度变迁概念的提出密不可分的“产权学派”；其次是拉坦和速水佑次郎等论述的“诱致性制度变迁”；第三个层次是诺斯以历史分析的方法所提出的诱致性理论。

产权派的制度变迁观点认为私人产权是经济发展的根本方向，制度变迁的方向应当是逐渐将产权细分，实现“原子式”的产权结构。除了对私有产权在效率上的优越性的详尽阐述，产权派也将交易费用视为制度变迁的重要诱因。

诱致性制度变迁的分析方法来自于希克斯的诱致性技术变化模型。拉坦和速水（1984）设定了一个制度变迁中需求与供给的模型。制度变迁中的需求主要是由技术变化引起的，而制度变迁的供给则是一个更为复杂的问题，主要体现为利益集团之间的博弈最终形成的集体决策。新制度的产生取决于新制度的效益和制度变迁的成本，即只有当制度变迁的成本小于新制度的效益时，才能发生新制度的替代。

诺斯的制度变迁模型所给出的制度变迁的根本原因是收益。经济制度创新的原因在于，社会中的个人或团体承担这些变革的成本是有利可图的。推动制度变迁的人可以获得新制度建立后在原有制度框架下无法获得的利益。除了能够带来更高生产率的制度创新之外，诺斯理论框架下的制度变迁还有一种可能，即旨在牺牲他人利益而为个别利益集团牟利的收入重新分配的行为。

与上述两种诱致性制度变迁理论相比，强制性制度变迁是政府或统治集团自上而下直接用命令或法律的新制度取代旧制度的行为。然而，由于决策局限方面的限制是强制性制度变迁的本质和不足，这样的制度变迁的效率往往受到很多因素的影响，如统治者的偏好、官僚政治团体的利益冲突、有限理性、意识形态和社会科学知识的限制。杨瑞龙（1993）认为强制性制度变迁能力和意愿主要决定于一个社会的各既得利益集团的权利结构或力量对比。

制度变迁理论的另一个重要问题是制度变迁的路径依赖。路径可能由历史发展中微小的、偶然的事件所形成，这些事件的结局一旦出现，便不可逆转，从而形成了特定的发展路径；具有自我强化机制的收益递增过程形成了制度变迁所依赖的路径，而自我强化机制则体现在固定成本学习效应和适应预期的协调效应上。在承认偶然事件可能形成路径依赖的前提下，则意味着制度变迁不确定的结果，可能无效率。制度变迁的路径依赖理论可以在一定程度上解释制度效率的差异，为新制度的设计提供依据。

第三节　制度结构的协同式变迁

Nelso（1995）指出制度变迁是在人的有限理性的前提下进行的。人们不知道哪个制度是最好的。即使他们知道哪个制度是最好的，他们也不知道应该采取什么措施来实施最好的制度。经济自然选择和适应性学习作为两种正反馈机制，支配着制度变迁的过程，决定着制度变迁结果的多样性，并不一定会产生“唯一的均衡”。

制度结构的协同式变迁是制度在相互关联的基础上进行的一系列共同调整。这种变化的协同作用包括纵向和横向协同作用以及其他衍生的协同作用，通过多重协同的制度变迁，既可以增强制度之间的耦合程度，又可以促进制度结构的稳定性，增加制度的整体功能。协同式变迁将制度之间的相互关联、影响的关系纳入分析范畴，分别从纵向关系、横向关系以及衍生关系等角度分析制度协同变迁的机理。

根据协同学的定义，协同是指协调与合作，大量复杂系统在与外界进行物质和能量交换的基础上，通过内部子系统之间的协调产生有序的时空或功能结构（哈肯，1989）。它强调开放系统内部的合作与协作，强调各子系统要素由无序到有序、由孤立到合作与协调的发展过程。

制度结构的构成要素之间相互协调配合，任何制度都不是孤立存在的，一项制度的变迁会牵动其他制度的调整，一项制度变迁可能引起多层次制度共同调整。因此，制度变迁是一个复杂的关联过程，不能孤立地关注某一特定制度的变迁，即结构中的制度变迁具有协同性，提升了制度变迁的效果，增强了新制度结构的整体功能。

一　协同式制度变迁的特点

构成制度结构的制度环境和具体的制度安排，随着环境的变化，都会发生不同程度的改变。因此，在制度变迁过程中要协调好制度环境与制度安排、正式制度和非正式制度之间的适宜性，使制度结构中各制度之间具有较好的契合性。由于在不同制度变迁过程当中，会存在进程和速度不一致的情况，制度结构暂时处于不平衡状态。因此，根据初始状态的不同，制度变迁可能会有以下几种结果。

第一，在制度结构平衡的情况下，少量的制度变迁会影响其他制度的运行，逐渐累积以后，导致平衡的制度结构失衡；第二，在制度结构不平衡的情况下，少量的制度变迁取代了相互排斥的制度，使不平衡的结构趋于平衡；第三，在制度结构不平衡的情况下，少量的制度变迁加剧了制度结构的不平衡。应注重制度变迁过程中的有机协调，减少和避免制度结构失衡，导致经济社会发展不平衡。协同式制度变迁主要具有以下特征。

1. 制度变迁涉及制度多

制度结构中的制度变迁，是协同式的制度变迁，既不是单个制度，也不是少量制度的变迁，而是相互关联的制度，从少到多，不断累积形成局部甚至整体的制度变迁。协同式制度变迁涉及制度数量多、类型广、关系复杂，不是单个制度变迁的简单加总。在制度变迁过程中，需要相关联的制度协调配合，最终实现制度结构新的均衡。

2. 制度变迁的阻力大

协同式制度变迁涉及的制度数量大、关系复杂。在变迁过程中，由于制度间存在的互斥关系，单个或者少量制度变迁可能面临多个制度之间的冲突，有可能处于互斥关系阻碍变迁的制度数量远远大于推动变迁的制度数量，而且这些阻力数量大、关系复杂，致使协同式变迁的难度可能大于单一制度的变迁。

3. 制度变迁的成本高

在制度变迁过程中，每项制度具有不同的收益和成本。而制度变迁是协同的，即每项制度变迁，都会与其他制度变迁协同进行，因此，制度变迁的成本，不仅包括单个制度变迁的成本，还包括与其他制度之间是否协调。这种协调也具有一定的成本，很多时候，不同制度之间的协调需要很高的成本。如果成本过高可能会影响制度变迁的速度和进程。

4. 制度变迁时间有差异

在协同式制度变迁中，由于不同的特征和周期类型，以及环境和各个行动者选择的影响，制度变迁的时间存在差异，不同的制度变迁起始时间使得制度变迁总是呈现出先后的状态，导致整体协同变迁的时间较长。

总之，协同式制度变迁是由少量制度变迁引起相关联制度，以及其他制度，从单一到局部制度变迁累积而成。林毅夫（1994）认为，当制度结构处于不均衡状态时，一个或者少量制度安排开始出现变化或者创新，进而传导到相关制度安排，这种过程是在一个由历史确定的制度结构中发生，并以这个现行的制度结构为条件。

二　协同式制度变迁的机理

制度结构中面临的环境和运行条件，决定了相互关联制度的协同变迁。一项制度总是与其他制度发生各种关联，其变迁不是独立进行的，而是融合于整个制度结构之中，在相互关联基础上完成的制度变迁。根据制度结构的层次结构，协同式变迁的划分主要包括：横向关联式协同、纵向“基础—派生”式协同以及衍生的制度协同，通过协同式变迁增强制度之间的耦合程度，促进制度结构稳定，扩大制度整体功能。

1. 横向关联式协同变迁

在制度结构的横向关联中，不同领域、不同范围的制度，通过相互协作输出结构的整体功能。单一的制度变迁只有增加与其他制度之间的协作程度，才能提高制度变迁的效果，进一步增强制度结构的整体功能。否则只有少量制度变迁，不仅变迁成本将增加，而且由于缺少其他制度的支持和协同，制度实施效果将受到影响。

2. 纵向“基础—派生”式协同变迁

不同的制度体系包括两个层次：基础制度和派生制度，其中基础制度决定派生制度的功能和范围，派生制度变迁空间受基础制度的约束。当基础制度变迁时，会为派生制度变迁开拓更大的空间，这种非均衡引发派生制度随之进行协同式变迁，进而实现新的均衡。由于派生制度在变迁成本上小于基础制度，所以制度变迁从成本较低的派生制度开始，进一步推动基础制度协同式变迁，可以节约制度变迁总成本。

3. 衍生制度协同变迁

制度结构除了纵向和横向的关联外，还包括制度运行和变迁过程中的衍生制度，这类制度与其他制度广泛联系，并发挥协调、润滑的作用，有助于构建起完整的制度结构整体。衍生制度变迁需要其他制度协同变迁，以增进整体结构的完整性以及内部制度的耦合程度，促进制度变迁后的制度执行，更好地发挥整体结构的功能。

制度变迁是重新安排和组合相关制度的过程，具有协同性的特征。制度变迁没有最优路径，但要遵循三条基本原则：一是应该尽力保持制度环境、正式制度和非正式制度之间的契合；二是通过适应与学习，构建“心智模式”，形成新的行为规则和关系模式；三是通过次级制度变迁，改变基础制度变迁的效益和成本，进而进行基本制度变迁。

第四节 政府竞争与制度变迁

在竞争过程中，政府会主动或被动地进行制度创新从而使制度发生改变，政府竞争就必然地导致制度变迁。然而，这种在竞争推动下的制度变迁到底是通过一种怎样的机理发生的？

Doucouliagos 和 Ulubasoglu（2006）对 82 个国家的数据进行分析，结果表明，经济自由度越大，经济增长越快，反之则越慢。然而，根据前苏联和东欧国家的经验，Jenni Paakkonen（2010）的研究表明，增加经济自由的程度将会促进经济发展，但当经济自由的程度达到一定水平，增加经济自由的程度将会抑制投资对经济的促进作用，反而起到抑制经济增长的作用。Justesen（2008）对经济自由度和经济增长关系进行了检验，结果表明经济自由度是经济增长的原因，因此，经济制度对经济增长起着重要的作用。

将政府作为制度环境下的行为主体，考察其行为特征，对于理解政府及其决策行为在制度变迁中的作用具有重要意义（张显未，2010）。青木昌彦（2001）强调了政府在制度变迁中发挥着不可替代的作用。诺斯（1994）认为国家的存在是经济增长的关键，但国家也是人为造成经济衰退的根源。奥尔森（1995）通过对利益集团行为后果的考察，揭示了政府在制度变迁中的行为模式。他认为，随着制度在稳定与演进过程中交替变化，利益集团将对社会发展产生负面影响，政府应该限制利益集团的行为，促进制度变迁朝着良好的方向发展。有必要区分政府的多样化行为和多重行为目标，从而阐明政府在行为模式和动机的制度变迁中的作用。

政府需要通过制度创新来促进经济发展，以获得更多民众的支持，政府有能力和手段来促进高效制度的出现。随着政府间的竞争越来越激烈，政府有动力和意愿激发经济活力，提高区域竞争力，因此，政府推动的制度创新和制度变迁将成为必然结果。

一 全球化是政府竞争的新阶段

全球化是市场经济体制的进一步扩展、深化和延续。它发端于资本主义和市场文明的发祥地欧洲，借助生产力发展的洪流席卷全球。西方学者普遍认为，马克思是最早发现和系统研究全球化问题的人。在《德意志意识形态》中，马克思认为，随着生产力的普遍发展，人们将能够跨越地理边界进行交流。在《共产党宣言》中，他认为，资产阶级向世界市场的扩张使世界各国的生产和消费都扩大了，他们的产品不仅被本国消费，而且被世界各地消费。地方和国家自给自足和孤立的旧状态已被各种族群体的相互作用和相互依存所取代。纵观近代世界经济发展的历史，殖民地经济经历了第一次世界大战和第二次世界大战，其后经历了冷战，又经历了近代经济战争和贸易战争，国家和国家之间在资源、经济利益上的争夺和竞争以各种形式在各个时段上演着。

过去一个世纪里积累起的技术性知识促进了生产力的巨大发展和市场的不断深化扩展，全球的市场正在融为一体。信息技术和交通技术的发展使资本和劳动力等生产要素和商品、服务的流动成本大大地降低了，经济物品在更大范围内的流动产生了强烈的比较效应，也进一步扩大了经济主体的选择集合。与以前的政府竞争相比，全球化是一个要素流动性极强、民众利益表达机制多样化的时代，在难以抵挡的自由流动面前，任何政府都感受到了空前的、无法回避的竞争压力，并不得不采取相应的竞争策略以维持自己的合法性。在全球化这一新的竞争阶段中，政府之间的竞争从传统的自然资源扩散到人力资源，从有形的疆土扩展到无形的市场，而竞争的方式也从坚船利炮转变为各种经济和政治的制度的组合。简言之，全球化进程中的政府竞争从本质上说就是政府在制度层面的竞争，它已经促进了不同国家的制度创新并将进一步推进这一进程。

当今世界的全球化趋势更加不可控制。在 18 世纪和 19 世纪，跨境投资的形式是购买政府债券或矿山等有形资产，而如今则是金融市场的全球化和资本的国际化。在国际金融全球化、流通网络化下，跨国投资快速增长，已经有了质的飞跃。由金融市场伸向商业、服务业和生产市场的路径现在正在大为缩短。哈贝马斯在《全球化与政治》中写道，经济全球化遵循的是市场膨胀的逻辑，在它的影响下，许多生产要素的优化不再局限于一个民族国家的框架，而是日益受到需要跨区域生产活动的机制和过程的支配。

如果说 18、19 世纪的全球化多少带有强制性的色彩，20 世纪以来的全球化则显得相对温和，但范围更广、影响更深。当今世界的争端更多地是围绕着各种各样的政府规制展开的，强势国家倡导着贸易自由、货币自由，力主经济自由并企图使之成为全球性的共识，弱势国家一方面急欲从合作中得到更多的经济利益，一方面又不得不在国内就业、货币稳定和各种利益集团的利益之间权衡得失，20 世纪后期以来，不同国家之间就是为这类规则展开了拉锯式的斗争。

全球化的经济扩展和经济交融的洪流背后，不易被人察觉的是文化的全球化也在快速地扩散着。不同的文化通过商业文明的物质载体被消费者消费，被不同地区的投资者投资生产，产生了强烈的比较效应，并潜移默化地改变了个人的认知方式与偏好。民主制度的迅猛发展和普及使人们有了更加强烈的利益表达权和福利改善的意愿，各种各样的利益群体更快更容易地形成了。在各种文化的冲击融合的进程中，不同政府所辖的公民得到更多的比较效应和制度信息，偏好被潜移默化地修改，经济绩效的差异和文化的冲击使公众和各种经济组织产生了对制度变革的强烈需求。

二 政府竞争的本质是制度竞争

全球竞争主要在跨国公司，以及具有国际性业务的企业之间展开。国家提供的制度环境决定了营商环境、交易成本，并影响和决定着企业最终的收益，因而在本质上，全球化是指两个或多个国家之间的原材料、工业产品和服务、货币和人员的交换以及由此产生的竞争与合作，所有经济组织的跨境经济行为都是在一定的国家和国际规则框架下进行。政府可以提供各种法律、法规、政策等正式制度，对各种要素和商品的交换活动进行控制和监督，对企业等经济主体的行为进行激励和约束。全球化所呈现的一切内容如贸易自由化、资本自由流动、开放市场、跨国直接投资和企业兼并等，都是各国政府在全球竞争压力下进行应对的结果。全球化首先是新国家主义的产物，它将继续伴随并依赖于国家的干预和制度环境的打造。詹姆斯·彼得拉斯在《全球化：批判与分析》一文中写道：民族国家从来没有发挥过如此决定性的作用，在地方和国际层面以更大的精力和影响力干预经济转型和投资。如果没有民族国家的政治、军事和经济干预作为先决条件，就无法想象跨国公司的扩张和渗透。

各个国家的政府在应对全球化的潮流上采取的对策不尽相同，但从总体上看还是存在一些共同点。这主要体现在三个方面，一是经济政策更加趋于自由。全球化促使各国政府采取经济政策，促进自由贸易商品、服务、人员和资本等因素的流动。二是更加尊重私有产权，大规模推进私有产权运动。因为私有化的市场力量能够最好地满足生产者和消费者的需要，更好地进行现有资源的配置和潜在资源的发掘。通过尊重私人产权、给予私人财产权利安全保障从而调动私人资金进行投资活动已被普遍视为是动员人们发挥各种能力与创造精神的最佳途径。三是放松经济规制。全球化中的企业和政府要从中获得利益，就需要按照全球化的系列国际规则行事，对于经济中的国家垄断和国家干预，包括以各种规章标准的形式进行的干预都必须加以严格的限制。

总体而言，全球化时代要素流动性增加、利益表达渠道多样化的直接结果是，政府的正当性趋向于更具动态性。在全球化条件下，任何一个政府都很难将自己与其他有效率的政府隔离，并用教化的方式在意识形态上减弱公民对增进福利的愿望，继续维持低效率的制度。在高强度的、无法回避的竞争压力下，政府为了维持自己的合法性，不得不努力吸引资本、留住人才，发展经济，提高自己在公共物品上的效率，而为了达到这些目的，政府就必须通过制度创新、制度学习和制度融合改进政府绩效。

在不同的历史条件下，政府竞争在方式、规模、程度等方面，具有不同的特点。现今人们所热衷于谈论的经济全球化现象就其实质不过是在技术飞速进步下推进的国家之间竞争的集中表现，虽然在规模、形式与手段上有了很多新的内容，但就其动力机制而言，仍然是政府之间就市场与经济利益的激烈争夺。全球化不过是政府竞争的一个新的阶段，制度竞争是全球化条件下政府竞争的主要内容。

三　政府制度创新的优势

制度创新是行为主体相互影响和作用的结果。制度的参与者都可以成为创新主体。在经济社会生活中，各级政府、各类组织以及每一个个体都可以成为制度创新的主体。制度的形成和变迁主要取决于各行动群体的数量、收益成本差额、观念和偏好，以及由此形成的合力。正式制度变迁过程中，政府通常发挥更大、更重要的作用，相对于其他行动群体，政府在促进制度创新中也具有很多优势。这是因为以下几方面原因。

第一，政府可以收集更多的信息，具有更强的设计制度能力。制度环境与制度安排的适切性是制度有效性的必要条件，政府可以营造良好的制度环境，为制度设计和制度实施提供支持。在良好的制度环境中，各个行动主体可以充分发挥自己的优势，努力工作，不断推动创新发展，实现更高的生产效率，进而提高制度的有效性。个人或团体能够自发产生新制度安排，也可以通过一定的制度环境来限制不合理的制度安排。

第二，政府具有完善的组织体系，政府可以通过规则规范构建内部的结构体系，这些结构体系在制度实施过程当中具有较强的执行力，能保证制度的实施。政府的组织体系一般比较完善，可以低于私人组织的成本开展某些活动，大大降低了促进体制创新的政治成本和实施新体制安排所需的建立新组织的成本。

第三，基层的制度创新必须转化为政府的制度创新才能得到促进，并对社会经济产生效应。由于具有强制力，政府推动的制度创新搭便车问题很少，这有利于增强人们对新制度安排的认同，调动人们支持和实施新制度安排的积极性，从而提高新制度安排的合法性。

第四，政府供给制度虽然有强制成本和组织成本，但有些制度需要长期才能实现效益，因为协调社会一致的成本很高可能无法得到实现，政府的强制性就非常必要。在政府安排中还有一个额外的成本因素，但政府的强制性计划可能会产生非常高的收益，因为政府可能会使用它的强制力，迫使一个不可能通过任何自愿谈判而实现的计划得以落实。

因此，政府在推动制度创新的过程中，既有设计优势，也有实施的优势，从整体效果来看，政府的制度创新要优于个体和群体。但是政府推动的制度创新也是有边界的，如果与非正式制度变迁不匹配，在执行过程当中会产生巨大的成本。涉及整体性的制度变迁，可以由政府推动；具体制度和微观制度，应该由利益相关者提供。制度是一个复杂的体系，它涵盖了包括贸易、生产和分配在内的各种经济制度以及各种法律法规。虽然在制度建设和执行能力上，政府可以在很大程度上参与经济社会生活，可以规定非常具体和非常小的制度，如生产和贸易制度，甚至可以完全构建所有的微观制度，例如，它可以通过规划和管理的方式，完全抑制个人和团体的逐利行为，使自己成为经济运行的主体，直接进入经济领域，保障经济系统的运行。但事实证明，这种无所不包的方法既昂贵又低效。因此，从规范的角度来看，政府应该只有少数机构地区发挥作用，通过建立和执行少量的关键制度，形成一个有效的制度框架和指导其他制度创新主体进行微观制度创新。这些框架体系包括法律制度的建立和实施，以及稳定经济、限制垄断和鼓励竞争、调节收入分配、解决市场失灵的法律法规的制定。

第五节　有效制度的生成途径

不同制度安排的运行效率是不同的，大量的发展实践也表明，低效的制度安排可能具有较强的惯性，短时间不一定会被高效的制度安排所取代。制度的本质是协调人与人之间的合作与竞争关系。在经济发展中，不可持续与不平衡的矛盾十分明显。改革涉及利益的重新分配和利益格局的调整，因此，制度创新和变革将面临较大的阻力。

经济发展是建立在有效的制度基础上的。为了避免竞争失败导致的合法性危机的加剧，政府需要通过多种方式进行制度创新，促进经济的健康持续增长，获得必要的经济支持，高效率地提供公共产品，政府的特点和优势保证了政府在一个社会制度的效率中可以起到重要甚至决定性的作用。政府可以进行强制改革或放松监管，以有效的制度安排取代低效的制度安排。

有效的制度是减少经济社会发展不确定性，降低社会运行成本，实现区域长期经济增长的关键。同时，单个领域的制度变迁不够对区域发展产生重大影响，各领域的制度变迁需要相互协调，形成一个合理的结构以改进秩序，才能更好地发挥制度的总体功能，提高制度的有效性。

制度变迁是协同式的。制度变迁可以由单一制度或者少数制度引起，并通过相关联制度的共同演化，形成协同式制度变迁。只有这样，制度变迁才能持续，并且有效。从制度结构的特点来看，我国制度变迁也应是协同式制度变迁，制度变迁必须包括政治、经济、社会等一整套相关制度的系统改革，才能取得更好的成效，巩固制度变迁的成果。

一　完善制度框架促进制度变迁

有效的经济组织是经济发展的关键因素，而有效的经济组织需要完善的制度来激励和约束。在所有的制度安排中，最核心的是产权制度的明确、法治制度的强大，以及高度的诚信意识和契约精神。这些激励和约束机制可以为社会提供可信承诺，经济主体在这些机制下，可以建立合理的交易预期，减少不确定性和风险，进而降低交易费用，使阻碍市场经济主体之间安全交易的摩擦系数最小化，建立适合高效制度的社会信用结构和体系。加强政治、文化、社会等相关配套制度的协同改革，发挥配套制度的协同支持作用，才能放大制度变迁的效应。

通过修改一些基本的制度框架来促进制度变迁的基本规则，可以对制度变迁制度安排的预期成本和收益产生深刻的影响，也可以对制度变迁的需求产生深刻的影响。普通个人或团体很难修改基本的制度框架，只有国家才能在其权力范围内遵循一定的程序，使制度变迁的个人利益与社会利益相一致，从而消除制度变迁的外部性。

在制度变迁中，产品和要素相对价格的变动也是重要的影响因素，与技术变迁类似。可以改变产品和要素的相对价格，进而改变行为主体的预期收益和成本，来促进制度变迁。因为在技术条件不变的情况下，生产要素价格的变化，将使行为主体改变生产要素的选择，使用更便宜的要素。如果这些因素的相对价格变化是一个长期的趋势，那么企业就会集中精力寻找新技术或新方法，用越来越便宜的因素代替越来越贵的因素。诺斯和托马斯将这一理念引入到对制度变迁的研究中。他们认为，产品和要素相对价格的变化将产生新的利润机会，从而改变人们之间的激励结构和议价能力，引发重新谈判制度以获取和分配新的利润的努力。因此，产品和要素相对价格的变化是制度变迁的重要来源，国家可以有意识地采取一些措施来改变产品和要素的相对价格，通过积累一定的产品或要素来触发制度变迁。

加快全社会的信用体系的建设。道德是现代市场的根本。必须在产权明确、完善的法律保障的基础上，建立各种奖惩措施，奖惩分明。给经济实体以充分的发展空间，鼓励各类所有制企业加快发展。

二 转变政府职能提高行政效率

与诱致性制度变迁的主体相比，国家及其统治者的自然垄断地位使其能以更低的成本提供替代制度。国家和区域制度结构，包括政治制度、经济制度以及社会制度等一系列制度体系。经济制度的完善需要政治制度作为保障，而政治制度完善也需要经济制度为其提供基础。任何一项制度改革都要考虑到相关制度的影响，尽可能进行同步改革，这样才能取得更好的成效。

地方政府权力限定。在涉及整体性或者关键性领域的制度变迁中，中央政府是主要供应主体，地方政府发挥关键的作用，地方政府可以影响信息传播，对微观个体的选择和行为进行影响。政府的基本功能营造良好的发展环境，保证市场秩序，为企业生产经营提供全方位的制度和服务，以更好地实现政府的宏观发展目标与企业的微观决策之间的有机联系。要明确政府权力的界限，政府行为的选择应该谨慎，过多的权力或过少的权力都不能保证社会经济的有效运行。为了保证制度安排不偏离效率轨道，必须对地方政府权力进行适当的制约，确立正确的思维方式和价值取向。正确处理好政府与市场的关系，逐步理顺两者的界限，同时为人们的制度创新提供适当的空间。政府应该注重通过各种制度改革来改善人民的利益，而不是利用权力在现有的资源分配范围内与人民争夺利益，这导致了制度悖论的出现。

经济落后国家在经济增长过程中，发展初期生产要素比较缺乏，人们观念也比较传统，不适应现代经济发展，因此，需要政府主导，推动强制性制度变迁。随着经济不断增长，经济行为主体的能力不断提高，人们的经济意识不断提升，经济发展的关键和重点转向市场体系的培育，政府需要从强制性制度变迁逐渐转向诱致性制度变迁。通过市场提高资源配置效率，推动创新，进而促进经济持续增长。尊重市场规则的目的是激发人们的创造力，激发创新活力，关键是以市场和价格手段配置资源，不断提高创新能力，实现协同创新和全面创新。要构建以企业为主体、产学研结合为导向的技术创新体系，进一步提高企业自主创新能力。

提高政府行政效率。政府的制度效率改革包括两部分内容：一是政府自身的行政效率，二是政府作为制度供应主体进行制度供给的效率。在政府自身行政效率提高方面，要进一步提高行政组织结构设计完善程度，激发工作人员的热情和活力，提高工作效率。同时要增强服务意识，减少审批手续和行政干预，为社会各主体提供更精准的服务。要完善行政执法，促进行政执法规范化，减少大量的人为干预，改变区域内部保护和外部排斥，加强区域合作和资源共享。作为制度供应主体方面，许多落后地区经济增长慢，主要原因是缺少有效的制度。因此，政府要不断学习先进地区的制度经验，根据本地发展情况，不断提供有效的制度，并推动制度不断优化创新。

三　通过引进或开发新技术推动制度变迁

在 19 世纪中叶，马克思就认识到技术变革对制度结构及其变迁的决定性影响。在 1859 年版《政治经济学批判》的序言中，他指出，社会的物质生产力在发展的某个阶段，与它们所运行的现有生产或财产关系相冲突。从促进生产力的发展到成为生产力的束缚，再到社会革命时代的到来，随着经济基础的改变，所有庞大的上层建筑都或多或少地发生了变化。

技术变革主要通过两个方面影响制度变迁：一是技术变革通过改变生产要素的相对价格来促进制度变迁；二是技术变革可以产生新的利益，从而促进新制度的建立。因此，国家拥有强大的组织和动员能力和巨大的可支配资源，在技术创新方面，国家可以集中有限的人力和物力进行研发，更快地推动一些新产品和技术的开发，或者直接大规模地引进一些新技术，从而有效地促进制度变迁。例如，在日本明治维新期间，国家积极推进农业政策和产业发展，引进了大量的来自西方的先进技术和设备，建立了大量的国有工业企业，然后以低价格将这些国有企业出售给私营企业，从而促进现代企业制度的萌芽发展。

建立健全对外开放的各级法律制度，完善各项对外开放的细则，让境内和境外的经济主体有章可循，保护各个经济主体的各项权利，在保证国家安全的前提下，促进对内对外贸易的自由程度和便利程度，以及资本、生产要素和技术的自由流动。加强与其他国家的合作，更好地结合引进来和走出去的政策，进一步加强与其他国家之间的联系。

四　差异化的区域发展政策

区域发展政策应因地制宜地探索和培育本地区的制度文化和社会关系，以更有利于增强主体之间的相互依存作用，实现集体创新。只有这样，才能形成特色鲜明、协调发展的区域经济格局，促进经济的可持续发展。

制度主体具有协调统一、相互促进的共同利益，可以在制度变迁中进行合作，发挥各自的优势，通过建立公平、平等的互信合作关系，使制度变迁实现总效益的最大化。

克服制度惯性和路径依赖。不管是正式制度还是非正式制度，都具有一定的稳定性和路径依赖性，尤其是非正式制度，包含与人类历史文化、个性相关的一些因素，制度变迁时间更长。正式制度也具有较强的惯性，尽管有些制度可能效率不高，但仍然具有较强的路径依赖特征，在没有较强的内外部作用的情况下，都会长期存在。经济发达地区的制度效率通常比较高，而且制度变迁容易进入良性循环。然而，欠发达地区往往会滑向低效的道路，甚至陷入某种低效率状态。经济落后地区通常难以摆脱原有的社会意识形态，在原有的制度框架内，由于受到政府、利益关系、社会意识等的影响，难以靠自身力量摆脱原有的路径依赖。因此，改革创新只能在有限的范围和范式内进行。只有打破这种制度惯性，勇于承担转型所需的成本，才能向效率更高的制度变迁。

根据区域资源禀赋和发展目标制定不同的政策。在不同的制度环境和资源禀赋下，制度对经济的影响是不同的，所以应该在了解区情的基础上，制定适合的发展战略。经济发达地区，产权制度和对外开放已达到一定程度，应重点发展教育科技，支持二、三产业的发展。经济相对落后的地区，经济发展处在工业化初期阶段，要充分发挥政府在制度变迁中的优势，在区域发展实情的基础上，制定合理有效的制度和政策，营造良好的制度环境，提高制度实施效率。各区域都要培育和完善市场机制，积极参与国际分工，调动各类经济主体的积极性，提高产业竞争力。进一步加大开放的力度，取消不合理的地区经济限制，从发达地区引进投资，实现走出去、引进来的良性发展。通过差异化的区域战略，以及提高人们的受教育水平或增加就业率来增加人力资本，来实现区域经济的协调发展，从而促进经济增长。

五　重视非正式制度建设

区域经济发展理论从关注有形因素的输入到关注无形关系的形成，并从积极和消极方面总结世界区域发展实践，利用这些经验和教训为区域发展战略提供参考借鉴。只有当政府职能回归到提供公共服务和制定公共政策的标准时，创新和创造力才能得到制度上的鼓励和保护，只有在全社会达成尊重人才、尊重知识、尊重创新、宽容失败的普遍共识，各个经济主体才有意愿和动力参与到全社会的创新中来。同时，打造良好的营商环境，为企业发展和创新提供便利条件，企业才能真正成为市场经济和创新活动的主体。

区域经济发展的理论和实践已经表明，作为经济可持续发展的基本驱动力，创新不仅仅是一个简单的奖励、惩罚和监管，而是创新精神深深扎根于人们的心灵，促进经济活动主体产生自觉的集体合作行为和相互依存的效果。一个成功的政策体系是难以复制和移植的，因为它与当地的政治、经济和文化生态高度兼容。

非正式制度变迁是一种历史积淀和文化演进的结果，涉及的内容也较为广泛，既包括社会意识，也包括个人的价值、信仰、习惯、传统等，因此非正式制度变迁较为缓慢。在一定的情况下，如果主要决策者达成共识，意识形态的转变就具有一定的先行性，通过理性设计制度，意识形态可以成为正式制度安排指导思想和理论基础。一些地区非正式制度的变化长期制约着正式制度的发展，可以加强思想观念建设，使其逐步形成适合市场经济的价值体系，更好地引导和规范人们的行为。具体来说，需要做到以下几个方面。

从社会的角度看，意识形态多元化是现代化和全球化的自然产物，而发展和完善主流意识形态的社会整合和动员能力是一种全球趋势，后发国家经济增长迅速，在快速增长过程中，会出现一些过去没有的新问题、新矛盾，没有现成的制度和规范去解决这些问题，如果累积到一定数量可能引发经济和社会不稳定，甚至出现经济停滞。因此，还没有正式制度进行规范之前，需要包容性的意识形态，尤其是主流意识形态协调社会关系，整合碎片化的社会问题。由于受到全球化的影响，利益关系日益复杂，社会阶层不断分化，人们的价值观念也在不断变化。意识形态可能会随着经济和社会发展变得多元化。因此，主流意识形态也应该进行适应性调整，才能更好地发挥意识形态的社会整合和动员功能，朝着尊重差异、包容多样性、适应时代发展的方向发展。

从个人的层面看，随着经济社会发展，利益结构和社会阶层不断分化，人们的价值观念也日益多元化。在多元的价值中，还可能受到不健康价值和舆论的影响，产生不利于社会整合的价值观念。因此，要不断加强意识形态建设，对民族信仰和价值观念进行重新整合和完善，才能更好地推进制度变迁，加快社会转型。要构建与经济体制相适应的信仰体系，加强经济领域文化基础建设的协调性，不仅需要官方意识形态的引导，更需要传统文化观念的资源。

制度结构理论把制度因素，尤其是文化和观念等非正式制度因素作为区域发展和制度变迁的重要变量，对于分析不同国家和地区的经济发展历史具有更强的解释力，对于研究不同国家和地区，特别是欠发达国家和地区的经济发展具有较大的现实意义。根据制度结构理论和适应性效率理论，落后国家和地区实现经济长期增长的制度结构除了要对行为主体具有较好的激励和约束，还应该具有适应不确定性的能力。

总之，区域经济发展中的制度变迁是一项涵盖多项制度的综合性、系统性演进过程，要与政治、经济、社会、文化等各方面协同改革和创新，从完善制度结构整体出发，促进制度间协调发展，进而提升制度有效性。

第十二章 爱尔兰跨越“中等收入陷阱”的制度逻辑

一些发展中国家在人均国内生产总值达到中等水平后，无法成功地转变经济发展方式，原有的经济增长方式难以为继，发展动力不足，经济活力不足，贫富差距拉大，经济社会发展最终会出现停滞，进入“中等收入陷阱”。“中等收入陷阱”是一个具有统计学意义的现象，能否成功跨越“陷阱”，取决于应对“陷阱”的方式是否有效、恰当。虽然通常用经济增长指标来衡量“中等收入陷阱”，但其内在本质是制度有效性不高，未能处理好制度结构中的耦合关系。

“中等收入陷阱”是指一些国家或经济体的人均收入达到中等水平后，经济持续增长缺乏内在动力，导致经济发展和人均收入增长缓慢。从世界范围来看，大多数国家都能实现从低收入到中等收入的转变，但只有少数国家能成功跨越“中等收入陷阱”，达到高收入水平。中国人均国内生产总值达到世界银行确定的中等收入水平，进一步发展遇到一系列困难和矛盾，经济发展进入新常态。跨越“中等收入陷阱”，要立足中国实际，借鉴成功经验，更好地促进经济持续增长。

“中等收入陷阱”不仅是中国经济未来面临的挑战，也是许多发展中国家无法回避的挑战，现有的研究主要基于两种理论视角：新古典主义视角和制度分析视角。新古典主义认为，生产要素是经济增长的动力和基础，造成“中等收入陷阱”的根源是支撑增长的核心要素不足。从制度视角分析，制度安排驱动着资源配置和经济增长，因此，“中等收入陷阱”问题的实质是制度低效造成的，即经济发展进入了“制度陷阱”，在早期阶段支持迅速增长的经济和社会制度已经成为进一步发展的桎梏。克服“中等收入陷阱”需要制度创新，打破路径依赖。

第一节 “中等收入陷阱”or“制度陷阱”

一 “中等收入陷阱”是否存在

“中等收入陷阱”存在于很多国家的发展历程，它作为一种经济发展现象和概念，是世界银行专家梳理和总结许多国家的经济转型过程、从历史的角度提出来的。主要是指一些国家和地区的经济发展进入中等收入阶段，经济发展被原有机制锁定，收入增长缓慢，难以突破中等收入水平，同时，它还伴随着贫富差距、腐败、失业、金融体系脆弱等特征。学术界从不同的角度对“中等收入陷阱”进行了理论探讨，一些国家和地区也进行政策实践，并达成了一定的共识，但仍然存在很多分歧。

虽然“中等收入陷阱”不一定是一条经济规律，但它在统计上具有重要意义。“陷阱”具有自我维持和自我强化的机制，可能在较长时间内处于一种持续的稳定状态。是否能够突破“陷阱”，以及需要多长时间是一个找到走出陷阱的方法的关键问题。

在人类漫长的经济发展过程中，贫困始终是各个时代面临的重要问题之一。人类存在的几百万年中，生产力一直没有突破，经济增长缓慢，人们的收入也一直处于低水平，只有少数人生活富裕。直到 18 世纪下半叶的工业革命之后，生产率快速提高，经济增长才进入快车道，“大分化”开始在世界范围内出现，一些国家和地区的经济增长开始加速。19 世纪，发达国家相继进入“中低收入”阶段，大多数国家陷入“中等收入陷阱”长达 100 多年。最终，他们都摆脱了困境，进入了高收入阶段。

中等收入国家被夹在中间，在技术上落后于富国，在价格上落后于穷国。根据 1980 年的人均国内生产总值，把世界经济分为高、中、低三组，并计算每个组在未来 20 年（1980 —2000 年）的人均收入增长，比较发现，中等收入群体的增速不到 20%，低于高收入经济体约 50%，也低于低收入经济体逾 160%（Garrett，2004）。世界银行在其题为《东亚复兴：经济增长前景》的报告中首次使用了“中等收入陷阱”一词。

21 世纪以来，世界各国经济快速增长，经济格局发生了较大变化，经济问题也日益凸显，中等收入经济体的发展问题也受到更多的关注。考虑到数据的连续性，选取 124 个经济体进行分析和比较，1950 年收入分别为高、中、低的经济体，高收入经济体有 3 个，低收入经济体 80 个，中等收入经济体 41 个。到 2013 年，高收入经济体增加到 33 个，低收入经济体减少到 37 个，中等收入经济体增加到 54 个。在亚洲，中等收入经济体的比例更高，亚洲发展中国家 95% 以上的人口都处在中等收入水平。现有的经济理论存在很大的空缺：用索洛增长模型理解低收入经济体（约 10 亿人）的发展，内生增长理论可以解释和指导高收入经济体（约 10 亿人）的发展，但对于中等收入经济体（约 50 亿人）的发展，迄今为止，还没有令人满意的理论或模型。正如 2007 年世界银行报告所分析，这就是为什么“中等收入陷阱”与其说是中等收入经济体的发展问题，不如说是经济理论的“无知陷阱”。

二　“中等收入陷阱”的形成

造成“中等收入陷阱”的因素很多。学者们从经济转型失败、发展模式不完善、社会建设滞后、流动性不足、社会福利和消费不足等方面进行了论证，这些特征只是表象或结果，其内在本质和根本原因是陷入了制度转型的困境，难以从汲取性制度（extractive institutions）向包容性制度（inclusive institutions）转变。

造成“中等收入陷阱”的主要原因有两个：一是现有的经济发展方式遇到障碍和瓶颈，难以支撑经济发展方式从要素驱动向效率驱动，进一步向创新驱动转变；二是从汲取性制度向包容性制度转变遇到深层次阻力和障碍，不能有效推动经济发展方式转变和经济结构转型。这也是世界银行所强调的，跨越这个阶段所需的政策和制度改革在技术上、政治上和社会上都更为复杂，也更具挑战性。

一个国家或地区从低收入到中等收入阶段的经济发展所面临的挑战与从中等收入到高收入阶段的经济发展所面临的挑战是不同的。许多早期有效的制度安排不一定持续有效。判断一项政策或制度安排的有效性有两个基本标准，即信息有效性和激励相容，信息对称使得社会运行成本较小；另一个是个体理性是否与集体理性相容。随着内外经济环境和实际情况的变化，一些曾经发挥作用的制度安排可能会退化为无效甚至产生消极的作用。无法应对和解决社会经济转型发展过程中出现的新挑战和新问题，制约了经济的进一步增长和发展。

第二节　爱尔兰经济发展状况

一　爱尔兰概况

爱尔兰共和国，是大西洋上与英国相对的一个岛国，共有 480 万人口。历史上，它是一个贫穷落后的农业国，向北美输送大批移民。自 1994 年以来，爱尔兰经济快速增长，每年增速都超过 8%，并一直保持这种快速增长的趋势，增速远远高于欧盟其他国家，在世界上也位居前列。人均国内生产总值从 1990 年的 14000 美元上升到 2000 年的 26000 美元，超过了欧盟的平均水平，成功地跨过了“中等收入陷阱”。过去，爱尔兰经济社会发展封闭、落后，人民生活贫穷。现在，爱尔兰富裕而进步，人民安居乐业，到处充满生机，是世界十大最适合居住的国家之一，在世界生活质量调查中排名前十。

爱尔兰商业环境优异，被称为“欧洲的硅谷”，在全球最容易做生意的国家中排名第三，被欧洲投资者所喜爱。2008 年，房地产价格超过了伦敦，随着金融危机的爆发，当年的国内生产总值下降到 -4.4%。2015 年，爱尔兰国内生产总值增速达到 7.8%，远远超过欧盟国家不到 2% 的增速，重回快速增长之路。正是在经济发展领域创造的奇迹，使爱尔兰被称为“凯尔特之虎”。

二　经济发展的初始路径

爱尔兰的独特的文化和社会环境，及其重要的战略地理位置，已经成为经济发展重要的驱动力。世界经济发展向爱尔兰提供了大量的物质资本，发达的教育体系向爱尔兰提供了丰富的人力资本。政府成功实施了宏观和微观经济政策，政府与企业管理层（资本）、工会建立的社会伙伴关系成为重要的社会资本，这也是爱尔兰经济成功的重要原因。

1. 有利的地缘优势

爱尔兰位于大西洋西岸，海岸线长达 3169 千米，处于美洲大陆和欧洲之间，随着交通和通讯的发展，爱尔兰作为美洲到欧洲大陆的重要通道，区位优势日益突出，形成了良好投资和贸易环境。许多从欧洲飞往美国的飞机在爱尔兰停留加油，这也带来了很多商机。爱尔兰是一个英语国家，市场上的计算机软件、硬件，以及大部分高科技产品都是用英语开发的，这也使其跨国合作没有语言障碍。英国固有的欧洲大陆内部力量平衡和与美国保持特殊关系的倾向，使其对欧美的政策经常摇摆不定，因此，大量跨国公司在爱尔兰投资建厂，增强了其产业竞争力，扩大了在欧洲的市场份额。

2. 大量的海外移民

从19世纪50年代到20世纪80年代，由于生活贫穷，大量的爱尔兰人到国外谋生。这些人主要分布在英国、美国、加拿大等国家。仅在美国就有4000多万爱尔兰后裔，相当一部分爱尔兰人在公司担任高管。这些爱尔兰人对爱尔兰的经济发展非常热心，在爱尔兰经济奇迹开始得到国际社会的关注和国内人民的认可后，许多爱尔兰侨民回国发展，为爱尔兰经济发展提供了巨大经济、技术、人力等方面的帮助。

3. 吸引外资的优惠政策

优惠的税率和政府补贴吸引了大量的海外投资。亚马逊、苹果、谷歌、星巴克等很多跨国公司在爱尔兰设立总部，将利润和资金转移到爱尔兰。爱尔兰的企业所得税税率为12.5%，研发公司的税率还降低50%。牛津商业税研究中心（Oxford Centre for Business Tax Research）的数据显示，2015年，20国集团（G20）的平均所得税税率为28.7%，是爱尔兰的两倍多。实施一系列激励措施，如资助公司补贴土地、住房、新工厂和设备的资本支出；资助那些创造长期全职工作的公司，支持他们建立研发部门和升级研发设施，或者资助那些拥有强大研发能力的公司开展高质量、高风险的研发活动。

4. 发达的教育体系

爱尔兰居民受教育程度非常高，教育体系欧洲排名第一，世界排名第四，人力资本迅速增长，劳动力素质已位居欧盟第二位。爱尔兰从政府到民间对教育都非常重视，即使在经济困难时期也没有减少对教育的支持，教育投资比例一直在欧洲名列前茅。20世纪90年代以后，除了中小学，爱尔兰的大学教育也完全免费，储备了大量的人力资源，为产业创新和经济快速发展打下了良好的基础。不断创新教育模式，实行二元教育体系，大学生在大学完成基础理论学习和研究，而理工学院和地区学院则直接为社会经济需求提供人才。与此同时，不断推进终身学习体系，并开展大量的公民培训，从而使职业教育和培训提高劳动技能和公民综合素质。

5. 高科技产品比重大

1993年，爱尔兰开始进行税收体制改革，推行了大量的优惠政策。这些优惠的政策，再加上独特的区位优势，使大量的跨国公司选择到爱尔兰投资。这些外资主要集中在高新技术领域，如计算机和软件开发、电子产品、化工、制药等，这些高科技产品占了爱尔兰 GDP 很高的比例。同时这些产业又带来了相关配套产业的发展，进一步推动了爱尔兰经济增长。近年来，除了传统的食品和食用活动物外，爱尔兰的出口主要集中在高科技领域，如机械设备、数据处理设备、药品、电机、化工及相关产品等，爱尔兰已经从传统农业国转变成为软件和高科技产品的出口大国。

第三节 制度环境与制度创新

人类社会的运行需要很多协调机制，经济社会活动需要一些基本规则。制度为行动主体提供了激励和约束框架，正式制度与非正式制度的重叠和积累可以提供更好的激励和约束机制，提高制度实施的有效性，降低经济和社会活动的不确定性，增强行为的可预见性，进一步降低交易成本。

爱尔兰的成功既有外部也有内部因素，既有经济因素也有非经济因素的推动。除了要素禀赋和区位优势，主要得益于其制度环境、正式制度和非正式制度的高度契合，以及良好经济制度、社会制度及独特的政治制度的有机结合。

一 独特的文化传统

非正式制度主要包括伦理道德、价值信仰、风俗习惯、意识形态等，是在人们的长期交往中形成的。爱尔兰有着悠久的文化传统，是萧伯纳等文学巨匠的出生地。它气候温和，是世界十大宜居国家之一。这里有古老的天主教建筑，爱尔兰音乐在世界各地都很受欢迎。随着经济和社会的发展，爱尔兰的社会结构也在发生着变化，从最初的天主教社会向世俗社会过渡，逐渐使人们的思想观念现代化，民族主义者逐渐出现了分化，妇女地位不断得到提高。随着国际竞争日益激烈，文化软实力在提升国家实力中发挥着越来越重要的作用。在美国、加拿大及英国等拥有从事工商业活动的数百万爱尔兰移民，这些侨民为爱尔兰经济发展贡献了巨大力量。

二 创新思想是发展的源泉

爱尔兰“经济腾飞”的主要因素就是创新，创新的思想贯穿在经济和社会发展的始终。从技术创新、制度创新、文化创新到观念创新，爱尔兰始终坚持创新思维，在各个领域争取领先地位。由此产生的诺贝尔奖获得者的数量是惊人的：叶芝、萧伯纳、贝克特、希尼……还有乔伊斯、王尔德等世界著名的文学巨匠。有“吉尼斯世界记录大全”诞生地——吉尼斯啤酒厂；也是世界流行的踢踏舞的发源地；从世界第一家免税店到著名的香农开发区，从“欧洲软件之都”到“凯尔特之虎”，爱尔兰独特的创新理念和发展历程贯穿经济社会发展的全过程。尽管爱尔兰是一个小国，但这些“世界之最”都体现了其独特的创新传统和社会文化，为爱尔兰跨越“中等收入陷阱”奠定了基础。2015 年全球创新指数（global innovation index）将爱尔兰列为全球第八大创新经济体。

三　充分发挥政府作用

在爱尔兰，农业一直是该国经济的重要组成部分，但由于市场狭窄，经济日益下滑。爱尔兰政府利用良好的国际环境，推出一系列政策和改革措施，对经济进行宏观管理和调控，开发人力资源，推动产业优化转型，使经济持续快速增长。政府管理水平与服务效率不断提高，经济政策保持稳定。充分发挥政府的制度优势，积极支持科技创新，建立国家创新体系，加大科研经费投入，调动社会各方面的积极性，发挥企业在科技创新中的主体作用，实行宽松的人才流动政策，促进高新技术产业得到快速发展。政府的介入也使得研发资金能够集中在重点行业，如将更多的研发资源集中在信息技术、生物技术等领域的科技研究。爱尔兰企业局致力于帮助初创技术企业提高技术创新和国际竞争力，从而改变经济结构，摆脱对外国公司的过度依赖。

四　正确的发展战略

坚持开放发展，积极参加欧盟等多边合作谈判，融入经济一体化进程。1993 年，《马斯特里赫特条约》促进了单一欧洲市场的形成。作为英语国家的爱尔兰和英国成为美国跨国公司进入欧盟市场的第一个目的地。由于英国一直没处理好欧元问题，大量跨国公司在爱尔兰投资，促进了爱尔兰经济的快速发展。随着经济政策的不断实施，工业发展局制定了明确的经济发展目标，明确了重点发展和引进高新技术产业，避免了经济受制于单一产业。制定了发展外向型经济的战略。20 世纪 50 年代，爱尔兰就建立了世界上第一个自由贸易区，为投资者提供大量优惠政策。如今，香农自由贸易区已成为欧洲最具吸引力的国际商务区之一，带动了制造业和区域经济发展，这些发展政策都对爱尔兰的经济发展发挥了决定性的作用。

五 社会合作伙伴关系培育社会资本

人类社会中调节经济行为的基本协调机制有三种，即政府作为强制性的官僚协调机制，市场作为利己交易关系的总和，以及自愿互惠的联合协调机制或公民社会。只有政府与市场、社会三者联动和互补，方能提高国家公共治理的效果。在20世纪80年代中期，爱尔兰初步建立了社会伙伴关系，这是政府、资本家和工会三方谈判的结果。政府和资本集团都认识到，全球化的新形势将不可避免地需要新的工作关系和工作方式，工会同意政府削减公共开支，国家对工资增长、税收改革和社会平等采取相应的支持政策。爱尔兰工人党（Irish workers’ party）的民主左派和工会为达成共识做了大量工作，他们认识到竞争的重要性，认为仅仅增加公共开支并不能解决问题，建议政府把工业和结构改革作为工作的重点。全球化时代新经济背景下，对新型劳动关系和劳动组织提出了新的要求，这种新型的社会合作关系正好迎合了这种要求。特别是在信息技术、计算机软件开发等行业中，工人的创造力和智力开发在整个行业的发展中占据着核心地位，在爱尔兰经济腾飞中发挥着不可替代的作用。

第四节 对我国的启示

中国经济正处于从中等收入向高收入转型的关键时期。“中等收入陷阱”在经济领域主要表现为经济增长放缓，人均收入增加停滞，但本质是制度创新和转型问题，避免陷入中等收入陷阱，要取得正义、法治和效率的良好平衡，实现深层的制度创新和转换是一个复杂和困难的过程。中国能否成功避免落入中等收入陷阱，取决于制度的内部合理调整，取决于供求关系能否处于新的均衡状态，使汲取性制度向包容性制度转变。

爱尔兰的经济虽然发达，国家体量毕竟很小，经济结构也比较单一，对国外资源依赖较高，国内企业发展空间和机会相对较少，难以靠自身力量抵御自然风险。爱尔兰的经济发展经验，尤其是制度转型对中国经济转型发展仍然具有很好的借鉴意义。结合我国经济发展和制度环境特点，以及现阶段经济社会发展的特点，需要重点做好以下五个方面的工作，实现经济转型发展。

一 发挥传统文化的现代价值

日本和亚洲经济发展的四小龙与中国大陆同处儒家文化圈，都成功从中等收入经济体向高收入经济体转型。在要素禀赋、技术发展、制度环境等初始条件方面，这五个经济体不尽相同，但都较好地发挥了儒家文化的现代价值。中国拥有悠久的历史和灿灿的文化，人民勤劳勇敢，愿意为社会团结做出贡献。随着内外部环境的变化，一些曾经发挥重要作用的制度的有效性可能会下降。要弘扬传统文化和民族特色，充分发挥文化等非正式制度的作用，促进制度的及时转型，使有效制度的供求重新平衡。

二 形成开放新格局

充分利用经济全球化和技术进步的机遇，不断引进新思想、新技术、新知识，开拓全球产品和服务市场。积极融入全球化，从国际资源被整合者到整合者，汇聚高端人才和高端要素，把工厂建设和市场建设结合起来。加快对外贸易发展模式的转型，促进对外贸易的转型从大进口和大出口转向优出口和优进口，加大开放力度，进一步吸引外资和技术，以鼓励企业积极参与全球分工，成为全球产业链和价值链的重要部分。推进产业园区创新发展，更大力度集聚创新资源，夯实开放的主阵地。坚定改革开放，创造良好生产和生活的环境，充分调动海外华人的文化认同，吸引更多的华人华侨回国投资、生产和生活，为中华民族的振兴做出贡献。

三 建设积极有为的政府

在不同的发展阶段，政府扮演不同的角色，发挥不同的作用。在经济发展初期，政府参与较多经济建设。进入中等收入阶段，政府应该重点关注制度建设、完善市场机制。转变政府职能，建立负责任、可信和有能力的政府，不断进行制度创新，尤其是促进经济转型发展的制度。营造良好发展环境，强化公共服务职能和公共服务意识，建立现代公共服务体系。不断完善市场机制，培育市场主体，进一步发挥市场在资源配置中的决定性作用。合理界定政府和市场的角色，加强制度供给，以每一特定发展阶段的要素禀赋及其经济结构为依据，持续推动产业结构高级化。不断提供有效的制度供给，促进产业结构转型升级，完善新产业体系建设，解决经济转型发展中出现的问题，促进国民经济健康发展。

四 实现高水平的均衡发展

平衡发展不仅是我国当前发展阶段的必然要求，而且有利于缓解过去积累的各种问题和矛盾，调动全体劳动者的生产积极性，充分利用各种资源。建立合理的区域分工协作关系和利益关系，选择适合国情的区域政策工具，利用企业直接投资对区域差距的聚集效应，实现区域经济的协调发展，缩小城乡收入差距。为各个经济主体参与市场竞争和公共服务提供公平的起点，实现更高水平的均衡发展。实施综合减税和结构性减税，积极规划和实施未来5—10年就业、住房、医疗、养老、教育等方面的教育等涉及民生的综合社会福利改革方案，真正让人民富裕起来。

五 建立和完善国家创新体系

整合创新环境、创新主体和创新机制，促进创新资源合理配置和有效利用，促进创新机构间协调互动。中等收入国家经济可持续增长的关键要素是制度创新和技术进步，依靠技术创新和制度创新，推动经济发展转型升级，形成新的产业和动力，通过创新发现新的生产要素，形成新的生产函数能，进而实现新的经济增长。增加对人力资本的投资，形成适应社会需求的人才结构，不断优化创新和创业的生态系统，形成一个生态链条，有利于创新因素的流动，有效协调和创新创造，刺激不同的创业的热情和创新主题，促进生产、扩散和应用新知识和新技术。合理界定政府与市场社会的治理边界，通过深层次的制度创新与变革，实现从要素驱动向效率驱动甚至创新驱动的转变。

第十三章　贵州经济的高增长能持续吗？

如何让欠发达地区实现经济快速增长是发展经济学关注的核心问题。新古典经济增长理论认为各地区的技术水平趋于一致，只要资本积累相同，经济增长就会收敛到相同的稳态值，即实现条件收敛。贵州经济社会发展取得重大进步，进入中等收入阶段。很多研究和实践表明后发地区收敛需要一定的条件，指出“适宜制度”对经济发展的重要性。贵州发展的“制度红利”不断释放，经济动力明显增强。随着内外部环境和增长模式的变化，贵州需要不断转换“适宜制度”，保障经济持续增长。

贵州位于中国西南部，经济一直处于贫困落后状态。1949 年，中华人民共和国成立后，贵州经济虽然有了长足的发展，但多年来一直排在全国最后。2010 年，贵州常住人口 3479 万人，贫困人口达到 1521 万人，占总人口的 44%。改革开放以来，贵州经历了从极端贫困到绝对贫困、全面小康的发展过程，贫困人口逐年减少。2003 年以来，在全球经济增长放缓、经济形势复杂多变、国内经济转型的背景下，贵州经济连续 15 年保持两位数增长。特别是 2011 年以来，贵州经济增速连续 8 年位居全国前列，逐步探索出一条不同于东、西部其他地区的发展新路子。

2018 年，贵州人均社会生产总值达到 41244 元（5892 美元），进入中等收入阶段。在基本公共服务、民生和生态环境建设方面取得了巨大成就，成功跨越了“低收入陷阱”“生态恶性陷阱”，其发展经验为欠发达地区经济增长提供了借鉴。

第一节　贵州发展状况

一　内部环境

1. 自然环境

贵州地处亚热带，气候湿润，植被种类繁多，区系组成复杂。截至

2014 年，全省已建成 67 个国家级生态文明建设示范区，378 个省级生态文明建设示范区。全省共有 123 处自然保护区，其中国家级自然保护区 9 处，矿产资源种类较多、储量丰富，位居全国前十的矿产资源有 41 种。旅游资源丰富，全省共有 1000 多处可开发的自然旅游资源，其中黄果树、龙宫等国家级重点风景名胜区 12 个。贵州是我国唯一没有沿海、沿江和沿边的省份，同时，由于高山阻隔，交通运输成本高于国内其他地区，影响了经济交流合作，也制约了投资和贸易发展。

2. 人文环境

贵州省山川秀美，自然资源丰富，气候温和，典型的锥状喀斯特地貌保存完整。贵州人与大自然和谐相处，用不懈的努力顽强地发展经济。贵州人对移民和文化总是抱着包容的态度，这不仅体现了贵州文化的包容性和凝聚力，也体现了贵州人民在困难环境下，充分利用自然条件，维护民族生存的坚韧精神。贵州作为一个千河之省，以博大的胸怀激励着人们永远坚守和谐、博爱、真善、真美的情怀。这种感情在贵州各民族的史诗故事和传说艺术形式中，以及在当地的规章制度和习俗中，都有很大程度的保留。

3. 民族文化

贵州高原多彩的民族文化，形成了独特而美丽的风景。许多古代文化环境得到了完整的保护，成为有生命的文化生态博物馆。旅游资源丰富多样，祖祖辈辈生活形成的山地风情，表现出鲜明的地域文化特色。贵州世代居住着 17 个少数民族，少数民族人口占总人口的三分之一，形成了不同风格和类型的民族文化，少数民族的风俗习惯、民族风俗、节日服饰、村舍建筑是贵州的比较优势。各民族文化特色已成为贵州发展的独特景观，打造优秀的民族名片，以多元化的载体充分体现民族文化特色，贵州逐渐走出一条特色鲜明的发展道路。

4. 经济发展改变了产业分工

以农业生产为主的贵州，耕地资源数量少、质量差，此外，“天无三日晴，地无三里平”的自然条件，不利于农作物的生长。在传统的农业社会中，贵州的贫困问题无法得到根本解决。国家经济快速发展改变了这一切，随着技术进步和基础设施完善，粮食贸易的销售半径大大扩展，粮食需求可以依靠省外供应解决，贵州的环境适合发展特色经济作物，经济作物的收入往往高于主粮作物，加工后的附加值可呈指数增长。随着国家的经济增长和工业化发展，国民收入和生活水平有了很大的提高，人们的精神需求也在不断增加，消费结构在转变和升级，服务消费占比持续快速上升，旅游产业快速增长，规模不断变大。

二　外部环境

1. 全球价值链发展

随着全球化进一步深入，产业发展正经历大规模的国际转移和结构调整，产业分工不断细化，产业间的分工正在转变为产业内和产品内的分工，逐渐形成全球生产网络，改变了全球价值链的布局。随着经济发展和产业竞争力增强，中国参与全球价值链的广度和深度不断提升。逐渐深化的国际分工和全球价值链也为贵州深度参与国际分工、提升创新能力、实现产业升级带来了机遇。贵州可以将资源优势转化为产业竞争优势，实现产业转型升级，更好地参与全球价值链分工。

2. 中国的开放型经济平台

改革开放以来，我国在外资、外贸、国际关系等领域取得了巨大发展成就。中国将坚定实施开放战略，积极参与国际分工协作，完善互利、多元、高效的开放型经济体系，统筹双边、多边、区域、次区域开放合作。中国开放型经济体系的建设有利于融入经济全球化进程，有利于贵州开放型经济平台和渠道的建设。因此，贵州应充分利用各类开放平台，各种投资、贸易优惠政策，加强推进国际经贸合作，加快开放经济体系的建设。

3. “一带一路”与“长江经济带”发展

贵州地处我国西南交通枢纽，是西南地区对外开放和“一带一路”的重要门户。要综合利用国内外市场和资源，发挥沿江沿边优势，加快综合交通运输体系建设，畅通人流、物流、资金流、信息流，形成横贯东中西、连接南北的对外经济走廊，为制度创新和持续发展创造有利条件，充分发挥在西南部开放中的重要作用。主动融入长江经济带，更好地发挥比较优势，加强与沿海地区的开放与合作，有效承接沿海地区的产业转移，促进全省的经济社会协调发展。

4. 国家对中西部地区的支持

国家着力促进区域均衡发展，增加了对西部基础设施、扶贫开发、民生工程的投入，在西部成为全国经济增长的回旋空间的同时贵州也相对受益。产业梯度转移的趋势愈加凸显，同时中国—中亚—西亚经济走廊和新亚欧大陆桥经济走廊建设，均为贵州的发展带来了良好的机遇。

三　经济发展状况

近年来，贵州经济社会发展取得长足进步，经济快速增长、脱贫成效显著、产业基础不断夯实，为实现跨越式发展奠定了坚实的基础。

1. 经济增长较快，基础仍较薄弱

1984 年，贵州社会生产总值突破 100 亿元，2000 年超过 1000 亿元，2015 年达到 1 万亿元。2010 年以来，贵州的经济增长率明显高于全国水平，但贵州人均社会生产总值是全国最低的。随着经济快速增长，贵州在 2015 年摆脱了人均社会生产总值垫底的位置。尽管 2001 年以来，贵州经济增长迅猛，但经济总量仅相当于广东的 14.42%、陕西的 57.8%、内蒙古的 58.24%，差距仍然较大。2010—2015 年，贵州人均社会生产总值仅为全国的一半左右，贵州经济发展仍然处于较低水平。

2. 发展带来贵州脱贫

2010 年，农村贫困人口 1521 万人，占年末贵州常住人口 3479 万人的 44%；党的十八大以来，全省贫困人口由 923 万人减少到 155 万人，年均减贫 100 多万人，居全国首位。贫困发生率由 2012 年的 26.8% 下降到 2018 年的 4.3%，33 个贫困县成功脱贫摘帽。近 200 万人搬出不宜居住的深山，一代代贫困人口的命运彻底改变，贵州谱写了中国减贫奇迹的新篇章。

3. 产业基础不断夯实

不断加大力度来构建产业发展的支撑体系，在重点产业的重点领域和关键环节加强改革力度。在全局性、战略性以及基础领域等方面的重大投资不断加大力度，以便于更好推动产业结构升级、增加后劲、弥补短板。产业的新旧驱动力正在转换。不断有新的发展动力出现，高质量发展产业格局初步形成。通过发展农业示范园等方式，农业结构得到改善和调整。四大传统支柱产业，能源、化工、白酒和烟草通过改革创新，竞争力进一步提升。大数据、大健康、高端制造等新兴产业蓬勃发展，焕发出新的活力。生态、旅游、高效农业等特色产业加快发展，金融、物流、会展等现代服务业快速发展，推动经济持续增长。

第二节　经济增长的传统路径

经济增长是一个复杂的过程，影响因素众多。经济理论从资本、劳动力、技术、市场完善、政府干预等多角度分析经济增长的原因。马克思认为，资本积累、劳动生产率、技术进步、产业结构、社会制度等都会影响经济发展。新古典经济增长理论认为，技术水平和积累速度完全相同的国家和地区最终将完全趋同于人均收入水平，但不同发展水平的技术如何趋同？Maddison（2001）、Aghionet 等（2005）发现的俱乐部趋同现象表明，在由富裕国家和中等收入国家组成的俱乐部中，它们落后的程度越深，增长的速度就越快，而非俱乐部成员的较贫穷国家则越来越落后。Howitt（2000）、Aghion 等（2005）在熊彼特增长理论框架下的俱乐部趋同模型指出了后来者向技术前沿趋同的条件，包括法律、教育、信用和宏观经济条件。从贵州经济发展的历史进程来看，历史机遇改变了贵州落后的社会经济发展状况。贵州的经济建设要以开放的姿态加强对外交流，学习先进文化，充分利用好资源丰富、环境好的优势，与全国一道实现社会经济文化全面发展。

一 人力资源开发与引进

人力资源是社会经济发展的重要组成部分，人才对于产业发展的积极促进作用不言而喻，贵州出台了一系列扶持政策加强人才培养和引进，不断加强人才引进的措施，以便于进一步建设创新型社会。加快引进掌握核心和关键技术、能够促进高新技术产业持续健康发展的高层次科技人才。同时，加强创新，加强对高层次的优秀企业家和职业经理人的培养。在完善人才队伍引进的同时，加强相关人才的培养，人口文化素质显著提高，建设一批高层次、高水平的、技术性的专业人才队伍，服务并推动贵州产业的发展。

二 积极发挥政府作用

在过去的几个世纪里，有大量文献致力于研究国家在经济学中的作用。贵州经济发展，得益于国家缩小地区差距的意愿和政策，以及实施区域援助的国家能力。1995 年以来，国家加大对贫困落后地区的援助力度，促进了贵州经济的快速发展。由此，贵州形成了从输血到造血的良性循环。地方政府准确把握政策时机，抓住发展机遇。在大力改善交通基础设施的同时，把握产业发展的规律，不断加大扶持力度。优化资源配置，协调资源、土地、税收、金融以及人才等多方位要素，为贵州产业的发展提供重要的保障。不断加强和完善政策，引导产业规模化、生态化以及集群化地发展。这些措施有利于贵州从资金、人才、金融、用地、政策多方面推动产业健康快速地发展。

三　吸引投资数量不断增加

1993 年，贵州固定资产投资超过 100 亿元，2005 年 1000 亿元，2015 年 1 万亿元，2018 年达到 1.5 万亿元。中央财政安排贵州省财政转移支付资金 1.33 万亿元，批准建设 3 个国家级试点区域，建立贵州贵安新区和 3 个综合保税区，设立全国首个扶贫投资基金，升级安顺高新区为国家级高新区，升级生态文明贵阳论坛为国际论坛，数博会升级为国家级大数据主题博览会，支持贵州产业转型、基础设施建设等一批重大项目，为贵州促进高质量的发展提供了保证。同时，出台多项政策加大利用外资力度，优化营商环境，为企业提供高质量的发展空间。

四　基础设施逐步完善

贵州地处中国西南边疆，是“一带一路”和中国西南经济社会发展的重要节点。随着贵广高铁、沪昆高铁的开通，贵州高铁实现了“零”突破。贵阳到广州的时间缩短到 4 小时，贵阳到北京的时间缩短到 8 小时，贵州与珠江三角洲和京津冀地区的快速连接，完全打通了与东部发达地区的快车道。贵州高速公路里程已超过 6000 千米，还有多条正在建设中，贵州成为西部地区率先实现县对县高速公路的省份。近年来，内外衔接的现代综合交通运输体系建设取得重大突破。贵阳已成为西南地区高铁的十字交汇点。流通环境的革命性变化促进了人流、物流、信息流、资金流等生产要素的集聚，为高质量发展提供了条件。

五　发展特色产业

一个国家或地区，无论其经济技术实力强弱，都可以找到自己的比较优势，欠发达地区可以利用其独特的资源生产特色产品，发展特色经济。贵州具有独特的地质、地貌、气候、生物等资源，也是一个多民族的文化大省。以特色经济为突破口，形成一定规模的特色产业和品牌。如利用山地草原优势发展林业和果业，发展优质畜牧业，把粗放型资源转化为高效产业；贵州农业生产环境恶劣，“天无三日晴，地无三里平”，在农业社会是发展障碍，而在经济快速发展的现代社会，旅游业快速发展，这些独特的自然环境成为稀缺的旅游资源。2018 年，全省接待游客 9.67 亿人次，旅游总收入 9390 亿元，同比增长 30% 以上。

第三节　经济增长的制度因素

制度经济学超越了传统微观和宏观分析的范畴，认为制度是经济发展差异的根源，市场的有效运作需要的不仅仅是设定正确的价格和合理分配资源，更依赖于有效的制度。Robert 等（1990）以及 Sokoloff（2000）令人信服地指出了制度对经济发展的重要性。近年来，贵州发展动力和活力明显增强，高质量发展的“制度红利”不断释放。

一　充分利用后发效应

2008 年，中国在制造业产出方面超过了美国，2009 年，中国在商品出口方面超过了德国，中国成为世界上最大的工业强国。置身于制造业大国的贵州，发展环境发生了根本性变化。国家工业化和快速发展的新兴产业为贵州创造了发展机遇，高强度的基础设施建设使贵州有能力赶上国家发展快车。中国一体化、多元化的国家制度环境，可以有效促进发展理念、技术和人才从发达地区向贵州流动，大大降低了在发展道路上引进创新理念、技术和人员交流的成本。尽管贵州不适合走复制沿海的制造业道路，但在中国这个工业大国，传统农业社会的发展障碍已成为宝贵的、甚至无法复制的资源。

二　制定合理的发展战略

非正式制度在很大程度上决定了正式制度的效率。没有适合所有国家和地区的通用制度，与非正式制度不兼容的正式制度很难有效实施。形成贵州现象的重要原因是贵州对发展道路和发展因素有清晰、科学的判断。特别是在产业结构调整方面，贵州结合实际环境和产业基础从第一产业至第三产业实现跨越式发展，并充分利用现有的优势产业，在贵州大力推动三大战略行动——扶贫、大数据和生态。利用大数据发展推动产业创新升级，积极挖掘大数据的政治、商业、民用价值，贵州已成为具有重要影响力的数据聚集地。利用大数据发展优势，深化“互联网 +”和大数据与实体经济融合，推动了一批传统产业的数字化、智能化转型。

三　文化品牌的塑造

文化、宗教、法律渊源甚至历史事件在现代经济学中也扮演着重要的角色。文化品牌对促进区域文化传承和文化产业具有重要作用。弘扬和创新传统文化，打造多彩贵州文化品牌，集聚和优化优秀民族文化资源，增强贵州文化软实力，为文化产业合理适度发展提供新路径。“多彩贵州”诠释着贵州的民俗风情、山水风景、红色历史等，展现了贵州文化丰富的内涵以及走向世界的高远目标。省政府牵头成立贵州文化艺术有限公司进行专项运营，推广“多彩贵州”品牌，更好地整合民族文化资源，提升贵州文化产业竞争力。

四 加快改革开放步伐

只有抓住机遇加强对外联系，不断接受先进生产力，善于学习先进文化，并将其融入到整个社会、政治、文化和经济发展中，才能促进经济的大发展。改革开放是贵州赶超落后发展中国家的重要举措。加快内陆开放型经济试验区建设，深入融入“一带一路”建设、长江经济带发展等国家战略，打造完善国家级开放平台，办好重大开放活动。重点发展能源、原材料产业，承接和大力发展东部地区转移的一般加工业，适度延伸产业链，提高加工深度和技术水平。根据区域资源禀赋、技术和经济发展水平，不断提高劳动密集型产业质量，促进产业转型和整体产业结构升级。

五 营造良好发展环境

建立合理的社会奖励和社会约束的选择性激励机制，为形成多方合作的有效途径提供前提条件。文化除了具备一些基本特征和社会功能以外，还是推动经济发展、增加财富以及创造就业机会的重要的经济手段，能充分调动社会各界参与经济建设的积极性。企业家是经济活力的源泉，也是推动贵州经济发展的重要人力资本。因此，要通过培养、流动、鼓励、保护等手段，形成良好的社会氛围，建立高效的制度和机制，使企业家能够健康成长和脱颖而出，培养全社会的企业家精神；通过发挥企业家在企业竞争中的核心和决定性作用，实施产品创新、营销创新、市场创新，从而提高产品的竞争力，形成和扩大企业综合竞争优势，带动产业发展，实现贵州经济转型发展。

第四节 思考与启示

经济发展效率是动态的，反映的是从一个均衡态到更高均衡态的变化。在赶超初步成功后，贵州面临的考验是如何保持这样的发展势头，如何保持快速发展的竞争力，这也是整个国家面临的重大考验。从贵州经济快速增长，我们可以得到以下几点启示。

一　合理发挥政府作用

在市场配置资源效率较低的落后地区，政府对经济发展和工业化进程的调控和干预是必不可少的，合理的产业发展政策有利于调整产业结构，实现区域经济快速、可持续发展。欠发达地区要充分吸收发达国家的知识和技术外溢，结合本地实情，才能不断提高经济系统的运行效率。当欠发达区域经济发展到一定程度，可能面临落入中等收入陷阱的危险，政府要以每一特定发展阶段的要素禀赋及其经济结构为依据，继续推进产业结构升级，引领地区经济转型，避免“中等收入陷阱”。从不断提高经济资源配置效率的角度看，跨越中低收入陷阱的地区应降低政府在资源配置中的作用，加强宏观经济监管。在微观经济运行中，要发挥市场在资源配置中的决定性作用，不断完善市场机制，促进经济结构转型和升级。

二　积极参与区域分工协作

要不断总结经验，求真务实，大胆探索，建立适应市场经济要求的对外开放机制；不断加强同外部的联系，学习和接受先进的经验和生产力，抓住发展机遇，全面融入区域、全国乃至全球产业发展体系，才能实现区域经济持续发展。在区域发展实际的基础上，不断发掘区域特色和优势资源，形成区域优势产业，建立开放的区域产业分工体系，积极参与全球产业分工。利用区域比较优势，不断延伸产业链条，形成产业集聚。逐步提升区域产业竞争力，积极开展区域分工协作，发挥各自优势，建立多层次的区域分工体系，使各区域经济有机联系在一起，在区域分工和产业协作的基础上，逐步建立开放的多层次分工体系。

三　不断转换的适宜制度

经济增长不仅是经济总量的增长和扩张过程，而且是区域经济结构转型的过程，也是产业结构由低到高的升级过程。经济落后地区能否沿着最优增长路径实现经济持续增长，不仅需要充足的要素供应，更取决于其制度能否及时有效地转换，通过制度创新在转折点成功地转换技术升级模式。结构转变的本质不是技术升级模式的变换，而是通过制度的转换来确定技术升级的模式，保证和促进技术创新的适当制度不断变化，以实现生产要素禀赋的有效配置和利用，实现持续的经济增长。一个规范的制度，包括保护产权的法律制度、与创业精神相适应的投资环境、健全的教育制度和稳定的宏观环境，是任何国家经济长期增长的必要条件。然而，不同的制度适用于不同的技术创新模式，不同技术模式的国家需要有不同的适宜制度。

政府仍然是经济领域，尤其是生产要素领域的重要配置主体，其有权制定规则，执行规则，并对规则做出裁决。在经济发展的初期，政府可以制定一系列刺激政策，为低成本竞争创造制度空间。可能在较短的时间内“创造性”地使经济落后地区进入中等收入地区，但是，未来以技术创新为主要动力的增长模式，需要不断改变相应的制度，以保证经济的持续增长。

结论与展望

提高制度有效性已成为一种流行和主导决策范式，现有的理论框架不足以应对区域发展中的新现象，进一步完善描述制度的一系列概念成为新时期区域发展中制度研究的核心任务。关于哪些制度重要，以及如何改善这些制度，促进经济的进一步发展，仍然没有完全和具体的答案。制度结构研究可以更好地处理制度系统内部的复杂关系，更好地解决制度与经济发展之间的协调性问题，进而为区域发展研究和决策提供更好的理论基础。

本书基于 Hall 和 Taylor（1996）的研究，进一步对新制度主义中有关制度的讨论进行系统分析，尝试发现适合分析制度结构的理论工具，更好地理解制度结构及其有效性的概念和基本逻辑。在研究区域经济发展的过程中，强调制度主义方法的价值，寻找制度结构与区域发展的内在关联，探索制度有效性的潜在价值及形成机制，为进一步深化区域发展的制度取向研究提供基础，为区域发展决策提供更好的理论支持。

世界范围内区域差异并没有明显缩小，很多区域发展实践表明，高效的制度对经济发展至关重要，在区域框架中特定的制度安排能使其走上持续发展之路。区域问题的复杂性和艰巨性经常使区域政策工具和手段失灵，中国经济取得快速发展的同时，对区域理论也产生了巨大的需求。学者从不同角度提出了各种各样的观点，然而，区域经济往往针对要素比较优势来研究区域分工，或是通过成本、产品差异等来解释区际贸易和经济联系，在研究内容和指导实践方面还存在很多不足。对制度结构进行系统性改革，才能更好地破解区域发展不平衡不充分难题。

现代区域经济理论强调通过资源开发和整合提高区域竞争优势，本书以新制度主义为视角，从功能角度对制度结构的内涵、结构、过程及有效性进行研究，从动态演化的角度对制度结构变迁及路径进行分析。主要包括以下四个部分。

构建制度结构理论。将地方独特的制度组合作为区域发展的分析方法，成为制度取向研究的主流思潮，制度结构也成为解释区域经济发展的有效工具。对区域经济理论演进进行分析，分析制度转向的背景、相关研究及与区域发展的关系。提出制度结构分析框架，包括基本假设、定义和结构等。

分析制度演化过程。具体制度的演化，可能同时并存多个路径选择，越来越多的研究认为制度能够激励和约束社会行为，从而形成良好的经济、政治和社会运行效果。将制度变迁纳入到制度结构中进行考察，将单一路径依赖扩展到多重路径依赖，分析了区域行动者运行逻辑及行动者治理绩效，及区域文化与区域发展的关系和过程。

分析与评价制度有效性。区域经济发展是由多方面因素共同造成的，其内在本质和根源是制度结构中的逻辑关系。制度有效性作为制度的一种存在状态，其实质也是制度与行为之间的关系问题。分析了制度有效性的内涵、影响因素，建立“建构性和认知性”二维的制度评价体系，对我国区域制度有效性进行评价，并识别影响区域制度有效性的前因组态。最后对制度存续、均衡及变迁进行分析，提出有效制度的生成路径。

最后，本书在理论研究与逻辑分析的基础上，对爱尔兰和贵州的制度演化与经济发展进行案例分析，检验制度结构与区域发展的关联。

新制度主义分析工具的使用及其解释力日益成熟，不少研究试图归纳甚至整合多学科的研究成果，建立新制度主义的理论谱系，推进理论的系统化。本研究借鉴新制度主义的最新研究成果，分析制度结构与区域发展的关联。主要工作和特色主要包括以下三个方面。

学术思想方面，深化区域制度取向研究。空间不同不仅意味着自然条件和地理位置，以及社会文化传统对经济发展的影响和约束，也意味着不同发展要素和发展模式。许多理论和实践都显示，不同的制度环境和制度安排能使地方走上不同的发展之路。制度结构研究可以完善区域研究的微观基础，更好反映时间进程中制度与经济变化的关系。本书探索适合分析区域发展的制度理论工具，为深化区域发展的制度取向研究提供基础。20世纪90年代以来，制度取向、制度因素及制度关系被视为地方经济发展的重点，但已有研究缺少制度差异深层次因素的分析。制度结构庞大、复杂，各项制度都有其产生背景、适用范围、变迁进程以及作用机制，它们共同结成一个具有内在逻辑的多层次制度结构。高效“制度结构”是各主体高度互动与制度认同下的空间结果，构建有效的制度空间，才能打破路径依赖，实现制度创新。

学术观点方面，建立制度结构分析框架。很多研究都试图建立“特定于场所的制度结构”与“经济绩效”之间的联系，这种将地方独特的制度组合作为区域发展的分析方法，成为制度取向研究的主流思潮，制度结构也成为解释区域发展的有效工具。新制度主义理论取得了长足的发展，但有关制度结构的讨论只散见于一些重要的研究之中，更多地还停留在理论判断的层面，缺少严谨的理论逻辑。本研究基于新制度主义相关概念和理论模型，借助零散的概念和理论判断进行系统性解释，构建解释区域发展的制度结构分析框架。提出基本假设、内涵和结构等，制度结构包括三个层面，即制度环境和制度安排之间的关联、正式制度和非正式制度之间的关联以及基础制度和次级制度之间的关联。并分析制度结构的层次与关系等基本特征，梳理制度结构的类型，探讨其在区域发展分析中的应用。

研究方法方面，探寻制度有效性的关键因素。进一步对新制度主义中有关制度的讨论进行详细分析，尝试发现最适合分析制度结构的理论工具。强调制度主义方法的价值，寻找制度结构与区域发展的内在关联，探索制度有效性的潜在价值及形成机制。利用时间序列、面板数据、定性比较分析（QCA）等方法进行实证研究，更好地识别影响制度有效性的关键因素，提高空间资源配置效率，完善区域经济理论体系和区域政策。制度有效性本质上是一种适应性效率，建立“建构性和认知性”二维的制度评价体系，对我国区域制度有效性进行评价。利用定性比较分析方法对影响我国区域制度有效性的前因组态进行实证研究。最后对制度存续、均衡及变迁进行分析，提出有效制度的生成路径。

本书构建制度结构与区域发展的关联，探寻影响制度有效性的关键因素，寻找合适的区域发展路径和模式。作为理论探索，未来在以下几个方面还需要继续深入研究。

不断完善制度结构分析框架。本书构建了制度结构分析框架，还不够完善。随着各界越来越关注制度对经济发展的作用和影响，新成果不断涌现，需要不断收集和运用最新的理论研究和发展实践，完善制度结构分析框架的理论逻辑，提高对区域发展实践的参考价值。

进一步分析制度运行机制。影响制度结构的因素和条件具有多样性、复杂性的特点，特定空间上行为主体的经济行为错综复杂。实证分析主要从区域整体进行分析和评价，未来需要基于制度视角进一步深入分析经济现象、经济行为和经济关系。

不断探索有效制度的生成。区域问题的复杂性和艰巨性经常会使区域政策工具和手段失灵，提高制度质量已成为一种流行和主导决策范式。本研究对制度结构及其有效性进行了初步探索，而高效的制度生成和完善仍然需要从理论和实践等层面不断探索。

参考文献

1. Acemoglu D. , Robinson J. Why Nations Fail: The Origins of Power, Prosperity and Poverty [M]. Crown Business, New York, 2013.

2. Acemoglu, D. , S. Johnson and J. A. Robinson. The Rise of Europe: Atlantic Trade, Institutional Change, and Economic Growth [J]. American economic review, 2005, 95 (3) .

3. Acemoglu, D. , Johnson, S. and Robinson, J. Reversal of Fortune: Geography and Institutions in the Making of the Modern World Income Distribution [J]. Quarterly Journal of Economics, 2002, 117 (4) .

4. Acemoglu, D. , S. Johnson and J. A. Robinson. The Colonial Origins of Comparative Development: An Empirical Investigation [J]. American Economic Review, 2001, 91 (5) .

5. Acemoglu D, Johnson S, Robinson J. Institutions as the Fundamental Cause of Long-Run Growth [J]. Nanjing Business Review, 2006, 1 (5) .

6. Acemoglu D. and Robinson J. Economic Backwardness in Political Perspective [J]. American Political Science Review, 2006, 100.

7. Acemoglu, D. and Robinson, J. The Role of Institutions in Growth and Development, Commission on Growth and Development, The World Bank, Working Paper 2008, No: 10.

8. Acemoglu, D. and Robinson, J. Persistence of Power, Elites, and Institutions [J]. American Economic Review, 2008. 98 (1) .

9. Audretsch. D. B. , Keibach. M. Entrepreneurship Capital and Economic Performance [J]. Regional Studies, 2004, 38 (8) .

10. Amin A. , Thrift N. Living in the Global, in Globalization, Institutions, and Regional Development in Europe [M]. Oxford University Press, Oxford, 1994.

11. Amin A. An Institutionalist Perspective on Regional Economic Develop-

ment [J]. International Journal of Urban and Regional Research, 1999, 23 (2).

12. Aron, J. Growth and Institutions: A Review of the Evidence [J]. The World Bank Research Observer, 2000, 15 (1).

13. Audretsch. D. B., Keibach. M. Entrepreneurship Capital and Economic Performance [J]. Regional Studies, 2004, 38 (8).

14. Baum J., Oliver C. Institutional Linkages and Organizational Mortality [J]. Administrative Science Quarterly, 1991, 36.

15. Bourdieu, P. Distinction: A Social Critique of the Judgment of Taste. Routledge & Kegan Paul, London, 1984.

16. Brenner N., Theodore N. Cities and Geographies of Actually Existing Neoliberalism [J]. Antipode, 2002, 34 (3).

17. Brooksbank D. J., Pickernell D. G. Regional Competitiveness Indicators: A Reassessment of Method [J]. Local Economy. 1999, 13 (4).

18. Burgelman A R. Strategy as Vector and the Inertia for Coevolutionary Lock in [J]. Administrative Science Quarterly, 2002, 47.

19. Busse, M. and C. Hefeker. Political Risk, Institutions and Foreign Direct Investment [J]. European Journal of Political Economy, 2007, 23 (2).

20. Carrol G, Michael H. 1989. Density Dependence in the Evolution of Populations of Newspaper Organizations [J]. American Sociological Review, 54.

21. Cho, D. S. A Dynamic Approach to International Competitiveness: The Case of Korea [J]. Journal of Far Eastern Business. 1994, 1 (1).

22. Clark W. R. Agents and Structures: Two Views of Preferences, Two Views of Institutions [J]. International Studies Quarterly, 1998, 42 (2).

23. Daron A., Johenson S, James A. Reversal of Fortune: Geography and Institutions in the Making of the Modern World Income Distribution [J]. Quarterly Journal of Economics, 2002 (118).

24. DiMaggio P. J., Walter W. P. The Iron Cage Revisited: Institutional Isomorphism and Collective Rationality in Organizational Fields [J]. American Sociological Review, 1983, 48.

25. Djankov S., Glaeser, E., La Porta, R., Lopez-de-Silanes, F. and Shleifer, A. The New Comparative Economics [J]. Journal of Comparative Economics, 2003, 31.

26. Doucouliagos H., Ulubasoglu M. A. Democracy and Economic Growth:

A Meta-Analysis. American Journal of Political Science, 2008, 52.

27. Esfahani H. S. Institutions and Government Controls [J]. Journal of Development Economics. 2004, 63 (2).

28. Garside W. R. Introduction: Economic Growth and Development—An Institutional Perspective [M]. Institutions and Market Economies. Palgrave Macmillan UK, 2007.

29. Glaeser E. L., Porta R. L., Shleifer L. D. S. Do Institutions Cause Growth? [J]. Journal of Economic Growth, 2004, 9 (3).

30. Graham S. The end of Geography or the Explosion of Place? [J]. Progress in Human Geography, 1998, 22 (2).

31. Granovetter, Mark. Economic Action and Social Structure: The Problem of Embeddedness [J]. American Journal of Sociology, 1985, 91 (3).

32. Guiso L., Sapienza P., Zingales L. Cultural Biases in Economic Exchange? [M]. Infectious Diseases in Obstetrics and Gynecology. Parthenon, 2009.

33. Hall, P. A. and Taylor, R. C. R. Political Science and the Three New Institutionalisms [J]. Political Studies, 1996 (44).

34. Hall, R. E. and Jones, C. I. Why Do Some Countries Produce So Much More Output per Worker than Others? [J]. Quarterly Journal of Economics, 1999, 114 (1).

35. Handelman J. M., Stephen J. A. 1999. The Role of Marketing Actions with a Social Dimension: Appeals to the Institutional Environment [J]. Journal of Marketing, 63 (3).

36. Harrison B. Industrial Districts: Old Wine in New Bottles? [J]. Regional Studies, 1992, 26.

37. Hodgson, G., Recent Developments in Institutional Economics [M]. Edward Elgar, Cheltenham, 2003.

38. Hofer C, Schedule D E. Strategy Formulation: Analytical Concepts [M]. West Publishing, St Paul, MN, 1978.

39. Hudson R. Producing Places [M]. New York: The Guilford Press, 2001.

40. Jon Pierre, B. Guy Peters, Governing Complex Societies [M]. NY: Palgrave, 2005.

41. Knack, S. and Keefer, P. Institutions and Economic Performance:

Cross- Country Tests Using Alternative Institutional Measures [J]. Economics and Politics, 1995, 7 (3) .

42. Kovac, M. M and R. Spruk. Institutional Development, Transaction Costs and Economic Growth: Evidence from a Cross-Country Investigation [J]. Journal of Institutional Economics, 2016, 12.

43. Krugman P. Geography and Trade [M]. Cambridge: MIT Press, 1991.

44. La Porta, R. , Lopez-de-Silanes, F. , Shleifer, A. and Vishny, R. The Quality of Government [J]. The Journal of Law, Economics and Organization, 1999, 15 (1) .

45. Lundvall B – Å. National Systems of Innovation: Toward a Theory of Innovation and Interactive Learning [M]. London: Frances Pinter, 1992.

46. Macleod G. , Goodwin, Space, Scale, and State Strategy: Rethinking Urban and Regional Governance [J]. Progress in Human Geogra2phy, 1999, 23.

47. Marinescu, C. Transaction Costs and Institutions' Efficiency: A Critical Approach [J]. American Journal of Economics and Sociology, 2012, 71 (2) .

48. Mancur Olson, The Rise and Decline of Nations: Economic Growth, Stagflation, and Social Rigidities [M]. New Heaven: Yale University Press, 1982.

49. Martin Stack and Myles P. Gartland, Path Creation, Path Dependency, and Alternative Theories of the Firm [J]. Journal of E-conomic Issues, No. 2 June 2003.

50. Martin, R. , Sunley P. Path Dependence and Regional Economic Evolution [J]. Journal of Economic Geography, 2006, 6 (6) .

51. Mauro, P. Corruption and Growth [J]. The Quarterly Journal of Economics, 1995, 110 (3) .

52. Melitz Marc J. The Impact of Trade on IntraIndustry Reallocations and Aggregate Industry Productivity [J]. Econometrica, 2003, 71 (6) .

53. Nelson R. , Winter S. An Evolutionary Theory of Economic Change [M]. Cambridge, MA: Harvard University Press, 1982.

54. North D. C. Location Theory and Regional Economic Growth [J]. Journal of Political Economy, 1955, (3) .

55. North, D. C. Institutions, Institutional Change and Economic Performance [M]. Cambridge University Press, 1990.

56. Oliver C. Strategic Responses to Institutional Processes [J]. Academy of Management Review, 1991, 16.

57. Oliver C. Sustainable Competitive Advantage: Combing Institutional and Resource-based Views [J]. Strategic Management Journal, 1997, 18.

58. Owen, P. D. and Weatherston, C. R. The Deep Determinants of Long-Run Growth and Economic Development [A]. in Garside, W. R. (Ed.), Institutions and Market Economies: The Political Economy of Growth and Development [C]. Palgrave Macmillan, New York, 2007.

59. Porter M. E. The Competitive Advantage of Nations [M]. New York: Free Press, 1990.

60. Prahalad C. K., Hame G. The Core Competence of the Corporation [J]. Harvard Business Review, 1993, 68 (3).

61. Prebisch, R. Economic Development or Monetary Stabilization: The False Dilemma [J]. Economic Bulletin for Latin America, 1961, 6 (1).

62. Raco C. Understanding Motor Racing Valley [J]. Engineering, 1997 (6).

63. Ragin C. C., Fiss P. Net Effects Versus Configurations: An Empirical Demonstration [A]. In C. C. Ragin (Ed.), Redesigning Social Inquiry: Fuzzy Sets and Beyond [C]. Chicago, IL: University of Chicago Press, 2008.

64. Richardon H. W. Regional Growth Theory [M]. Macmilan, 1973.

65. Rodrik D., Subramanian A, Trebbi F. Institutions Rule: The Primacy of Institutions Over Geography and Integration in Economic Development [J]. Journal of Economic Growth, 2004, 9 (2).

66. Rodríguez-Pose A. Convergence or Divergence? Types of Regional Responses to Socio-Economic Change in Western Europe [J]. Tijdschrift voor Economische en Sociale Geografie, 1999, 90 (4).

67. Rodríguez-Pose A. Do Institutions Matter for Regional Development [J]. Regional Studies, 2013, 47 (7) 7.

68. Andrés Rodríguez-Pose, Storper M. Better Rules or Stronger Communities? On the Social Foundations of Institutional Change and Its Economic Effects [J]. Post-Print, 2006, 82 (1).

69. Rodríguez-Pose A. Economic Geographers and the Limelight: Institutions and Policy in the World Development Report 2009 [J]. Economic Geography, 2010, 86 (4).

70. Ryan A. , Copton, Daniel C, Giedeman, Gary A, Hoover A. Distributional Analysis of the Benefits of Economic Freedom [J]. European Journal of Political Economy, 2014 (33) .

71. Scott W. R. Institutions and Organizations [M] . CA: Beverly Hills, 1995.

72. Scott W. R. The Adolescence of Institutional Theory [J]. Administrative Science Quarterly, 1987, 32.

73. Scott A. , Storper M. Industrialization and Regional Development [A]. In: Storper M, Scott A (ed.) . Pathways to Industrialization and Regional Development [C]. London: Routledge, 1992.

74. Sokoloff K. L. , Engerman S. L. History Lessons: Institutions, Factors Endowments, and Paths of Development in the New World [J]. Journal of Economic Perspectives, 2000, 14 (3) .

75. Spiller, P. T. Transaction Cost Regulation [J]. Journal of Economic Behavior and Organization, 2013, 89.

76. Srinivasan, T. N. Long-Run Growth Theory and Empirics: Anything New? [A]. in Ito, T. and Krueger, A. O. (Eds.), National Bureau of Economic Research-East Asia Seminar on Economics Series [C] . Chicago, Ill. : University of Chicago Press, 1995.

77. Storper M. The Regional World: Territonial Development in a Global Economy [M]. NewYork: The Guilford Press, 1997.

78. Thrift N. , Olds K. Refiguring the Economic in Economic Geography. Progress in Human Geography, 1996, 20.

79. Turok I. Cities, Regions and Competitiveness [J] . Regional Studies, 2004, 38 (9) .

80. Toma S. G. , Grigore A. M. , Marines P. Economic Development and Entrepreneurship [J]. Procedia Economics and Finance, 2014 (8) .

81. Thaler R. H. Misbehaving: The Making of Behavioral Economics [M]. W. W. Norton & Company, 2016.

82. Voigt S. How (not) to Measure Institutions: A reply to Robinson and Shirley [J]. Journal of Institutional Economics, 2013, 9 (1) .

83. Warr P. G. Comparative and Competitive Advantage [J] . Asian-Pacific Economic Literature, 1994, 8 (8) .

84. Webster D. Muller L. Urban Competitiveness Assessment in Developing

Country Urban Regions: the Road Forward [R] . Working Paper for Urban Group, INFUD, 2000.

85. Williamson, O. The Mechanisms of Governance [M]. New York, Oxford University Press, 1996.

86. Williamson O. The Institutions and Governance of Economic Development and Reform: Proceedings of the World Bank Annual Conference on Development Economics 1994 [M]. The World Bank, 1995.

87. Williamson O. The Economic Institutions of Capitalism [M]. New York: Basic Books, 1985.

88. Yu G, Zhang H. Adaptive Efficiency and Financial Development in China: The Role of Contracts and Contractual Enforcement [J]. Research of Institutional Economics, 2009, 11 (2) .

89. Zucker L. G. Institutional Theories of Organization [J]. American Review of Sociology, 1987, 13.

90. Zukin S. , Di Maggio P. J. Structures of Capital: The Social Organization of the Economy [M]. Cambridge: Cambridge University Press. 1990.

91. 阿兰·图海纳，行动者的归来[M]，北京：商务印书馆，2008。

92. 埃格森特，新制度经济学[M]，北京：商务印书馆，1996。

93. 安东尼·唐斯，官僚制内幕[M]，北京：中国人民大学出版社，2006。

94. 郝寿义、安虎森，区域经济学[M]，北京：经济科学出版社，2015。

95. 陈培阳，朱喜钢，基于不同尺度的中国区域经济差异[J]，地理学报，2012（8）。

96. 陈华，中国制度变迁与区域经济增长的空间计量经济分析 [D] . 华东师范大学，2012。

97. 陈丰，论制度生态环境与制度成本[J]，华东理工大学学报（社会科学版），2013（1）。

98. 陈丹丹，任保平，制度变迁与经济增长质量：理论分析与计量检验[J]，当代财经，2010（1）。

99. 陈秀山，张可云，区域经济理论[M]，商务印书馆，2003。

100. 曹碹玮，马骏，资源型区域的创新——从路径依赖到路径创造[J]，中国软科学，2007（7）。

101. 曹瑄玮，席酉民，陈雪莲，路径依赖研究综述[J]，经济社会体制比较，2008（3）。

102. 诺斯，制度、制度变迁与经济绩效[M]，上海：三联书店，1994。

103. 杜宾宾，白雪，制度效率视角下区域经济发展水平差异分析[J]，商业时代，2014（5）。

104. 樊新生，李小建，中东部地区区域经济竞争力定量比较研究[J]，河南大学学报（社会科学版），2004（2）。

105. 冯务中，制度有效性理论论纲[J]，理论与改革，2005（5）。

106. 方绍伟，制度效率论争：主客观思维的冲突与融合[J]，经济学动态，2013（12）。

107. 黄信，经济转型、制度环境与制度适应性效率[J]，社会科学战线，2011（9）。

108. 黄晖，中国经济增长区域差异的制度分析[J]，经济地理，2013（1）.

109. 黄信，制度竞争、文化资本与人的发展——基于经济转型的视角[J]，改革与战略，2010（5）。

110. 黄信，经济转型、制度环境与制度适应性效率[J]，社会科学战线，2011（9）。

111. 黄荣贵，桂勇，互联网与业主集体抗争：一项基于定性比较分析方法的研究[J]，社会学研究，2009（5）。

112. 金太军，沈承诚，政府生态治理、地方政府核心行动者与政治锦标赛[J]，南京社会科学，2012（6）。

113. 靳涛，揭示制度与增长关系之谜的一个研究视角——基于中国经济转型与经济增长关系的实证研究（1978—2004）[J]，经济学家，2007（5）。

114. 柯武刚、史漫飞，制度经济学：社会秩序与公共政策[M]，第1版．北京：商务印书馆，2000。

115. 科斯，关于制度变迁的经济学理论：诱致性变迁与强制性变迁．财产权利与制度变迁[M]，上海：上海人民出版社，2002。

116. 康芒斯著，于树生译，制度经济学[M]，北京：商务印书馆，1981。

117. 李兰冰，我国区域科技创新效率评价——以省际数据为样本[J]，科技管理研究，2008（9）。

118. 李小建，苗长虹，西方经济地理学新进展及其启示[J]，地理学报，2004（S1）。

119. 李怀，赵万里，制度设计应遵循的原则和基本要求[J]，经济学家，2010（4）。

120. 李建德，试论马克思主义的制度经济学[J]，江淮论坛，1995（4）。

121. 李艳，适应性调整—新制度主义视角下的中国体制转型研究[M]，北京：中国社会科学出版社，2016。

122. 里斯本小组，竞争的极限——经济全球化与人类未来[M]，北京：中央编译出版社，2000。

123. 林平凡，创新驱动实现区域竞争优势重构的路径选择[J]，广东社会科学，2016（2）。

124. 陈昕，财产权利与制度变迁[C]，上海：三联出版社，1994。

125. 罗小芳，卢现祥，论创新与制度的适应性效率[J]，宏观经济研究，2016（10）。

126. 罗纳德·科斯，论生产的制度结构[M]，上海：上海三联书店，1994.

127. 刘文革，董暄，制度质量指数构建及其跨国比较[J]，制度经济学研究，2016（1）。

128. 刘孝萍，我国地方政府效率的测度与影响因素分析［D］. 安徽财经大学，2014。

129. 刘元春，经济制度变革还是产业结构升级——论中国经济增长的核心源泉及其未来改革的重心[J]，中国工业经济，2003（9）。

130. 林毅夫、李永军，比较优势理论与竞争优势理论关系探究[J]，国际商务研究，2008（6）。

131. 林毅夫，关于制度变迁的经济学理论：诱致性变迁与强制性变迁. 财产权利与制度变迁[M]，上海：上海人民出版社，1994。

132. 林尚立，行动者与制度效度：以文本结构为中介的分析——以全国人大预算审查为研究对象[J]，经济社会体制比较，2006（05）。

133. 马奇·奥尔森，重新发现制度[M]，上海，三联书店，2011。

134. 苗长虹，区域发展理论：回顾与展望[J]，地理科学进展，1999（4）.

135. 苗长虹，樊杰，张文忠，西方经济地理学区域研究的新视角——论新区域主义的兴起[J]，经济地理，2002，22（6）。

136. 诺斯，制度、制度变迁与经济绩效[M]，格致出版社，上海三联书店，上海人民出版社，2008。

137. 诺斯，经济史中的结构与变迁[M]，上海：上海人民出版社，1994。

138. 诺斯，理解经济变迁过程[M]，北京：中国人民大学出版社，

2013。

139. 倪鹏飞，中国城市竞争力报告——沪苏浙皖：一个世界超级经济区已经浮现[M]，北京：社会科学文献出版社，2014。

140. 齐格蒙·鲍曼，寻找政治[M]，上海：上海人民出版社，2006。

141. 青木昌彦，比较制度分析[M]，上海：上海远东出版社，2001。

142. 宋砚博，基于DEA的地方政府管理效率评价研究［D］. 东北大学，2008。

143. 生延超，钟志平，旅游产业与区域经济的耦合协调度研究——以湖南省为例[J]，旅游学刊，2009（8）。

144. 孙柏英，当代地方治理：面向21世纪的挑战[M]，北京：中国人民大学出版社，2004。

145. 沈荣华，钟伟军，中国地方政府体制创新路径路径研究[M]，北京：中国社会科学出版社，2009。

146. ［美］斯科特，制度与组织：思想观念与物质利益[M]，北京：中国人民大学出版社，2010。

147. 斯韦托扎尔·平乔维奇，产权经济学[M]，北京：经济科学出版社，1999。

148. 田湘波，谭丰华，论转型时期我国经济增长过程中制度适应性效率的缺失[J]，财经理论与实践，2008（1）.

149. 托尼·赛奇，邵明阳，盲人摸象：中国地方政府分析[J]，经济社会体制比较，2006（4）。

150. 汪丁丁，制度变迁的一般理论[J]，经济研究，1992（5）。

151. 王缉慈，超越集群——中国产业集群的理论探索[M]，北京：科学出版社，2010。

152. 王磊，从交易成本到集体行为——西方区域经济发展理论述评及其对我国的启示[J]，国际城市规划，2011（4）。

153. 王文忠，曹雅丽，政治冲击、制度效率与企业创新——来自主政官员更替的证据[J]，山西财经大学学报，2017（1）。

154. 王玉海，诺斯适应性效率概念的内涵及其启示[J]，青岛大学学报，2005（1）。

155. 王婷婷，适应性效率理论探讨［D］. 浙江财经学院，2011。

156. 魏后凯，比较优势、竞争优势与区域发展战略[J]，福建论坛（人文社会科学版），2004（9）。

157. 巫威威，适应性效率理论的研究与创新［D］. 吉林大学，2008。

158. 韦森，社会制序的经济分析导论[M]，上海三联书店，2001。

159. 小艾尔弗雷德·D. 钱德勒，企业规模经济与范围经济[M]，中国社会科学出版社，1999。

160. 杨雪冬，中国地方政府变革的研究路径简论[J]，北京行政学院学报，2008（04）。

161. 杨瑞龙，论制度供给[J]，经济研究，1993（8）。

162. 杨雪冬，近30年中国地方政府的改革与变化：治理的视角[J]，社会科学，2008（12）。

163. 杨友才，制度变迁、路径依赖与经济增长的模型与实证分析——兼论中国制度红利[J]，山东大学学报（哲学社会科学版），2015（4）。

164. 杨宏进，薛澜译，经济合作与发展组织——以知识为基础的经济[M]，北京：机械工业出版社，1997。

165. 袁庆明，论制度的效率及其决定[J]，江苏社会科学，2002（4）。

166. 叶敬忠，李春艳，行动者为导向的发展社会学研究方法解读——行动者视角的发展社会学[J]，贵州社会科学，2009（10）。

167. 赵修卫，关于发展区域核心竞争力的探讨[J]，中国软科学，2001（10）。

168. 庄子银，创新、企业家活动配置与长期经济增长[J]，经济研究，2007（8）。

169. 张杰，李勇，刘志彪，制度对中国地区间出口差异的影响：来自中国省际层面4分位行业的经验证据[J]，世界经济，2010（2）。

170. 张曙光，论制度均衡和制度变革[J]，经济研究，1992（6）。

171. 周冰，过渡性制度安排的适应性效率[J]，经济学家，2014（12）。

172. 周冰，适应性效率：理解诺斯经济变迁理论的钥匙[J]，中国经济问题，2014（01）。

173. 赵维良，荆涛，区域企业家精神的思维范式与路径[J]，科技管理研究，2016（17）。

174. 赵德起，林木西，制度效率的“短板”理论[J]，中国工业经济，2007（10）。

175. 詹姆斯·彼得拉斯，全球化：批判与分析[J]，中国与世界，1999（9）。

176. 詹姆斯·布坎南，自由、市场和国家：20世纪80年代的政治经济学[M]，北京：北京经济学院出版社，1988。